어른과 후손에게 전하는 글

어른과
후손에게
전하는 글

엮은이 정의봉

한국이 더 부강하고 건전한 사회를 이루기 위해…

이 책은 조선 시대 임금과 관료, 일제 강점기와 해방 후 분단의 비극, 조상 선대의 헌신과 경제발전, 오늘날 어른과 후손이 알아야 할 공존의 삶, 법과 사회질서, 흥청망청, 혜안과 직관, 경청의 자세, 리더와 조직수장의 역할 등을 중심으로 쓴 글이다.

좋은땅

필자는 공과대학을 졸업 후 산업현장에서 40년 이상 한평생 기술 외길을 걸어오면서 느낀 점은 후손이 지금보다 잘 살려면 어떻게 하면 될까 고민을 해 보게 되었다. 고민거리의 해결을 찾기 위해 그릇된 역사 인식과 바른 가치관 정립이 필요했다.

기나긴 조선 시대가 끝나고 일제 식민지역사, 해방 후 국토의 분단과 6·25 전쟁으로 한국은 1950년대에는 아프리카보다 못사는 최빈국 나라였다. 기술과 자본이 열악했던 부모 선대는 가난을 벗어나기 위해 피땀으로 "한강의 기적"을 일궈 놓고 영면하셨고, 후대는 선대의 얼을 본받아 오늘날 세계 10위권 경제 대국으로 성장시켜 놓았다.

필자는 조선 역사와 선대의 경제발전, 공존의 삶, 혜안과 직관, 흥청망청, 부정부패, 조직의 리더와 부하 역할, 법과 사회질서, 경청 등 다방면의 인문학책을 읽으면서 나 자신부터 소양(素養)이 요구되어 《어른과 후손에게 전하는 글》이라는 제목으로 꾸며 보았다.

이 책은 한국이 더 부강하고 건전한 사회를 이루려면 기성세대와 미래를 책임질 후손에게도 막중한 책임이 따른다는 것에 초점을 맞춰 쓴 메시지(Message) 글이라 여겨진다.

필자가 천학비재(淺學菲才)하여 많은 책의 개론(槪論) 줄거리를 인용했으며, 필요 부분은 출처도 제시했다. 장(章)의 순서대로 여러 번의 수정을 거쳐 출간하게 되었으니 독자분들의 많은 성원을 바라는 마음이다.

2026년 1월 엮은이 정의봉

오늘날 한국은 OECD(경제협력개발기구) 10위권 안에 드는 세계 경제 대국이다. 이렇게 비약적인 성장을 할 수 있었던 요인은 선대의 헌신과 후손들의 도전정신과 열정이 있었기에 가능했다.

조선 518년간 태조 이성계와 태종 이방원은 조선 초기 국가 운영의 기틀을 다졌고 이후 세종대왕, 성종, 영조, 정조임금은 왕권을 강화해 나라와 백성을 위해 "재상(宰相)정치"를 했다. 이들 임금은 자신부터 검소하고 청렴해 부정부패와 사회 혼란도 없었다.

그러나 흥청망청한 연산군, 임진왜란과 청나라 침입 때 도성을 버리고 도망간 선조와 인조임금은 자신의 권력유지를 위해 안위에만 집착한 나머지 백성의 고단함에는 수수방관만 했다.

또한, 조선 말기 정조임금이 48살에 승하하자 순조, 현종, 철종임금 때 63간 외척 세력의 "세도 정치"하에서는 탐관오리가 득실해 나라 살림과 사회질서는 아수라장이 되었다. 그 이후 고종이 조일 조약으로 문호를 개방하면서부터 마지막 임금 순종 때 제국주의 일본에 침탈당한 아픈 역사를 지니고 있다.

　세계적으로 보기 드문 오랜 세월의 조선 역사가 끝나자마자 우리 민족은 일본에 의해 35년간 굴욕적인 식민 통치를 당했다. 1919년 3·1운동을 계기로 상해에 대한민국 임시정부가 수립되면서부터 열사들은 우리 영토를 찾기 위해 만주, 연해주, 북간도 등지에서 한인촌 중심으로 자주독립 운동을 외치다 젊은 나이에 총살형 등 잔혹하게 사형당했다.

　강점기 일본이 한국의 영토 야욕이라는 주된 이유 이외에도 광물자원·곡물·토지·수산·목재·문화재 등 수많은 자본의 수탈은 물론 사회·경제·문화·역사 등 민족의 말살 정책과 끼친 해독은 심대했다. 자주권을 잃게 된 우리 민족은 오직 그들을 위한 수탈과 징용, 위안부 공출이라는 수치심마저 안게 되었다.

　세계 대전과 태평양 전쟁에서 일본이 소련과 미국에 연달아 패해 1945년 8월 15일 해방과 함께 힘없는 우리 민족은 동족끼리 살라지게 되어 결국 "일본에 의해 남북 분단의 소산(所産)이라는 비극적인 역사적 운명"을 맞이해야만 했다.

　1948년 8월 대한민국 정부가 수립되어 이승만 정권이 초대 대통령으로 선출되어 제헌국회 헌법이 제정되었다. 나라를 수습할 시기에 1950년 6·25 전쟁으로 국토 황폐화와 산업시설마저 파괴되어 "1955년 1인당 국민 소득은 65달러에 불과해 아프리카보다 못사는 최빈국 나라"였다.

한국의 산업화 이전에는 나라 재건을 하려고 해도 자금과 기술이 없었고, 식량마저 부족해 봄만 기근에 허덕여 초근목피(草根木皮, 영양가 없는 풀뿌리, 나무껍질로 연명한다는 뜻)의 암울한 시기였다. 1인당 국민 소득은 1962년 87달러, 1964년 103달러에 불과해 고난의 시대는 계속되었다.

그나마 영월 상동 골짜기 대한중석에서 값비싼 텅스텐이 생산되어 외화 획득에 일등 공신을 했고, 농업·섬유·가발·석탄산업이 주종을 이루는 노동 집약적인 산업이 전부였던 시기였지만, 조상 선대는 누구도 가난 앞에서는 원망하지 않았다.

1950~1960년대에는 미국의 무상원조와 일부 유상원조로 국가 재건의 시기였다. 박정희 정권이 들어서면서부터 경제개발 5개년 정책에 따라 세계 역사상 유례가 없는 "한강의 기적"을 단기간에 일구어 근대 산업화와 경제성장이 가능하게 되었다.

선대는 가난을 탈피하고자 이역만리 독일 파독 광부와 간호사, 월남 파병, 열사(熱砂)의 나라 중동 해외 진출기업과 건설노동자, 나라 안으로는 우리 모두 잘살아 보자는 자조, 협동, 근면이라는 새마을 사업 등은 근대 한국 경제발전의 초석(楚石)이 되었다.

또한, 창업가는 나라발전을 위해 시련과 고난 속에서도 불굴의 집념으로 기업을 일구어 경제성장의 주춧돌이 되었고, 기업의 이윤은 공존을 기업가치로 삼아 왔다. 후대 기업인도 창업가의 유지를 이어받아 눈부신 경제성장을 이끌어 오늘날 수출 대국이 되었다.

"나라발전의 미래와 근간"은 518년이란 기나긴 조선 역사와 해방 후 오늘날까지 제왕의 정치형태에서 그 답이 분명하게 제시되어 있다. 동서고금(東西古今)을 막론하고 세계에서 잘사는 부국이나 못사는 빈국도 예외가 아닐 것이다.

작고한 삼성 이건희 회장은 지금 좀 물건이 잘 팔려 흑자가 난다고 해서 흥청망청하다가는 나락으로 추락할 수 있다고 경고했다. 국가 부채는 현세대가 쓴 빚이 해마다 늘어 신생아가 태어나자 "2025년 상반기 기준 1인당 2,300만 원의 빚"을 지고 있어 경제학자들은 한국의 국가 부채를 우려하고 있다.

한국은 국토면적이 좁고 자원마저 빈약해 원자재를 수입해와 가공제품을 만들어 오직 수출로 먹고사는 나라이다. 강대국은 자국의 제조업 육성과 보호가 우선이기에 "관세정책"을 강화하고 있어 기업의 채산성 악화로 수출이 막히게 되면 경제는 어려워질 것이다.

돈을 무시하는 자는 돈으로 망한다는 격언처럼 "후손에게 빚을 안겨줄 것인가. 그러다간 현세대와 미래세대에 큰 재앙을 초래한다." 매일 마시는 물도 가뭄이 들면 원수(源水) 샘물도 바짝 말라 버린다는 것은 돈의 속성이고 교훈이다.

수입보다 지출까지 통이 커서 망한 다음에 후회해 본들 아무 소용이 없다. 돈이란 열심히 벌어 적은 것들이 쌓여 큰 것이 된다. 나 자신이 돈을 하찮게 여기면 돈 또한 하찮게 여긴다는 돈의 교훈을 안겨 주고 있다.

샤를 드골 전 프랑스 대통령은 "국가는 어제의 유산과 내일의 희망을 동시에 책임지는 존재"라고 했다. 한국의 미래는 국민의 선택에 달려 있지만, 분명한 것은 무책임한 정부든, 변화를 대처하지 못하는 기업이든, 무능한 조직이든 다 망한다는 사실이다.

그릇되고 잘못된 사고를 지닌 정부와 관료, 기업 경영자, 책임자 등 사회 어른이 자신의 안위와 영달에만 집착하게 되면 나라와 조직은 기강이 무너져 그 "피해는 고스란히 국민의 피폐와 미래를 책임질 후손에게도 나쁜 영향"을 미친다.

대다수 국민이 법과 질서를 지켜가면서 살고 있지만, 작금에 이르러 일부 어른과 젊은이의 일탈 행위는 지위 고하를 막론하고 누구든 법 앞에서는 평등해야 한다.

우리 국민이 다 함께 잘살기 위해서는 어른들부터 서로가 책임질 줄 아는 올바른 사고(思考)와 가치관, 윤리의식이 평소 실천되어야 후손이 본받을 수 있다. 무엇보다 "나라의 어른과 부모의 책임이 막중"하다는 것이다.

목차

저자의 말 … 4

들어가며 … 6

제1장

조선 시대 국가와 백성을 위해 헌신한 제왕은 이렇습니다

조선 시대 임금의 역사적 교훈 … 16

조선을 건국한 무왕 태조(1대)임금, 임금 이성계(재위: 1392~1398년) … 17

조선 초기 정치 밑그림을 그린 과거급제한 태종 이방원(재위: 1400~1418년) … 26

견제와 균형정치로 문화 황금기를 이룬 성종임금(재위: 1470~1495년) … 33

청빈한 삶과 부흥기를 이룬 최장수(52년) 영조임금(재위: 1724~1776년) … 40

개혁정치를 펼치고 문화를 꽃피운 천재 정조임금(재위: 1776~1800년) … 46

제2장

잘못된 제왕은 나라를 망하게 한다

흥청망청하다가 나라를 망친 폭군 연산군(재위: 1494~1506년) … 56

임진왜란 때 도성을 버리고 도망친 선조(재위: 1567~1608년) … 63

왕위에 오르자 피의 숙청 광해군(재위: 1608~1623년) … 71

난(亂)이 있을 때마다 도망치고 아들까지 죽인 잔인한 인조임금(재위: 1623~1649년) … 79

외척 세력이 권력을 잡은 치욕적인 세도 정치 … 85

제3장

우리 지폐에 새겨진 인물과 나라를 위해 헌신한 관료

1,000원권 지폐, 벼슬을 멀리한 청백리 퇴계 이황(1501~1570년) ··· 92

5,000원권 지폐, 하늘이 내린 조선 제일의 천재 율곡 이이(1536~1584년) ··· 97

10,000원권 지폐, 조선 역사 문화 황금기를 이룬

한글 창시자 세종대왕(1418~1450년) ··· 105

50,000원 고액권 지폐, 화가이자 현모양처

율곡 어머니 신사임당(1504~1551년) ··· 110

조선 설계자, 개국공신이자 일벌레 충신 정도전(1342~1398년) ··· 116

임진왜란 때 나라를 위해 목숨까지 바친 이순신 장군(1545~1598년) ··· 121

관료정치의 학문을 집대성한 실학자 정약용(1762~1836년) 선생 ··· 125

제4장

나라가 힘이 없으면 어떻게 될까?

임진왜란과 청나라 전쟁으로 쑥대밭이 된 조선 ··· 134

일제 강점기 자주권을 잃은 우리 민족은 당하기만 했다 ··· 138

일제 강점기 제국주의자 자원약탈과 만행 ··· 145

8·15 광복 후 남북 분단의 소산과 6·25 전쟁 ··· 152

제5장

조상 선대는 시련과 고단한 삶에서 나라발전을 일궈 냈다

1950~1960년대 굉장히 힘들고 열악했던 선대 세대의 한국 경제발전 ··· 158

파독 광부와 간호사 임금 담보로 경부고속도로, 포항제철소 건설 ··· 170

월남 파병(1964~1973년), 50억 달러 외화수입 ··· 177

산유국 중동국가 해외건설 진출과 외화 획득 … 181

1970년부터 시작된 농촌 근대화 근면·자조·협동 정신의 새마을 운동 … 185

국가 에너지를 책임진 석탄산업의 헌신과 역사의 뒤안길 … 191

제6장

창업가의 헌신이 있었기에 한국경제 성장의 초석이 되었다

연 매출 30조 원을 일궈 놓고 타계한 현대그룹 창업자 정주영 회장(1915~2001년) … 200

인재 제일을 강조한 삼성그룹 창업가 이병철(1910~1987년) 회장 … 209

선대회장보다 40배 성장을 일궈낸 책벌레 이건희(1942~2020년) 회장 … 219

성공은 수많은 실패 뒤에 숨어 있다 … 231

제7장

부(富)를 이룬 검소한 창업가는 공존(共存) 정신을 지니고 있다

세계적인 갑부의 검소한 삶과 공존(共存) 철학 … 242

유한양행 유일한 회장과 경주 최부잣집은 재산 대부분을 사회에 환원했다 … 247

재력가의 검소한 생활 이면에는 공익, 공영, 공존이 함께하고 있다 … 253

제8장

흥청망청(興淸亡淸)하다가는 나라·기업·가정도 거덜 난다

빚이 많으면 국가·기업·국민은 어떻게 될까? … 260

1등 기업도 "거만·관료주의·자만" 병에 걸리면 속절없이 망한다 … 265

망하는 기업과 가게는 그 이유가 있다 … 267

부패의 민낯 부정부패는 없어야 한다 … 275

과소비는 병이다, 계속하면 곳간이 거덜 난다 … 280

증세 없는 복지는 있을 수가 없다, 복지 때문에 나라가 멍든다 … 286

돈의 속성, "돈"을 무시하는 자 "돈"으로 망한다 … 293

혜안과 직관력이 뛰어나야 문제를 해결한다 … 299

리더가 무능하고 철학이 없으면 그 피해는 어디로 갈까? … 305

제9장

누구든 법과 사회질서를 지켜야 나라가 바로 선다

국민 모두는 법과 사회질서를 지켜야 한다 … 314

나라의 일꾼, 성년이 되면 책임감이 따른다 … 319

너무 혼란스러운 "묻지마식" 무서운 세상 … 323

청소년의 비행과 일탈이 갈수록 심각해지고 있다 … 326

나이 들면서 추한 행동은 하지 말아야 한다 … 331

화(禍)는 내야 하나, 참아야 하나, 누구나 인내심이 요구된다 … 336

긍정적인 사람, 부정적인 사람, 선한 사람의 특징이 있다 … 340

거짓말은 신뢰를 깨트린다, 순수해야 한다 … 347

경청과 소통은 인간관계를 아름답게 해 준다 … 354

글을 마치며 … 360

제1장

조선 시대 국가와 백성을 위해 헌신한 제왕은 이렇습니다

조선 시대 임금의 역사적 교훈

조선은 세계 史에서 찾을 수 없을 만큼 전주 李氏 태조의 후손이 1392년부터 1910년까지 518년의 기나긴 역사를 유지한 왕조 국가이다. 유교적 민본주의를 바탕으로 한 조선 임금은 태조 이성계부터 마지막 군주 순종까지 27대에 거치면서 순탄치 않았다.

조선 史 국가와 백성을 위해 일해 온 임금은 누굴까?

조선 시대 초기에 기틀을 다진 임금은 태조 이성계, 태종 이방원이다. 그 이후 세종대왕, 성종, 영조, 정조임금은 국정철학 유교 사상에 근본을 두어 국가운영의 기틀을 다져 백성은 편히 살 수 있었다. 조선 史 518년 동안 나라와 백성을 위해 일해 온 태조, 태종, 세종대왕, 성종, 영조, 정조임금은 정치를 안정시킨 임금으로 역사적으로도 평가를 받는 임금이다. 이들 "여섯 명 임금의 총 재위 기간 150년 동안은 국정이 안정되어 큰 혼란이 없었다."

자신의 권력유지와 안위로 일관한 임금과 사회적 혼란

홍청망청한 폭군 연산군, 임진왜란과 청나라가 조선을 침입해 오자 도성을 버리고 도망친 선조와 인조임금. 조선 후기 정조임금이 승하하자 순조, 헌종, 철종 때는 63년간 외척세력의 세도정치가 전개되자 탐관오리들이 날뛰어 부정부패가 극에 달했다.

조선 518년(대한제국 포함) 역사에서 368년(71%)은 왕위 찬탈과 임금의 무능 정치, 사대부(문관, 관료) 신하들 간 당파 분쟁이 이어져 호란, 병란, 사화, 사변, 왜란, 반정, 동인과 서인, 훈구파와 사림파 등 "붕당정치"로 나라가 조용할 날이 없었으며, 나라가 안정되지 못해 그 피해는 고스란히 백성들이 떠안게 되었다는 사실이다.

대한제국

조선 25대 철종 임금시대가 끝나고 그 이후 대한제국 초대 황제 고종은 1876년 일본과 불평등 강화도조약(고종 13년)을 맺어 어쩔 수 없이 문호를 개방하면서부터 일본인에게 침탈의 빌미를 제공하였고, 고종이 1907년 강제로 퇴위하게 되자 마지막 군주 순종이 즉위하게 되었다.

순종(고종과 명성황후의 적자 아들)은 3년간 재위했으나, 이미 일제 강점기에 예속되어 정치적 권력마저 잃어 친일단체(망국을 초래한 매국 단체 일진회)가 "한일강제조약"을 성립시켜 우리 민족은 1945년 8월 15일까지 치욕적인 일제 치하 강점기에 들어가게 되었다.

조선을 건국한 무왕 태조(1대)임금, 이성계(재위: 1392~1398년)

이성계가 어떻게 함경북도 영흥에서 태어나 왕이 되었을까?

조선을 건국한 태조 이성계가 1335년 함경북도 영흥에서 태어났다는 것은 꿈과 같은 얘기다. 전주이씨 벼슬아치가 조정에 죄를 짓거나 권력자에게 밉보여 함경도 땅으로 귀양을 가서 거기서 눌러앉아 있었다면 있을 수도 있는 얘기지만, 이성계의 조상은 그렇지도 않았다.

전주에서 기생을 두고 삼각관계를 벌인 이성계의 조상 이안사(태조 이성계의 고조부)는 힘에 밀려 강원도 삼척(삼척시 미로면 활기리)에서 새로운 터전을 마련하였으나, 잠시 있다가 다시 함경북도 영흥으로 쫓겨났다.

그런데 말이다. 원수는 외나무다리에서 만나는 걸까? 전주에서 삼각관계였던 전주 감영(監營, 관찰사가 직무를 보던 관아)이 승진되어 삼척 군수로 부임하자 이성계의 조상 이안사는 원산으로 도망가서 살다가 그 후손이 다시 영흥으로 이사 가서 이성계가 태어났다.

아버지 이자춘은 이성계가 왕이 될 꿈을 꾸었다고 한다

젊어서 어느 절에서 쉬던 중 꿈에 무너지는 집의 서까래 3개에 깔렸는데 깨어나 보니 등에 서까래에 눌린 상처가 있어 꿈이 신기해 그 절의 중이던 무학대사(이성계를 도와 조선건국에 역할을 한 승려)인데 물어보니 이는 왕이 될 징조라고 말했다.

무학대사는 서까래 3개가 나란히 놓여 있으니 석 삼(三)자 모양이 되고 이성계의 몸을 작대기(|)라고 하면, 둘이 합치면 임금 왕(王) 자가 된다 하였다. [출처, 조선 왕조를 건국한 태조 이성계에 관한 설화]

또한, 이성계가 조선을 건국하기 전 꿈에 하늘에서 신인(神人)이 내려와 금척(金尺)을 주고 개국의 명(命)을 내렸다는 "몽금척"(夢金尺, 꿈에 신인이 이성계에게 金尺을 주었다는 내용) 설화로 "용비어천가"(龍飛御天歌, 왕의 행적을 노래한 서사시)에도 수록되어 있다. 전라도 지역에서는 이 꿈을 꾼 곳이 진안 마이산(馬耳山)이라 전한다.

외적을 물리치며 큰 공을 세운 이성계

겨울에 압록강이 얼어붙자 중국에서 쏟아지듯 침입해 온 10만 명의 홍건적들이 수도 개경(오늘날 북한 개성)을 함락시켰다.

그러자, 의리를 중시하는 호걸이자, 급한 성격을 가진 이성계는 여진족 2,000명으로 구성된 자신의 사병조직을 이끌고 홍건적의 두목을 활로 쏘아 죽이고, 그가 치르는 전투는 모두 승리하여 개경 탈환에 성공했다.

"불패의 사나이 난세를 구원할 영웅"으로 명성을 쌓은 이성계는 고려 조정에서는 없어서 안 될 인물이어서 20여 년간 일해 왔다. 이성계의 인기와 명성으로 많은 사람이 주변에 모여들게 되었다.

이성계가 고려의 중앙 조정에 데뷔하게 된 배경

고려의 관리도 아니었던 이성계가 고려의 중앙 조정에 데뷔하게 된 것은 공민왕의 "반원(反元)정책"(고려 후기 원나라의 간섭에서 벗어나기 위한 고려의 정치 활동) 덕택이었다.

고려가 원나라를 탈환할 수 있도록 도운 사람이 이성계의 부친 이자춘이다. 부친의 노력으로 고려의 중앙무대에 명함을 내민 당시 20대였던 청년 이성계는 부친과 함께 원나라 세력을 몰아내는 데 일조하여 두각을 나타내기 시작했다.

비록 변방의 세력이지만 군사력을 키운 이성계는 언제든지 동원할 수 있는 "사병조직"을 가지고 있어 청년 이성계에게는 무장으로서 자신의 능력을 마음껏 뽐낼 수 있는 하늘이 준 기회나 마찬가지였다.

이때부터 이성계의 가문은 천호(千戶, 고려 시대 공관 기구에 속한 벼슬자리)라는 지방관의 자리를 얻어 여진족 위에 군림하는 세력가로 성장하였고, 고려 중앙 조정에서 탄탄한 입지를 확보함과 동시에 중요 벼슬을 거치게 되었다.

새 왕조 조선건국 이성계

이성계는 고려 말의 홍건적과 왜구를 격퇴하여 군사적으로 명성을 쌓게 되었다. 불패의 호걸인 이성계는 위화도 회군을 통해 정치적·군사적 실권을 장악하자 우왕과 최영을 차례로 제거함으로써 고려를 업혀 버리고, 신흥 정치세력과 함께 "새 왕조 조선을 건국"하게 된다.

자신의 역성혁명을 반대한 걸림돌 정몽주를 제거하다

이성계는 1392년 고려를 어떻게 개혁할 것인가라는 의견을 두고 정몽주와 의견을 나눴다. 이성계는 개혁을 위해 고려를 뒤엎어야 한다고 생각했다. 그러나 격변의 한 가운데 선 "정몽주"(고려말 문관, 외교관, 성리학자)는 고려를 바꾸지 않고 그 안에서 개혁을 이루자는 주장을 펼쳤다.

이성계는 "역성혁명"(易姓革命, 왕조가 바뀌는 정치 혁명)을 반대하고, 고려 나라에 충성을 주장하던 정몽주(고려말 문신이자 정치가)를 제거함으로써 마침내 역성혁명의 발판을 마련했다. 이성계와 뜻이 맞지 않았던 정몽주는 결국 이성계의 아들 이방원에 의해 목숨을 잃었다.

이성계는 정도전과 손잡고 새 나라 조선을 건설하다

무신(武臣)이었던 태조가 혼자서 나라를 이끌어 가기에는 정치역량이 부족했다. 왕권통치의 실질적인 인물은 태조 뒤에서 조선건국 초기 조각을 마련한 사람은 "정도전"이었다. 정도전은 부친과 함께 과거급제한 인물이다.

정도전은 성격이 강직했고, 개척 정신이 뛰어난 일벌레이자 충신이었다. 이성계는 정도전의 능력 덕분에 정치·경제·국방·외교 등 전 분야에 걸쳐 조선의 기틀을 다질 수가 있었다.

정도전은 "국호를 조선"으로 짓고, 수도를 개성에서 한양으로 옮겼으며, 과거제를 강화하고 중앙집권적 국가를 만들어 이전의 고려와는 새로운 나라 조선왕조 시대를 열었다. "하기 힘든 일을 밤낮을 가리지 않고 가장 바쁘게 해낸 인물이 정도전"이었으니 이성계와는 찰떡궁합인 셈이다.

일벌레 정도전은 왕은 똑똑할 수도 있고, 멍청할 수도 있다

정도전은 고려 때 원나라 사신의 마중을 거부했다는 이유로 전라도 나주 회현진으로 유배를 갔다. 유배지에서 지방세력가들이 고단한 백성들에게 함부로 세금을 거두거나 권력을 남용하는 걸 경험하면서 중앙의 통제가 지방까지 잘 미치는 사회를 구상하게 된다.

하늘이 왕을 점지해 준다고 생각하던 정도전의 이런 생각은 혁명적이고 급진적인 생각이었다. 그런데 왕을 바꿀 수는 없으니 그 밑에 있는 재상(宰相, 조정에서 임금을 보필하던 최고 책임자)이 현명해야 한다고 생각했다. 정치에 좀 모자란 무왕이 왕위에 올라도 재상이 바로 잡아주는 "재상정치"를 꿈꾸게 된다.

정도전이 생각한 백성이 바로 재상(宰相)이었다. 재상 중심정치, 과거제 강화, 중앙집권적 국가건설을 위해 나라의 중요한 일들 치고 정도전의 손을 거치지 않은 게 없었다.

태조 이성계의 업적

- 경제육전 책을 발간하여 잘사는 정책을 펼쳤다

  1394년(태조 2년) 정도전이 저술한 "경제육전"은 조선왕조의 건국이념과 정치, 경제, 사회, 문화에 대한 기본 방향을 설정한 헌장 법전으로 새로운 나라 조선 건설을 위한 제도적인 틀을 마련했다.

- 과전법 및 토지개혁 단행

  조준(조선의 개국공신)의 건의에 따라 전제개혁(田制改革, 문란한 토지제도를 바로 잡는 개혁)을 단행하여 구세력의 경제력을 약화하여 토지 재분배를 통해 귀족 지주들의 권력을 감소시키는 토지개혁 단행하여 백성들의 세금을 90% 감축하였다.

- 중앙 집권식 관료제 확립과 군사조직 강화
  세습적 특권층이 아닌 중앙 집권식 관료제 확립과 군사조직을 강화
  하여 무기와 전술을 도입했다.

- 불교 배척 정책 추진
  불교를 배척하고, 유교를 숭상한 국가정책을 추진했다.

이방원이 개국공신 정도전과 부친 후처소생의 아들을 죽인다

이성계의 각별한 총애와 독보적인 정도전의 활약은 이방원에게는 시
기와 질투를 불러일으켰다. 그 가운데 대표적인 실수가 "세자책봉 관여
와 사병 혁파" 과정에서 이방원과 의견을 달리했다.

왕자의 난이 있던 밤에 이방원은 군사를 동원하여 정도전과 부친의
후처소생의 아들 둘을 죽인다. 이성계는 자신이 아끼고 사랑했던 개국
공신 신하 정도전과 눈에 넣어도 아프지 않을 자식을 잃어 자신의 명예
와 자부심까지 하루 사이에 한꺼번에 다 잃게 된다.

환란의 말년 이성계

고려를 무너뜨리고 새로운 조선을 세운 이성계는 하늘 아래 가장 높
은 자리인 왕위에 오르는 영웅다운 삶을 살았던 이성계였지만, 말년에

자식들이 벌이는 골육상잔(骨肉相殘, 같은 핏줄을 가진 사이에서 다투고 해치는 뜻)의 권력다툼 앞에서 권력의 무상함을 느끼고 스스로 왕위에서 물러나 고향 함경도 영흥으로 들어갔다.

이방원은 부친을 모셔오기 위해 매번 차사(差使, 심부름을 가서 오지 아니하거나 늦게 온 사람)를 보냈지만, 이성계는 아들 이방원이 보낸 차사(差使)마저 모조리 죽여서 돌려보내지 않았다. 이때 나온 말이 심부름을 간 사람이 소식이 없거나, 회답이 좀처럼 오지 않을 때 "함흥차사"의 유래이기도 하다.

이후 이성계는 무학대사(1327~1405년, 조선왕조의 유일한 스님 왕사(王師))의 설득으로 다시 한양으로 돌아와 태상왕(太上王, 임금이 생존 시 왕위를 선양하고, 물러났을 때 부르는 칭호)의 자리에 있다가 창덕궁에서 73세의 일기로 승하했다.

맺음말

태조 이성계는 1392년 57세의 늦은 나이에 조선을 건국해 1408년 73세 일기로 승하했다. 왕권 기간은 6년(1392~1398년)에 불과하다. 무신이었던 태조가 혼자서 나라를 이끌어 가기에는 정치역량이 부족했다. "하기 힘든 일을 가장 바쁘게 해낸 인물이 정도전"이었다. 이성계와는 찰떡궁합인 셈이다.

조선 개국공신 정도전은 밤낮없이 일하는 충신(忠臣)으로 성격도 강직해 태조는 정도전의 도움으로 조선의 기틀과 농본주의의 건국이념, 과전법 및 토지개혁을 단행하였고, 경제육전 및 중앙집권 관료체제와 군사조직 등 정치업적을 마련할 수가 있었다.

이성계의 환란의 말년은 아들 이방원으로부터 비롯된다. 개국공신 정도전과 그토록 사랑했던 후처(신덕왕후) 소생의 두 아들까지 죽이고, 형 정종마저 왕권을 내려 놓이게 한 이방원의 왕권찬탈은 권력 앞에서는 아무도 모른다는 생각이 든다.

여행 가기

강원도 삼척시 미로면 활기리에 조선 태조 이성계의 "5대조 이양무 장군의 묘인 준경묘와 부인 평창이씨 영경묘"가 있다.

명산인 "두타산"(頭陀山, 1,357m, 백두대간 능선에 있는 산, 두타 뜻은 의식주 집착을 버리고, 심신을 수련하는 불교 용어) 지맥에 자리 잡고 있다. 두타산은 고려 시대 이후 꽤 이름이 알려진 풍수로 조선 518년 왕조의 정기를 이을 수 있는 명산이다.

준경묘와 영경묘의 산책길은 울창한 황장목(黃腸木)으로 둘러싸인 곳이다. 황장목 소나무는 전국적으로 알려진 곳으로 서울 문화재 복원에 이곳의 황장목이 사용되었다.

동해시와 삼척시는 광공업 도시이지만 아시아 최대 석회암 대이 동굴, 이승휴(고려 후기 관리를 역임한 문신)가 창건한 천은사, 하얀 물이 고여 있는 도계 미인폭포, 동해안 나폴리라 불리는 장호 바다와 해상 케이블카, 레일 바이카, 초곡 바위, 삼척 대명 쏠 비치, 이끼 폭포, 골프장, 이사부 광장, 촛대바위, 천곡동굴, 무릉계곡, 묵호등대와 담길, 어시장, 폐광산이 만들어 낸 무릉 별천지 등 관광지가 많아 여행을 추천해 본다.

조선 초기 정치 밑그림을 그린
과거급제한 태종 이방원(재위: 1400~1418년)

태종임금 이방원은

1367년(공민왕 16년) 아버지 이성계의 다섯째 아들로 태어났다. 어렸을 때부터 형들과 다르게 "머리도 총명하고 판단력이 우수한 사나이 대장부 기질과 무예와 학문"을 좋아했다. 조선사 임금 중 유일하게 17세의 어린 나이에 과거급제하여 고려에서 관료 생활을 처음 시작했다. 형 정종의 양위를 받아 조선 3대 국왕에 오른 태종 이방원은 18년간 재위했다.

태종은 조선 건국과정에서 결정적인 고비 때마다 몸을 사리지 않고 아버지의 "역성혁명"을 형제 중에서 적극적으로 도왔다. 건국 후 신진 개혁세력과 갈등을 빚은 중심인물이다.

왕위에 오르면서 왕권을 강화하기 위해 정도전과 피 다른 형제, 외척 가문을 죽인 인물이지만, 재위 기간에 강력한 왕권을 바탕으로 광범위한 분야에 제도를 정비하고 중앙집권을 이룩함으로써 후대 세종대왕의 토대를 닦아 놓은 임금이다.

이방원의 왕자 난은 자신의 권력 욕망 때문이다

장자 계승의 원래대로라면 이성계의 첫째 아들 방우였으나, 방우는 고려를 무너뜨리고 조선을 건국하는 것에 찬성하지 않았고 세자가 되고 싶은 마음도 없었다. 그래서 신하들은 나머지 여섯 명의 아들 중에

능력을 따져서 세자를 세우자고 하였다. 방원은 은근히 자신이 세자가 될 거라 기대하고 있었다.

자신이 정몽주를 죽이지 않았다면 조선이 설 수 없었을 거라 믿었을까? 그런데 아버지는 뜻밖에도 계모(신덕왕후)의 둘째 아들인 "방석"을 세자로 세우겠다고 한다. 이성계 부인은 2명이 있었다.

첫 번째 부인은 함경도 고향에서 만난 여자로 조강지처였으나, 이성계가 왕이 되기 전에 죽었다. 두 번째 부인 신덕왕후 강 씨는 태조보다 무려 21살이나 연하였다. 얼굴도 예쁘고 정치 감각까지 뛰어나 이성계의 사랑을 독차지하면서 선덕 왕후도 욕심이 생겨 자신 아들을 왕으로 만들겠다는 계획이었다.

왕조 수성을 위한 이방원의 비장한 피의 숙청

이성계는 본처 소생의 아들들이 두 눈을 시퍼렇게 뜨고 살아 있는데도 어리고 예쁜 둘째 부인 선덕 왕후의 설득에 넘어가서 뜻밖에도 방석을 세자로 책봉하고자 한다. 아버지를 도와 조선건국에 앞장서서 일해 온 이방원은 아버님께 "이제 겨우 11살인 방석에게 세자 자리를 주시겠다고요? 그렇다면, 저는 무엇이란 말입니까?"

눈앞에서 왕위가 사라지는 것을 가만 지켜볼 인물이 아니었던 이방원은 얼마 후 하늘이 준 마지막 기회라 생각하고 자신을 지지하는 무리와 함께 대궐로 쳐들어간다.

- "1차 왕자난과 정도전의 죽음"

  조선건국의 설계자 정도전의 지위가 크게 부상하자 이방원은 개국 공신에 책봉되지 못했고 방석이 세자로 책봉되는 등 권력서열에서 밀려났다. 분노를 참지 못한 이방원은 1398년(태조 6년) 이복동생 방번, 방석을 비롯해 개국공신 정도전 일당을 죽인다.

- "2차 왕자의 난"

  1차 왕자의 난 이후 실권을 장악한 이방원은 형마저 권력을 내려놓게 하였다. 둘째 형인 방과(정종)는 허수아비일 뿐 사실상 모든 권력을 이방원이 거머쥐고 있었다. 정종은 재위 2년 만에 생명에 두려움을 느껴 동생 이방원에게 왕위를 물려주게 된다.

  1, 2차 난은 왕위계승을 둘러싼 형제간의 싸움이자, 정도전의 권력다툼이기도 하다. 이방원은 왕위에 오르면서 국가운영을 위한 제도 정비에 있어 자신의 왕권에 도전하거나, 도전할 소지가 있는 세력들을 하나둘씩 축출했다.

아버지 이성계의 분노와 슬픔

왕위를 두고 형제들끼리 골육상전의 피를 뿌리자 이성계는 큰 충격을 받아 젊은 시절을 보냈던 고향 함경도 영흥으로 떠난다. 태조 이성계는 권력 앞에 자식들의 인면수심(사람 도리를 지키지 못하고 배은망덕하거나 행동이 흉악한 사람을 일컫는 사자성어)으로 행동하는 권력다툼에 인생무상함을 느껴야만 했다.

머리와 정치역량까지 갖춘 군주 이방원은 어떤 인물인가?

이방원은 어찌 보면 정치적인 감각과 역량에 한계가 있던 아버지 보다 왕의 자질을 보여 준 군주로 강력한 포용력과 카리스마를 갖췄다. 머리도 총명하여 "과거에 합격할 만큼 뛰어난 학식과 정치역량까지 그야말로 왕의 그릇"을 가졌다.

이방원은 조선왕 중 가장 강력한 왕권을 지녔던 임금으로 친족을 배척해 장인과 처남 4명을 모두 제거했다. "철혈 군주"(鐵血君主, 전쟁에서 피(죽음)를 흘리는 것을 비유적으로 이르는 말) 성격을 가진 임금이다.

조선 초기 기틀을 다진 태종 이방원 업적

- 왕권 강화

  왕권 강화를 위해 "6조 직계제"(왕이 6조에게 명령하고, 6조가 왕에게 직접 보고)를 체계를 실시한다. 친족을 철저히 배척해 왕권에 대항하는 세력을 귀양 보내거나 처형하였다.

- 국왕 비례제 도입

  양반과 중인 간의 불평등을 해소하기 위해 국왕 비례제 도입해 양반들의 특권과 권력이 축소되었다. 이로 인해 중인들의 지위가 상승하게 되어 사회적 안정을 이루게 하였다.

- 사병 혁파와 의병제 도입

  왕족과 대신들의 사병을 해체해 군권을 장악하였고, 최고 군무 기관
  인 삼군부 및 지방 민병대를 조직하여 전투력을 강화했다.

- 호패법 실시와 행정제도 정비

  호패법은 인구 현황을 파악하고 이를 근거로 조세 징수와 군역 부과
  자료로 활용했다. 호패는 신분에 따라 양반, 노비까지 16세 이상 남
  자에게 이름, 직업, 계급 등을 적은 오늘날 주민등록증과 같은 성격
  을 지닌다.

- 경제 정책 과전법(科田法) 실시

  과전법은 전 국토를 대상으로 수조권(토지로부터 조세를 거둘 수 있는 제
  도)을 중앙 관료들에게 분급하고 나머지는 백성들에게 나누어 주어
  자영농을 키웠다.

- 사찰 토지몰수

  불교가 권력의 비호 아래 과다한 토지 소유와 노비의 소작농을 착취
  하는 것을 척결해 국가 재정을 확충했다.

- 신문고 설치

  신문고(백성을 위해 설치된 고발기구)를 설치하여 백성들이 억울한 일이
  없도록 했다.

- 외교정책

  명나라와 안정적인 관계를 유지하여 북방의 여진족을 토벌하여 국경을 안정화하였다.

- 한양 천도 정착과 8도(道) 개편

  전국을 8개 도(오늘날도 똑같음)로 나누었고 주요 앞글자를 따서 도의 이름을 개편했다.

- 교육 및 유교 강화

  한양에서는 4부 학당(동학, 서학, 중학, 남학)을 만들고, 지방에서는 향교를 만들었다. 성균관(조선 시대 최고 교육기관)에서 교육받은 학생들은 과거시험을 거쳐 관리를 선발하였다.

- 경복궁의 수리와 정무

  경복궁은 조선왕조의 대표적인 건축물 중 하나로 1395년 태조 이성계가 창건하였다. 그 후 이방원은 경복궁을 수리하여 궁궐 안에서 나랏일 정무를 하였다.

- 서원 복원

  고려 시대에 지어진 중앙 및 지방의 서원들을 복원하고, 새로운 서원을 건립하여 교육과 문화의 중요성을 인식하도록 했다.

- 주자소(구리 활자) 설치

　1403년 태종 3년에는 나라에 서적이 드물어 볼 수 없게 되자 조선 시대 최초의 구리 활자를 인쇄하였다.

맺음말

　이방원은 임금이 되기 전부터 세자시절 다른 형제와 달리 아버지 이성계를 도와 조선건국에 앞장서서 일해 온 군주이다. 강력한 카리스마형 리더십으로 왕권을 강화하여 수많은 제도 개편을 통해 조선 초기의 기틀과 국정안정을 공고히 다진 임금으로 평가받는다.

　재위 18년 동안 중앙집권적 왕권을 강화하여 정치와 경제체제를 개혁하고, 호패법실시, 과전법실시, 군사력 강화, 신문고 설치와 각종 문물제도를 정비하였고, 농업 생산성 향상을 위한 계몽정책 등 제도 개편을 통해 "조선 초기 국가발전의 토대"를 닦았다.

　훗날 세종대왕은 아버지 태종이 조선의 기틀과 국정을 안정시킨 덕택으로 정치를 안정적으로 할 수 있었다. "3代 태종 18년, 4代 세종대왕 32년의 재위 기간을 합하면 조선 초기 반세기 동안 백성이 태평성대"를 누릴 수 있도록 밑거름을 다져놓은 임금이다.

견제와 균형정치로
문화 황금기를 이룬 성종임금(재위: 1470~1495년)

성종은 1457년 세조 맏아들 덕종(의경세자)와 세자빈 한 씨의 둘째 아들로 태어났다. 덕종은 젊은 나이로 요절하자 어머니 세자빈 한 씨와 함께 궁 밖으로 나가게 되었다.

그러나 세조(수양대군)는 한 씨를 수빈(후궁이 오를 수 있는 최고의 자리)으로 봉해 성종을 궁에서 키웠다. 성종은 어려서부터 총명했고, 천성이 어질고 학문을 게을리하지 않아 담력은 이방원을 닮았다.

왕위 배경

세조가 사망하자 왕위계승권은 작은아버지 예종에게 넘어갔으나, 14개월 만에 갑작스럽게 사망했다. 원래대로라면 예종의 아들인 제안 대군이 왕위를 이어받아야겠지만, 제안 대군은 4세로 왕이 되기에는 너무나 어린 나이였다.

정희 왕후는 예종이 죽은 후 세조의 측근 한명회, 신숙주, 정인지를 불러 모아 다른 신하들이 반대할 틈도 주지 않고 속전속결 끝에 맏형(월산대군)을 제치고 왕좌에 앉히기로 파격적인 결정을 내린다.

그 이유는 세조가 왕이 되는데 결정적인 공을 세운 사람은 "한명회"(영의정 좌의정을 지닌 최고 권력자)였다. 세조~성종 때까지 최고의 권력을 누렸던 한명회는 자신의 권력을 유지하기 위해 일찌감치 자신의 딸을 예종, 성종임금과 겹겹이 사돈을 맺은 인물이다. 그는 왕실의 최고 어른인 정희 왕후로부터도 신임이 두터웠다.

성년이 될 때까지 왕실 어른 정희왕후가 수렴청정했다

성종은 13세 나이에 왕으로 즉위했으나, 13세로 나이로 아직 나라 정사(政事) 일을 하기에는 무리가 있어 성년이 될 때까지 할머니 정희 왕후가 수렴청정을 통해 국정을 운영하였다.

성종은 성인이 되기 전까지 7년간 아침 일찍 왕실 어른들께 인사를 드리고 밤낮을 가리지 않고 공부에 투자하여 제왕학 훈련 기간을 마치고 20세의 성년이 되던 해 드디어 9대 임금에 오르게 된다.

성종이 20세에 임금에 오르자 장인 한명회와 갈등

왕위에 오른 성종이 군주로서 권력을 직접 행사하게 되자 훈구파의 대표주자 장인 한명회와 정면으로 부딪치는 사건이 발생하게 되었는데, 성종은 이에 맞설 힘도 없었다.

"한명회 세조와 거사를 일으킨 최고 공신이고 성종이 왕위에 오르는데 결정적인 역할을 한 인물 중에 핵심인물"이다. 성종은 한명회를 넘어서지 않고서는 재위 동안 왕권이 흔들릴 것으로 판단했다.

한명회의 무례한 행동이 계속되자, 성종의 수족인 승지(勝智, 왕권 중심의 정치체계에서 핵심적인 역할을 담당하는 관리)들이 성종의 분노를 알아채고 전하, 한명회의 말은 무례합니다. "신하로서 예의가 없습니다. 국문하게 하소서." 이 사건을 계기로 성종은 한명회의 모든 직을 거두는 선에서 마무리되었다. 이로써 성종은 세조 때부터 권신 세력을 제압했다.

성종은 신하를 존중하고 관용을 베풀어 나라를 운영했다

성종은 자신에게는 관대하고 신하들에게만 엄격한 군왕은 아니었다. 오히려 반대였다. "견제와 균형"을 통해 나라를 이끌었고 그 대상에 자신도 포함해 대신들의 지적이 심해도 이를 탓하지 않았고, 신하의 말을 존중하고 신뢰했다.

한번은 성종이 뒤뜰에서 우연히 발견한 지방관이 좌부승지(오늘날 대통령 비서실 국가안보실장 직책)가 보낸 특산물 뇌물 명세서 쪽지를 발견했다. 승지들은 한결같이 "받아서는 안 되고 받을 수도 없습니다."

뇌물을 받은 좌부승지는 엎드려 "전하, 제가 죽을죄를 지었습니다." 저에게는 연세가 많은 노모가 있습니다. 언제 돌아가실지도 모르는 노모께 드리고 싶어 제가 본분을 잊고 뇌물을 받았습니다. "죄를 청해 주십시오."

성종은 조용히 일렀다. 좌부승지는 정직하구나. 부모께 효를 다하는 사람치고 나라에 충성치 않은 사람을 본 적이 없다. "네 죄를 용서하겠다." 이처럼 성종은 신하의 죄를 전후 사정을 보지 않고 문책하지 않았다. 스스로 잘못을 알고 깨달음을 주어 다시 실수가 일어나지 않게 용서한 현명한 임금이었다.

조선 최초 사림파를 등용해 균형정치로 왕권을 안정시켰다

성종은 왕권을 안정시키기 위해 훈구파 세력을 약화할 방법을 찾던 중 세력의 반대편에 있는 "사림파"를 등용시켰다. 그 이유는 견제와 균형정치를 하기 위해 홍문관을 중심으로 사림파를 조정에 대거 등용시켰다.

세조 때 파직된 김종직(과거급제한 문신이자, 성리학자) 등 사림파를 등용하여 홍문관(궁중의 장서를 관리하는 권력과 거리가 먼 부서)으로 불러들여 실질 책임자인 부제학(副提學, 정3품 벼슬)으로 임명했다.

훈구파 내부의 권력투쟁이 계속되고 있었지만, 성종은 훈구파를 숙청하는 무모한 결단을 내리지 않았다. 다만 훈구파에 대항할 수 있는 세력의 필요성을 느껴 사림파에게 힘을 실어 주었고 그렇다고 사림파의 편만 들지 않았다.

성종은 자신의 독자적인 "왕권 강화를 위해 처음으로 사림파를 등용시켜 견제와 균형정치" 실시로 재위 중 난(亂)이 없었고 경제, 사회, 문화 등에서도 안정된 기반을 올려놓은 임금이다.

훗날 율곡은 성종의 영특함과 슬기로움은 조선 史에 우뚝 솟아오를 만큼 성스럽다고 평가할 정도였다.

성종임금의 업적

• 왕도정치 구현

성종은 자신에 대한 도발에는 언제든지 대응하고 이를 조정에 공론화하여 사태가 발생하면 원만하게 마무리하는 온건한 자세를 취했다. 그 해결의 결정권 역시 성종에게 있다는 것을 대신들에게 주지시켰다. 성종은 협의와 중론을 통해 "왕도정치"를 구현했다.

- 경연 제도

  성종은 매일 경연을 하는 등 왕의 자리에 있으면서 성년이 된 후 실
  질적인 재위 기간 18년 동안 매일 신하들과 "하루 3번 경연"을 열어
  토론하여 나라의 일을 의논했다. [출처, 조선 성종실록]

- 조선의 각종 제도를 완성한 《경국대전》 반포

  세조 때부터 만들기 시작한 《경국대전》은 정부 조직과 백성들의 일
  상생활까지 관리하는 법전을 완성하여 반포했다. 경국대전은 이
  전·호전·예전·병전·형전·공전의 6전으로 구성되어 "조선왕조
  의 통치 방향과 정치 이념을 담은 법전"이다.

- 서적 편찬에 남다른 애착과 관심을 가졌다

  1492년에는 경국대전을 보충한 《대전속록》과 전국의 지리와 지방
  역사를 담은 《동국여지승람》, 단군조선에서 삼국의 멸망까지를 서
  술한 《삼국사절요》, 고대부터 고려 말까지의 역사를 기록한 《동국
  통삼》, 역대 학사들의 주옥같은 글을 모아 편찬한 《동문선》 등 다양
  한 서적을 편찬, 간행했다. 이밖에도 인간이 지켜야 할 도덕과 예절
  에 관한 서적 등도 활발히 편찬했다.

- 숭유억불 정책

  "불교를 배척하는 숭유억불 정책"을 펴 도성 안의 사찰을 도성 밖으
  로 내보내 승려들을 엄하게 통제하였다.

- 홍문관 설치

  홍문관(감사·언론·점검의 기능을 갖춘 삼사)을 설치하여 문신 중에서 뛰어난 인재를 선발해 호당제도(글을 읽고 학문을 닦던 제도)와 독서당 제도를 부활했다.

- 북벌 정책으로 여진족을 몰아냈다

  압록강, 두만강 일대 여진족의 침략에 대비, 북방 방비에 힘써 여진족을 몰아내고 소굴을 소탕하여 국경 확립을 했다.

- 관제정비와 종묘사직

  성종은 즉위 후에 관제(官制)를 정해 12목(牧)을 설치하고 주(州)와 현(縣)에 학사(學舍)를 운영해 문학을 장려하였다. 종묘와 사직을 세워 모든 법제가 완비되었다.

- 악학궤범 완성

  음악의 원리와 역사·악기·무용·의상 등을 망라하여 정리함으로써 전통 음악을 유지하고 발전시키는 데 큰 공을 세웠다.

- 관수관급제(官收官給制, 토지세습제 방지)실시로 부정부패 방지

  토지의 세습과 겸병(兼倂) 관리들의 수탈 등 부정부패가 발생하자 국가에서 경작자로부터 직접 세금을 거두어 녹봉을 지급하였다.

- 향촌에 "유향소" 설치

  훈구파 세력을 약화하기 위한 목적으로 향촌의 대농장을 중심으로 유향소를 설치했다. 사림파와 영남 기호학파 사대부들은 향촌질서와 도학 정치를 실현했다.

- 각 군현의 조세 감면 및 "변방 출신의 장수 임명"

  군현의 조세 감면 조치를 했으며, 지방의 수령이나 변방의 장수를 임명할 때 직접 만나서 통치에 심혈을 기울일 것을 당부하였고, 백성들의 원망과 고통을 고려하여 형벌을 가볍게 했다. 효자를 표창하고 현명한 수령 인재를 찾아 격려하였다.

맺음말

성종은 "조선 시대 최초로 사림파를 등용해 권력의 견제와 균형정치"를 하였다. 강한 군주 태종과 세조는 쿠데타를 일으켜 왕권을 세우고 통치를 했다는 공통점이 있지만, 성종은 대신들과 견제를 두어 왕권을 강화하여 국정에 안정을 꾀했다.

성종의 치세는 "문화의 황금기"라 불렸을 만큼 세종과 세조가 이룩해 놓은 정치적 자산을 기반으로 문화정책을 폈다. 정사(政事)에 있어서는 대신들의 직언이 담긴 말을 늘 경청하여 조선 역대 국왕 들 중에서 성군으로 평가를 받은 임금이다.

성종은 39세라는 아깝고 젊은 나이에 승하하여 20년만 더 통치했어도 조선의 역사는 안정되었을 것이다. 그의 자식 폭군 연산군은 조선 최고 화근덩어리를 남겼다.

청빈한 삶과 부흥기를 이룬 최장수(52년)
영조임금(재위: 1724~1776년)

영조임금은 숙종 재위(20년)인 1694년 출생하여 30세 늦은 나이에 조선의 제21대 왕으로 즉위하여 1776년 83세 일기로 파란만장한 삶을 살았다. 영조의 어머니는 화경숙빈(和敬淑嬪, 숙종 임금을 홀친 무리수) 최 씨이다.

영조는 즉위 후 당쟁의 폐해를 몸소 체험하고 이를 타파하기 위해 탕평책의 실시하여 국정안정을 꾀했으며, 균역법실시, 문물 정비와 제도 개편 등 많은 업적을 남겼다.

영조임금은 조선 임금 가운데 재위 기간(1725~1776년)이 가장 긴 세월 동안 검소하게 생활하면서 무려 "52년을 통치하다 83세에 승하한 임금"이다.

백성을 위해 평생을 살다간 영조임금의 수많은 업적

- **균역법**(백성의 부담을 덜기 위해 만든 제도) **강화와 탈세방치**
  영조임금의 시행된 정책 중 가장 높이 평가되는 것은 "균역법"이다. 궁전, 둔전(국가 재정 확보를 위해 민간인을 동원해 토지를 경작하는 제도)에도 정해진 분량을 초과하는 물량에 대해서는 지배층의 양보를 강요하여 불균형을 바로잡아 백성들의 부담을 완화했다.

경제 정책 중 국가 세입에 들지 않던 세금을 국고로 환수했다. 세입, 세출제도를 확립하기 위해 탁지정례제(度支定例制)를 편찬하여 "탈세 방지"에 힘썼다. 영조는 고구마 등 구황작물을 심도록 유도하였다.

• 탕평책 및 민생정치 강화

영조의 평생신념인 "탕평책"은 당파 간 경쟁을 제어해 민생안정 정치를 펼쳤다. 영조의 탕평책(蕩平策)이 안정추세에 접어들자 당색(黨色)을 초월해 실력 있는 자들을 등용했고, 서자도 관리에 등용하는 법을 제정하기도 하였다.

영조가 성균관 입구에 세운 탕평비에는 "남과 두루 친하되 편당을 가르지 않는 것이 군자의 마음이요, 편당만 짓고 남과 두루 친하지 못한 것은 소인배의 사사로운 마음이다. 라고 새겨져 있다.

• 학문과 강연, 문화의 부흥기

영조임금 재위 때도 세종대왕, 성종임금처럼 학문과 문화 부흥기를 맞이한다. 왕이 중심이 되는 왕도정치를 펼치려면 임금이 신하들보다 월등해야 한다고 생각한 영조는 공부와 강론에 힘을 쏟았다.

영조는 자신이 학문을 즐겼기 때문에 세종대왕·성종·정조임금과 함께 경연(經筵, 임금이 신하들과 유교의 경서와 역사를 공부하는 자리)을 부지런히 한 임금이다. 재위 "52년간 무려 3,458회를 열었으니 한 달에 6~8회 강연"을 한 셈이다. 또한, 영조임금은 신학문에 대한 이해도가 깊어 실학(實學, 실생활에 도움이 되는 실용적 학문)의 기틀을 마련했다.

- 신문고 설치

  영조는 인권존중을 위해 잔인한 형벌을 폐지하고자 "신문고"(申聞鼓, 백성을 위해 설치된 고발기구) 제도를 부활시켜 백성의 억울한 일을 왕에게 직접 알리도록 하였다.

- 대대적인 수리사업

  오랫동안 방치되었던 개천(서울 청계천)의 양변에 돌로 쌓아 홍수방지에 역부(役夫) 5만 명을 동원해 개천의 준설작업과 수도 한양의 골칫거리였던 하수처리 문제를 해결하였다.

- 부국강병 군사정책 강화

  군비와 관련해서는 임진왜란의 해군력을 계승, 발전시키도록 하였으며, 요새 구축에도 관심을 기울여 무기 개량에도 힘을 쏟았다.

외아들 사도세자는 어릴 적부터 똑똑하고, 총명했다

영조의 외아들 사도세자는 1735년 2번째 후궁 영빈 이 씨 사이에서 태어났다. 영조의 사랑과 왕실의 기대를 한 몸에 받은 세자는 순조롭게 성장했다. 기록에 따르면 일찍 글을 배워 "왕이라는 글자를 보고는 세자"라고 말해 이름을 세자라 지었다고 한다. 영조의 기대는 그만큼 커졌다.

사도세자의 엽기적인 패륜 행위로 100여 명을 죽였다

사도세자는 어린 시절 세인들의 동정을 받고 자랐지만, 조선 시대 유교를 중시하는 사회에서 "죽음의 방식이 너무 잔인해 엽기적인 연쇄 살인범"이라는 것이다. 영조는 아들이 행동이 거칠고 형평성을 잃고, 비정상적인 성격이 나타나 국정을 맡길 수 없다는 생각을 굳히게 되었을까? 사도세자의 엽기적인 삶의 단면을 알아보자. [출처, 조선 정조 암금의 실록]

- 차츰 나이가 들자 공부를 멀리하고 상궁들이 갖고 온 칼과 칼집을 가지고 전쟁놀이를 하고서도 아버지인데 공부를 했다고 거짓말을 하는 등 날이 가면 갈수록 거짓말이 심해졌다.
- 옷을 한번 입으려면 옷이 열 벌, 스무 벌이 필요했고, 그 과정에서 자신의 분노를 통제하지 못해 시중을 드는 사람을 죽여 버렸다.
- 물품을 늦게 가져온다고 내시를 죽이고, 점친 게 마음에 안 든다고 점쟁이 맹인까지 죽였다. 심지어 평양행 잠행을 수행한 사람까지 죽였다.
- 영조가 그토록 사랑하던 후궁 빙애(彬愛, 숙종의 계비 인원왕후 김 씨의 나인으로 이름이 빙애)를 손으로 때려 죽인 것이다. 더욱이 둘 사이에 난 돌 지난 아들 은전군(영조의 서손)을 연못에 내던졌다.
- 장번내관(長番內官, 장기간 궁중에서 유숙하며 교대하지 아니하고 근무하는 내시)을 내쫓고, 기생, 비구니와 주야로 음란한 짓을 했고, 때로는 피가 철철 흐르는 궁녀와 성관계까지 했다는 혜경궁의 증언이다.
- 세자의 광태는 날이 갈수록 심해져 여동생 화완옹주에게도 못된 짓

을 하고 칼을 들이댔으며, 생모인 영빈 이 씨를 죽이려 했다.

- 1761년 아버지도 모르게 관서지방을 유람, 순행하고 돌아오자 이 사실을 알아챈 영조는 관서 순행에 관여한 자들을 모두 파직시켰다.

역사기록에 따르면, "사도세자는 중관, 내인, 노비 등 100명 이상을 죽였으며, 죽음의 방식이 너무나 참혹하고 잔인한 모양"이 말로 표현할 수 없었다고 한다. [출처, 박하원의 대천록]

영조는 사도세자를 국정을 맡길 수 없다는 생각을 하게 되다

1758년(영조 34년) 영조는 사도세자가 내관들을 죽인 사실을 두 알게 되었다. 1760년(영조 36년) 세자빈 혜경궁 홍 씨(영의정을 지낸 홍봉한의 딸)에게 바둑판을 던져 눈알이 빠질 뻔할 정도로 다치게 했다. 이것이 어쩌면 아들을 죽음으로 몰아넣은 결정타가 되었으며, 아내와 장인으로부터 사도세자는 이미 버려졌다.

부자간 대립 관계가 표면화된 것은 영조가 병석에 있을 때 신하들이 사도세자에게 약을 권하도록 종용하였으나 거절한 것이 결정적인 계기가 되어 영조의 노여움을 사게 되었다.

사도세자의 죽음

미쳐서 마구잡이로 사람을 죽이는 아들이 왕이 될 경우, 영조는 정변이 일어날 것은 불을 보듯 뻔한 일처럼 여겨졌고, 어쩌면 그것은 "역성혁명"이 될 수도 있다고 생각했을까?.

분노한 영조는 칼을 바닥에 두드리며 내가 너 하나를 베지 않고 서는 내가 죽으면 300년 "종묘사직"(宗廟社稷, 왕실과 나라)이 망하게 해야 하느냐며 자결할 것을 거듭 명령했다.

결국, 아버지에 의해 뒤주 속에 갇힌 채 죽음을 맞은 비운의 사도세자다. 한국사 강사는 외아들인 사도세자를 훈육과정에서 어쩌면 버릇없이 커서 그렇다고 한다.

사도세자는 비극적인 삶을 살다가 향년 27세로 사망했다. 이것이 조선 역사에서 "임오화변"(壬午禍變. 영조가 뒤주에 가두어 사도세자를 죽인 사건)으로 알려진 사도세자의 최후의 모습이다.

맺음말

영조는 어머니가 무리수(궁중에서 청소 따위의 잔심부름을 하는 계집종) 출신으로 "조선史 최초의 천민 출신" 임금이다. 이러한 출신 배경 탓에 통치 동안 자신의 약점을 보이지 않으려고 규칙적인 운동, 절제하는 식습관, 바람직한 생활습관과 검소함 등 자기관리를 철저히 한 임금이다.

재위 기간에 탕평책 인사와 균역법 제도를 강화하고 사치 금지, 금주령, 가혹한 형벌 금지뿐만 아니라 정치·경제·군사·문화방면에 오직 백성을 위한 정치를 했고, 조선사 임금 중 많은 업적을 남긴 "최상수 임금"이다.

지방 조정관에게 친필로 명령문을 보내 관리를 소홀히 하지 않았으며, 자신에게는 늘 엄격했고 흉년이 들었을 때는 음식도 간소화해 하루하루가 검소했다.

영조임금은 패륜을 일삼는 아들 사도세자를 뒤주에 가두어 굶게 죽게 한 것을 빼고는 조선 시대 임금 중 "오직 백성과 나라를 위해 살아오신 임금이다." 오늘날에도 청렴하고 검소하게 살아온 훌륭한 임금으로 평가받는 임금이다.

개혁정치를 펼치고 문화를 꽃피운 천재 정조임금(재위: 1776~1800년)

정조임금은 조선 후기 제22대 임금으로 1752년 "사도세자의 아들"로 태어났다. 사도세자가 뒤주에 갇혀 죽을 당시 정조의 나이는 11살이었다. 할아버지께 생부를 살려 달라고 간청해야만 했던 정조의 마음이 오죽했으랴. 세손의 세자 지위를 가지고 생활하던 정조는 1776년 할아버지 영조가 승하하면서 25세에 왕위에 올랐다.

생부인 사도세자가 희생되었듯이 정조 또한 세손으로 갖은 위험 속에서 홍국영(조선 후기 동부승지, 도승지 등을 역임한 문신)등의 도움을 받아 어려움을 이겨 냈다. 48세에 삶을 마쳐 훗날 아들 순조가 어린 11살 나이에 왕위를 받아 안동 김씨 김조순의 세도 정치의 출발점이 되었다.

독서광이자 엄청난 기억력을 지닌 정조임금

정조는 대단한 독서광이다. 사관이나 승지들이 인용구를 못 찾아 헤

매는 경우가 있으면 정조는 "어느 책 몇 쪽 몇 번째 줄에 뭐라 되어 있는데 이는 적절치 못한 인용이다. 내가 지금부터 말하는 걸 그대로 옮겨 적어라."라는 지시를 내렸다고 한다.

"나중에 신하들이 직접 원문을 찾아봤는데, 토씨 하나 틀리지 않았다는 것이다." 물론 이런 사례는 퇴계, 율곡, 류성룡도 있었지만, 중요한 것은 정조가 신하들과 다르게 군주로서 업무에 시달리며 바쁜 사람이라는 점에서 큰 차이가 있다.

정조실록에 따르면 신하들에게 "공부 좀 하시오." 잔소리를 할 정도였다고 한다. 신하들로서는 주눅 들 만한 지식을 가진 정조는 조선 史왕 중 유일하게 모든 경서를 완벽하게 암기하고 있었던 임금이다. [출처, 정조실록, 신하들에게 공부 좀 하시오]

정조는 "책을 암송할 때까지 지독하게 파고드는 습관이 있었기 때문이다." 삼성 2대 이건희 회장도 정조임금과 비슷한 독서광이다. 정조 즉위 직후 신하들을 대상으로 치러진 시험에서 빽으로 급제한 신하들의 답안지를 보고 전국의 관아(官牙, 벼슬자리)에 뿌려서 개망신을 주었다고 전해진다.

정조는 세상을 살아가면서 기분 좋은 일이 세 가지라고 말했다

- 첫째, 고전의 깊은 세계를 음미하고,
- 둘째, 연구를 통해 아무도 해결하지 못한 난제를 밝혀내며,
- 셋째, 세계의 비밀을 드러내 보이는 문장을 짓는 것이다.

정조임금의 지도력

늘 검소하고 절박하여 화려한 것을 좋아하지 않는 "성품은 할아버지 영조를 그대로 닮았으며" 글쓰기와 서적 읽기를 좋아했다. 성격이 급하고 화도 잘 냈다. 반면 잘못 했다고 느끼면 뒤 끝이 없는 성격으로 인해 관료와 백성이 많이 따랐다.

세종대왕은 "뒤에서 밀어주는 소통형 지도자"였다면 정조는 "앞에서 끌어주는 설득형 지도자" 임금이다. 부하를 이끄는 차이가 있을지언정 국사와 백성을 중심에 놓고 보면 두 임금의 공통점이다.

재위 시 조정 관료의 내부갈등과 지역갈등은 곪은 상태였지만, 정치력을 발휘해 갈등을 다독였고, 불거지는 문제는 희생을 최소화하여 당파 분쟁을 개혁과 통합을 이루어 냈다. 정조는 목표와 결실을 이루기 위해 흔들림 없이 추진하고 균형된 감각과 처절한 노력이 있었기에 많은 일을 추진할 수가 있었다.

수많은 업적을 남긴 정조임금

• 탕평책에 근간을 두고 직접 정치를 이끌었다

정조는 할아버지 영조의 탕평책을 계승 발전시켰다. 정조는 당파에 상관없이 유능한 관료를 선발하여 옳고 그름을 가리는 시비 논쟁을 종식하였고, 자신이 신하들을 가르치거나, 시험능력을 평가해 관직 자리에 앉혔다.

소외당했던 남인과 소론 강경파를 적극 등용시킴으로써, 정계 중심으로 다시 등장한 노론 벽파를 견제하기 시작했다.

1788년에 영의정에는 노론 벽파인 김치인, 좌의정에는 소론 강경파인 이성원, 우의정에는 남인 채제공(조선 후기의 문신, 정치인)을 골고루임명하는 등 여러 당파를 등용해 균형적인 인사정책을 펼치면서 정국 운영이 안정되었다.

• 왕권 강화

정조는 나라 운영을 왕이 주도해야 한다는 신념을 가지고, 자신의왕권을 강화하기 위해 친위 부대인 장용영(1785년 정조가 만든 경호부대)를 설치하고 강화된 왕권을 바탕으로 민생안정과 문예 부흥을 위한여러 가지 정책을 폈다.

• 규장각 설립

정조는 즉위하자 "인재육성의 산실인 규장각"(조선왕실 도서관)을 설치해 젊은 문신들을 선발하여 나라의 동량(棟樑, 기둥과 대들보)으로 키웠다. 규장각은 권력과 정책을 뒷받침할 수 있는 정치 기구인 인재 양성의 산실 초계문신제도(규장각을 중심으로 젊은 문신들을 선발하여 교육하는 제도)를 도입했다.

초계문신 제도는 정조가 직접 신하들과 학문을 토론하며 정책을 논의했다. 37세 이하의 젊고 재능 있는 문신들을 규장각에서 교육해40세가 되면 졸업시키는 인재양성제도이다. 대표적인 인물로 정약용, 정약진 형제가 규장각 출신이다.

- 수많은 제도 개편과 방대한 서적 집필

  지방에는 암행어사를 자주 보내 관료들의 횡포와 형벌을 막았다. 활자를 개량해 인쇄술을 발전시킴은 물론, 방대한 집필 서적도 남겼다. 실사구시(實事求是, 사실을 바탕으로 진리를 탐구한다)와 이용후생(利用厚生, 먹고 입는 것과 생계에 지장이 없도록 한다는 뜻)을 목표로 사회 전반에 걸쳐 제도와 운영 체제를 개선했다.

- 대전통편(大典通編)의 편찬과 법치주의 강화

  나라를 다스리기 위해 대대로 내려온 《대전통편》과 영조가 편찬한 《속대전(續大典)》을 통해 법률체계를 보완하여 중앙집권 체제의 법치를 강화했다.

- "서한 정치"

  정조는 조정의 중신들에게 개별적으로 편지를 보내어 막후에서 정치를 조정했다. 신하들에게 보낸 편지에서 중앙과 지방의 인사문제를 논의하고, 제기된 민감한 현안이나 인사문제에 대해서는 자신의 의견을 대부분 "직접 글을 써서 봉인하여 비밀리"에 보냈다.

- 징세(徵稅)법 개혁과 서얼과 노비의 차별금지

  세금 부담을 덜기 위해 징세(徵稅)법을 개혁했다. 서얼(첩의 자식)과 노비에 대한 차별을 줄이는 정책을 펼쳤다.

- 농업과 상공업 활동의 번성

  농업을 발달시키고, 광산 개발을 장려하여 상공업이 크게 발달하였다. 이로 인해 한양의 인구가 늘어나 도성 밖 곳곳에 새로운 마을이 형성되었으며, 한강에는 배들이 드나들면서 포구가 늘어났다.

- 수원 산성 토목사업

  아버지 사도세자가 수원에 안치되었다. 정조는 부친에 대한 효심이 지극했다. 수원 산성을 지어 개혁을 통해 시험하는 무대로 삼고자 했다고 역사학자들은 말한다.

아버지의 그리움과 정조임금의 효심

정조는 뒤주에 갇혀 죽은 아버지 사도세자를 늘 그리워했다. 정조가 아버지를 그리워했던 이유는 무엇일까? 아버지의 죽음 때문에 갖게 된 유소년기 정조의 트라우마(정신적 상처)는 할아버지 영조로부터 많은 가르침 덕분에 그가 임금이 된 뒤에도 올바른 정치의 긍정적인 원천이 되었다. [출처, "정조평전", 서울대 한영우 명예교수]

조선 16대 인조임금이 아들 소현세자와 세자빈 강 씨까지 사역을 먹여 죽인 사건과 영조가 아들 사도세자를 뒤주에 갇혀 죽은 사건은 조선 왕실 역사상 가장 비극적인 사건이다.

정조는 부친의 억울한 죽음에 대해 더할 수 없는 슬픔을 가져 부친의 원한을 풀어 주기 위해 재위 13년에 아버지가 묻힌 영우원이 초라하고 협소한 것을 한탄하여 수원으로 이장하였다. 지문을 짓고 사도세자의 묘를 현릉원이라 하였다.

부모에 대한 효심이 지극해서 어머니 혜경궁에 각별한 효심을 보였고, 어머니가 아플 때 늘 정조가 치료하고 시중을 들었다. 정조가 1800년에 붕어(崩御. 임금이 세상을 떠남)할 때까지 늘 부모님이 그리워 수원왕릉을 찾아가 참배를 했다. 정조는 부친의 묘 옆에 있는 건릉(임금 무덤)에 안장되었다.

정조임금은 매사에 철저하였고 검소했다

정조임금은 어릴 때부터 책을 놓지 않았으며, 재위 기간이 할아버지 영조임금보다 절반밖에 되지 않았음에도 국가운영을 잘하기 위해 관청에 낸 서적은 영조보다도 많았다.

정조임금의 문집에는 만천명월주인옹자서(萬川明月主人翁自序) "백성은 만 개의 시내이며, 나는 그 위에 비치는 밝은 달이다." 모든 백성에게 골고루 달빛을 비추는 인자한 임금이 되고 싶어 했다는 글이다. [출처, 윤일원의 삼류 선비론]

정조는 많은 음식을 올리지 말라고 했다. "하루에 2끼만 먹었고, 5가지 이상의 반찬을 먹지 않았다." 국사를 제외하고는 비단옷을 입지 않고 "무명옷이 해지면 꿰매 입고 늘 빨아 입었다." 정조는 "그림과 글씨"에 일가견이 있다.

맺음말

정조임금은 왕손으로 태어났다는 것을 제외하고는 기구한 인생역정이었다. 우여곡절 끝에 25살에 왕위에 오른 후에는 자신의 뛰어난 자질과 천재적 재능을 바탕으로 국정을 운영했다.

물려받은 권력 기반이 탄탄하지 않아 많은 정적이 있었음에도 "탕평의 인사정책을 펴 우수한 관료를 지방 곳곳에 배치하여 서한 정치로 부패를 척결"하였다. 또한, 문민정치에 힘써 나라와 백성을 위해 많은 업적을 남긴 임금으로 세종대왕 다음가는 성군으로 평가받은 임금이다.

불같은 성격에 추진력도 대단하였지만, 그의 생활은 자신의 마음을 다스려 한평생 검소하게 부지런히 살았다. 재위 기간 23년 동안 오직 백성이 모두 잘살고 나라발전에만 전력을 다해 개혁과제를 슬기롭게 대처한 임금이다.

정조임금은 백성을 보살핀 마음 따뜻한 제왕이다. 재위 시 병란, 호란, 군란, 사화 등과 같은 사회 혼란이 없었고, 무고하게 죽인 사람도 없었다. 조선 후기의 황금기를 이룬 정조임금의 개혁 산물이 만개하기도 전에 48세 나이에 병(피부염증 종기)에 걸려 일찍 세상과 이별하였다.

정조가 죽은 후 안동 김씨 김조순을 세자의 장인으로 삼으면서 외척세력의 63년간 세도(勢道)정치가 시작되면서부터 조정과 지방에 탐관오리들의 부정부패가 극에 달해 나라는 주인이 없는 아수라장이 되어 급격히 몰락했다.

정조임금이 20년 더 살아 개혁을 추진했다면 훗날 외척세력의 세도정치도 없었을 것이다.

제2장

잘못된 제왕은
나라를 망하게 한다

흥청망청하다가 나라를 망친 폭군 연산군
(재위: 1494~1506년)

태조가 조선을 건국한 뒤 100년간 정치가 비교적 안정되어 태평성대를 누린 조선이었으나, 연산군 재위 시는 왕의 일탈과 폭정으로 그러하지 못했다. 성군으로 칭송받았던 부친 성종임금과 완전히 다른 모습이다.

조선왕조 역사에서 반정으로 축출된 임금은 연산군과 광해군 두 명이 있다. 광해군의 경우 폐위는 정치적 역학관계에 의한 것이지만, "연산군은 자신의 실정과 타락"에서 비롯된다. 12년의 치세 동안 극도의 폭정으로 참다못한 신하가 주도하여 거사(擧事)를 일으켜 "중종반정으로 폐위"되었던 폭군 임금이다.

국사를 멀리한 연산군

- **공부와 경연을 싫어했다**

  부친 성종과는 달리 세자시절부터 공부를 게을리해 성종이 걱정했다고 전해진다. "세종·성종·영조·정조임금 같은 공부벌레형 군주"들을 제외하면 다른 임금은 그러하지 못했다. 조선 건국자 태조는 즉위부터 "내가 나이도 많으니 경연을 들을 필요는 없겠구나!" 신하들에게 말했다가 어쩔 수 없이 경연에 나갔다는 조선실록 기록이 있으며, 세조는 아예 경연 제도를 폐지했고, 광해군도 경연을 싫어했다.

- **홍청망청해 방탕한 생활로 여색과 술로 보냈다**

  연산군은 황음무도(荒淫無道, 주색에 빠져 도리를 잊어버린 상태를 의미하는 고사성어)했다. 전국에 "채홍사"(採紅使, 연산군이 미녀를 뽑기 위해 전국에 파견된 관원)·"채청사"(採靑使, 고운 계집을 뽑으려고 전국에 보낸 벼슬아치) 등을 파견하여 여자와 좋은 말을 구해오게 하였다. 연산군이 홍청과 놀아 나라가 망했다 하여 "홍청망청"(興淸亡淸)의 어원이기도 하다.

  연산군은 그 날 눈에 띄는 여자는 기분 내키는 대로 범하는 행태를 보였다. 양반가 아내, 기녀, 처녀, 유부녀, 신하들 아내, 나이가 많은 중년의 여인들도 종종 있었다. 장녹수를 비롯해 왕이 홀딱 빠져 있던 여성상을 보면 단순히 왕이 유흥 향락을 누리기 위한 것이다. [출처, 조선 연산군 실록]

- **연산군은 재위 12년 동안 후궁이 무려 21명이다**

  폐비 신씨 사이에서 연산군은 연년생으로 8명의 자식을 얻었다. 연산군은 의외로 정실부인인 폐비 신씨를 매우 아끼는 애처가였다. 29살에 젊은 나이에 죽은 연산군은 "후궁이 21명이나 되었으며, 후궁에게서 얻은 자식은 20명이나 된다."

  후궁 중에서 대표적인 인물인 장녹수(가무와 용모가 뛰어난 여인)는 엄청난 동안으로 30대에 나이에도 10대 후반쯤 소녀로 보였으며, 애교와 말재주로 연산군의 비위를 잘 맞추고 환심을 산 여인이다.

- **시국을 논하는 성균관을 사냥터로 만들었다**

  연산군은 "시도 때도 없이 사냥과 말 타는 것을 좋아해 성균관을 폐쇄한 뒤 유학생(幼學生)을 몰아내고 그 안에 사냥터를 만들었다.” 그것도 모자라 고위관료들의 사유지와 백성들의 민가를 철거해 개인의 유흥을 위해 임금이 하지 말아야 짓을 했다.

나라 기강인 국사를 폐지해 패악질은 극에 달했다

- 삼사(사헌부, 사간원, 홍문관)를 폐지했다

  “삼사”는 사헌부, 사간원, 홍문관을 통틀어 언론(言路, 신하나 백성이 임금에게 말을 할 수 있는 길)을 담당하는 기관으로 권력의 견제와 균형을 맞추는 역할을 하는 조직이다.

  절대권력을 추구하던 연산군은 자신 뜻에 순종하지 않는 것이 능상(윗 사람을 능멸하는 것)으로 규정하여 용납하지 않았다. 자신의 정치에 왕권을 침해하고, 왕마저 괴롭히고 있다고 생각해 “삼사를 모두 폐지해 왕의 패악질은 극에 달했다.”

- 극심한 사치로 국고가 바닥이 났다

  시급한 국사에는 관심을 두지 않고 여색, 사냥, 잔치 등 자신의 욕망을 채우는 데에만 시간을 쏟아 “나라 국고는 바닥이 났다.” 왕실의 방만한 재정 운용은 무오사화 이후 극에 달해 연산군 10년에는 직계제를 통해 수탈하는 제도를 만들어 재정 부족분을 채우기 위해 다음 해 공물을 앞당겨 국고는 바닥이 나 나라 살림은 점점 어지러워졌다.

- 모든 것은 왕의 것이다. 신하들의 직언을 차단했다

  연산군은 "신하들 앞에서 모든 것은 왕의 것이다." 하여 사관제도(역사서 편찬과 국가기록물 관리를 담당한 관리)를 모두 폐지했다. 신하들 앞에서도 "입은 몸을 베는 칼이다."라는 내용의 신언패(愼言牌, 관리들에게 말을 삼가도록 하는 목에 걸게 한 패)를 차게 했다.

- 한글을 무시하고, 금지조치를 내린다

  훈민정음을 창제한 세종대왕의 "한글사용 금지조치"를 내린다. 선대조상이 만든 한글을 사용하지 못하게 하는 것은 패륜 차원을 넘어서 선대왕의 업적을 모욕한 꼴이다.

연산군의 폭정 원인은 할머니 인수대비였다

연산군은 즉위 후 4년까지는 큰 말썽을 일으키지 않았다. 재위 초반에는 사치스럽던 궁궐 행사를 정돈하였고, 세금 제도체계를 정비하였다. 이외에도 빈민(貧民)을 구제하고 되폐 풍조와 관리들의 부정부패를 바로잡아 악한 관리들을 색출하여 벌하기도 하였다.

- 폭정 원인 제공자는 할머니 "인수대비"였다

  연산군 어머니 폐비 윤 씨 폐위는 할머니 인수대비와 성종의 후궁 엄숙의, 정숙의가 관여되어 있다는 사실을 "임사홍(간신과 소인(小人)의 대표적인 인물)의 밀고"로 연산군은 알게 되었다. 임사홍은 연산군에게 알려 갑자사화의 빌미를 제공한 인물이다.

연산군은 이들에게 복수를 다짐한다. 할머니 "인수대비 앞에서 칼을 휘두르며" 처용무(處容舞, 가면을 쓰고 추는 춤)를 추는 위협적인 행동을 일삼았다. 연산군은 성조 후궁 엄숙의, 정숙의 아들 안양 군과 봉안 군을 불러 모친을 때려죽이게 했고, 그것도 모자라 "두 여인의 시신을 갈기갈기 찢어 시신을 젓갈에 담아 산과 들에 뿌려" 조선왕실에 전례 없는 회오리바람을 몰아왔다.

여기서 그치지 않고 안양 군과 봉안 군의 머리채를 끌고 인수대비에게 찾아가 농락했다. 이 모습에 크게 격노한 인수대비는 큰 충격을 받아 1개월 후에 죽었다.

폭군 정치로 조정에 부는 피바람, 두 번의 사화

사화(土禍)는 선비들이 정치적 반대파에게 화를 입히는 일을 가리키며, 특히 연산군 때부터 명종 즉위년까지 사림세력이 화를 당해 발생한 옥사를 말한다.

연산군의 두 번의 사화로 많은 신하가 처형되었다. 역사학자들에 따르면 무오사화 때 처벌받은 사람은 약 51명이었고, 6명이 처형됐다. 그러나, 갑자사화 때 처벌받은 사람은 239명이었으며 이 중에서 122명이 목숨을 잃거나 "부관참시(그냥 시체를 파내서 목만 자르는 것)와 부관능지(부관참시보다 더한 몸 전체를 자른다는 뜻)를 당했다."

조선 史 "4대 사화"는 1498년(연산군 4년) 무오사화, 1504년(연산군 10년) 갑자사화, 1519년(중종 14년)에 조광조 등의 신진 사림들이 훈구파 재상들에 의해 숙청된 기묘사화, 1545년(명종 즉위년)에 일어난 사림이 탄압을 받은 을사사화(비 숙청 사건)이다.

• 1498년 무오사화(연산군 4년)

조선 4대 사화 가운데 첫 번째 사화이다. 무오사화는 훈구파가 정치적 반대편인 사림파를 대대적으로 숙청한 사건이다. 무오사화의 주요 쟁점은 연산군이 세조를 비방한 "조의제문"(弔義帝文, 문신 김종직이 세조의 왕위 찬탈을 은유적으로 비판했던 글)이 사초(史草)에 실린 것을 트집 잡아 훈구파가 사림파의 개인적인 원한을 갚기 위해 연산군을 부추겨 사초 사건을 일으킨 것이다.

• 1504년 갑자사화(연산군 10년)

"연산군의 어머니 폐비 윤 씨와 관련되어 많은 선비가 숙청 된 사건"이다. 연산군의 폭정은 재위 8~9년부터 본격화되었다. 사림파도 화를 입었지만, 훈구파도 무사하지 못해 윤필상, 이세좌(폐비 윤 씨를 죽이고자 사약을 전달했던 인물) 등 화(禍)를 당한 신하가 많았다.

갑자사화는 사림파, 훈구파 가릴 것 없이 신하들의 숙청은 연산군이 기획, 각본, 주연으로 연산군 특유의 "폭력성과 잔인성"을 드러내며 벌인 처형과 숙청 사건이다. 그런데 운명의 장난인지 갑자사화 때 숙청당한 훈구파 대신들은 계유정란(세종의 차남 수양대군이 왕위를 찬탈하기 위하여 단종을 숙청한 난)으로 "단종의 폐위와 비참한 죽음에 일조했던 신하들이다."

연산군의 갑자사화에 휘말려 숙청을 당했으니 자기가 저지른 일의 결과를 스스로가 돌려받는다는 "자업자득"이라 할 수 있다.

중종반정과 연산군의 죽음

중종반정은 조선왕조 최초로 순전히 신하들이 주도하여 왕을 몰아낸 반정이다. 연산군은 국사를 멀리하고, 황음무도한 행적을 고려하면 반정은 어찌 보면 필연적인 결과이다.

중종반정의 3대 핵심 주동자 박원종(조선 전기 무신, 정치가), 유순정(성리학자, 사림파 정치인), 성희안(문신, 성리학자, 작가, 외교관) 등이 같이 모의할 사람이 없어 안타까워했으나, "일단 거사(擧事)가 시작되자 반응은 폭발적"이었다.

1506년 반정(反正)은 연산군의 이복동생인 중종(中宗)에게 추대 의사를 밝힌 뒤 창덕궁을 포위하여 "연산군을 폐위하겠다는 인수대비의 허가를 받고 중종이 왕위에 올랐다." 이로써 연산군은 강화도 교동으로 유배되어 두 달 만에 병으로 세상을 떠났다.

맺음말

악명 높은 폭군 연산군은 "신하들 앞에서 모든 것은 왕의 것이다." 하여 나라 시국을 논하는 성균관을 사냥터로 만들어 말 타기와 여색과 술을 좋아해 흥청망청(興淸望淸)의 장본인이다.

그는 권력의 견제와 균형을 맞추는 삼사를 모두 폐지하여 언로(言路)를 차단했고, 왕실의 방만한 재정으로 국고가 바닥나 공납 제도마저 무너졌고, 두 번의 사화로 많은 신하가 죽었다.

아버지 성종은 훈구파와 사림파 간의 견제와 균형정치로 백성의 태평성대를 이루게 한 임금이었다. 성종은 아들에게 성장할 수 있는 계기를 열어 주었음에도 연산군은 신하들의 직언을 차단해 치세 동안 이렇다 할 업적이 없는 군주다. 조선 5백 년 역사에서 반정으로 폐위된 후 "조(祖)나 종(宗)"으로 부호를 받지 못한 임금 중 1명이다.

임진왜란 때 도성을 버리고 도망친 선조
(재위: 1567~1608년)

선조는 이복 숙부인 명종(1545~1567년)이 죽자 명종과 인순왕후(명종의 정비)로 양자(중종의 손자)로 입적해 16세에 즉위 후 1년간 수렴청정을 거친 다음 왕위에 올랐다. 부모가 왕과 왕비가 아닌 최초의 "서자 출신의 방계혈통(형제자매의 직계비속)의 임금이다."

선조는 제왕에 오르자 탁월한 신하가 많았음에도 의심병에 걸려 신하들의 직언을 무시해 재위 내내 동인, 서인의 분열과 붕당에 휘말려 극에 달해 정치가 안정되지 못했다. "임진 전쟁 중에도 백성을 내팽개친 채 의주와 압록강까지 도망치고, 나이 어린 왕비와 놀아 조선왕조 史에서 연산군, 인조와 함께 우유부단하고 무능한 최악의 임금이다."

선조의 정치는 자신이 스스로 화(禍)를 키웠다

선조는 후계자 수업 없이 세자를 거치지 않고 임금으로 즉위했기 때문에 인순왕후의 1년간 수렴청정을 거친 후 원상들의 도움으로 국사를 돌보다 17세 된 이듬해 친정체제를 구축했다.

- **동인과 서인의 붕당정치로 스스로 화(禍)를 키웠다**

  붕당(朋黨, 중국과 조선에서 운영된 정치 구조로 양반들이 모여 구성한 정치 집단)이 생긴 이유는 조선 중기 이후 사화(史禍)의 시련을 극복한 사림파가 정국의 주도권을 장악하게 되었다. 그런데 사림세력 사이에서도 정치적 노선의 차이가 드러나 동인과 서인으로 갈라지게 되는 이른바 동서분당이다.

  오늘날 민주주의 정당정치에서 붕당은 서로 비판과 견제 측면에서 긍정적인 면도 있으나, 유교적 정치를 기반으로 하는 조선 왕족국가에서 신하가 붕당을 형성하는 것은 범죄에 해당한다. 임진왜란이 발발한 이유도 어찌 보면 동서분당이 혼란이 계속되어 전쟁을 대비하지 못한 결과이기도 하다.

- **1575년 동, 서 붕당의 서막은 이조 전랑(권력자리)이다**

  "이조 전랑"은 관리들의 인사권을 담당하던 관직 자리이다. 직급은 낮았지만, 관리들의 후임과 자천권 등 인사문제를 결정하는 "요직 중에서도 으뜸으로 치는 관직자리"이다.

  동서분당의 서막은 1575년 선조 8년. 척신 출신에 구세력을 대표하는 명망이 높은 심의겸과 이조판서를 역임한 신진 세력인 우의정 김효원의 싸움도 벼슬자리를 둘러싼 쟁탈전이 당쟁을 격화시키는 원인이 되었다. 오늘날 한국 정당 史에 있어서 명분 없는 분당과 합

당으로 얼룩진 정당의 분열과 다를 바 없다. [출처, 조선 선조실록, 이조전랑]

• 율곡이 붕당정치 조정역할을 했지만, 동서분당은 계속되었다

동서분당은 사림 간 당쟁이 기승을 부리면서 상대 당을 마치 원수처럼 인식해 동인은 남인과 북인으로, 서인은 노론과 소론으로 각각 당파 분열을 일으켜 국가의 안위와 민생 문제에는 뒷전으로 밀려났다. 율곡은 어느 당파에도 치우치지 않고 분열을 혁파하고 사림을 융합시키는 일에 앞장섰으나, 선조 자신이 우유부단으로 대처하지 못했다.

선조의 우유부단으로 수많은 옥사가 발생했다

동인과 서인의 내부갈등으로 수많은 옥사가 일어났다. 선조는 훗날 "기축옥사"(1589년)와 건저문제(세자책봉 파동) 이후 동인이 남인과 북인으로 갈라지는 원인 중 하나가 되기도 했다.

• 기축옥사로 1,000명이 죽었다

조선 역사상 가장 큰 정치적 숙청 사건인 기축옥사(己丑獄事)가 발생했다. 이 사건은 정여립(전주 출신 명문 가문, 명석한 문신)의 모반(謀反, 왕이나 국가에 대한 죄) 혐의가 촉발되어 약 3년에 걸쳐 1,000여 명의 동인 인사들이 반역에서 처형되거나 유배를 당한 사건이다. [출처, 조선 선조실록, 기축옥사]

조선 史 4대 호란(胡亂) 때도 500명밖에 죽지 않았다. 공존(共存)이라는 붕당정치의 금도(禁道)가 무너져 정권을 장악하고 있던 동인은 몰락하고 서인이 정국을 주도하게 되었다.

• 이수 옥사와 계미삼찬

붕당정치의 여파로 일어난 이수 옥사(동인과 서인의 뇌물로 쌀을 받아 일어난 사건)와 계미삼찬(1583년(선조 16년) 정치적 충돌사건) 이다. 대내적으로 붕당 간의 권력 쟁탈전이 치열하게 전개되고 있을 때 대외적으로는 여진족의 침입한 이탕개의 난도 일어났다.

임진왜란 1592년(선조 25)~1598년(선조 31년) 전쟁

• 1592년 1차 임진왜란 발생

선조는 임진왜란 직전에 일본에 사신을 보냈다. "사신"은 군사력을 많이 키운 일본이 침략할 가능성이 있다고 진언하였으나, "부사"는 침략할 가능성은 거의 없다는 보고에 선조는 현혹되었다. 선조임금은 율곡의 10만 양병설 주장을 무시하고 동인, 서인의 붕당정치에 매몰돼 안일하게 대처하다 결국 임진왜란 전란이 일어났다.

• 1597년 2차 정유재란

일본이 1597년 "명나라와 진행되던 강화회담이 깨지자 조선을 다시 침공한 전쟁"이다. 조선 수군(水軍)의 승리로 전세는 역전되었고, 1958년 이순신 장군은 노량해전에서 적의 총탄에 맞아 전사했다. 때

마침 도요토미 히데요시가 사망하여 일본군이 퇴각함으로써 임진왜란 전쟁은 끝났다.

도성을 버리고 야반도주 도망친 선조의 어가(御駕)행렬

일본 군대가 20일 만에 수도 한양을 점령하자 선조는 겁에 질려 도성을 버리고 전쟁 중에도 북쪽 의주와 압록강까지 도주했다. 도주하는 과정에서 백성을 속이고 야밤에 몰래 도주하는 왕으로서의 행보는 한심한 추태를 보인 선조의 민낯이다.

임진왜란 전황이 다급해지자 신하들의 권유로 어쩔 수 없이 "광해군을 임시로 세자에 앉혔다." 선조는 세자로 책봉시킨 후 한 달 만에 충격적인 지시를 내린다. 선조임금이 재위하고 살아 있는 기간에 자신의 권력을 세자(광해군)와 나눈다는 것은 조선 역사상 전례가 없는 일이다.

선조는 조정을 둘로 나누어 세자 광해군에게 분조(分朝, 국가 비상사태가 발생했을 때, 국왕이 다스리는 조정과는 별도로 세자가 직접 다스리는 조직) 이끌게 했고, 선소는 선쟁 와중에 노주했나.

신하가 상소하는 글과 직언(언로)을 차단하는 무능한 선조임금

• 인재는 많았으나 제대로 활용치 못한 무능한 선조

선조 시대만큼 인재가 넘쳐났던 때도 드물다. 퇴계, 율곡, 기대승, 정철, 류성룡 등 대학자들이 많아 선조가 능력을 보일 기회도 있었으나 신하들의 충언을 무시한 결과로 스스로 좌초하고 말았다.

- 신하의 건의에 의심만 하는 선조임금

즉위 초반에는 퇴계의 정치철학을 따르다가 퇴계가 사망하자 성품이 강직한 율곡의 충언은 계속되었으나 의심이 많아 듣지도 않았다. 율곡은 "전하께서는 총명하고 지혜로움은 많으시오나, 덕을 쓰심이 넓지 못하고 좋은 말 듣기를 매우 좋아하고 많은 의심을 버리지 못하십니다." 하며,

"여러 신하가 힘써 건의하는 것을 지나치게 의심하고, 또한 대신이 명예를 얻으면 그에게 당파가 있지 않은가 의심하고, 남의 죄와 허물을 공격하면 편파적으로 모함하지 않은가 의심만 하십니다." 건의도 했다.

선조는 임진왜란 때 나라를 지킨 이순신, 권율, 곽재우 장군을 백성이 칭송하자 노골적으로 의심하고 박대했다. 그 일련의 행위는 군신관계 이전에 인간 대 인간으로 봐도 무능한 임금이다. 임진왜란 후에 그런 짓을 했다면 그냥 "토사구팽"(요긴한 때는 소중히 여기다가도 쓸모가 없게 되면 천대하고 버린다)의 극단적인 양면성을 지닌 임금이다.

유능하고 용감한 장수들의 처형

선조는 자신에게 도움이 될 만한 신하에게는 후하게 대접해 주었으나, 별것 아니게 보이는 상대는 잔인하게 찍어 죽였다. 왜란이 끝난 후에 전공이 있는 의병장 곽재우 등은 아예 공신 책록을 하지 않았고, 이순신과 권율 장군도 의심했다. "웃기는 게 선조를 의주까지 모시고 간 환관(宦官, 왕의 여성들을 보호하고 왕위 계승권 분쟁을 막기 위해 궁정에 고용된 관

직 자리)에게는 1등급"을 주었다.

여색을 밝힌 선조

금욕주의자였던 율곡은 전하께서는 맑지 못한 목소리 원인이 "여색을 경계하라."고 청했지만, 여성 편력이 심해 듣지도 않았다. 8명의 부인과 14남 11녀의 자녀를 두어 여색을 탐해 젊은 왕비와 노느라 나랏일은 안 했다고 실록에 기록되어 있다.

실록에 따르면 인간말종의 자식 농사 엉망인 선조

선조의 자식은 평범하게 살다 간 왕자도 있지만, 세자의 후보에 오르게 되는 6남 중 3명은 망나니 인간말종이다.

- 장남 임해군(이진)

  임진왜란 때 함경도 관리들과 백성들한테 못된 짓은 물론, 첩실을 겁탈하려고 도승지(오늘날 청와대 비서실장)를 죽이고, 공물 횡령, 신하 폭행 등 악행을 저질렀다. 훗날 광해군한테 사약 받고 죽었다.

- 5남 정원군(이부)

  과거시험에 처남을 부정 합격시키고, 탄핵당한 관료나 군역 기피자를 돈 받고 숨겨 주고, 형수 몰래 납치하다 노비에게 걸려서 몰매를 맞았다. 포악하고 행동이 방탕하였다.

- 6남 순화군(이보) **"최악 연쇄 살인자"**

  10대에는 백성들 잡아다가 잔혹하게 했고, 20대에도 자신의 어머니 무덤 지키는 궁녀를 강간하고, 귀양지에서 소고기를 안 올린다고 노비 집을 불태우고, 백성의 치아를 뽑아 버리는 등 살인과 폭행을 일삼은 최악의 아들이다.

생애 후반 및 최후

선조는 중풍증세가 악화하여 죽게 되자 대신들에게 영창대군을 부탁한다는 고명(顧命)을 남기고, 56세 일기로 41년의 치세를 마감하게 된다. 선조 때 광해군의 궁녀로 들어간 "김개시"가 있었는데 천민의 출신이지만 매우 똑똑했다. 김개시가 선조의 수라상 음식에 사약을 넣었다는 독살의 의혹도 있다.

맺음말

조선을 건국한 지 "200년 동안 유교 질서와 법도 하에 세워진 왕권 역사를 뒤흔들기 시작한 임금"이다. 권력 독점욕으로 왕실의 질서와 권위를 실추시킨 임금으로 자기 외에는 누구에게도 권력의 칼자루를 주지 않았다.

재위 때 탁월한 인재가 있었음에도 간언(諫言)을 하는 강직한 신하들의 상소(건의)를 듣지도 않았고 신하를 우대하는 심의마저 없었다. 뇌물 꾸러미가 있음에도 막을 줄 모르고, 왜적이 호시탐탐 틈을 노리고 있는

데도 방어할 줄 모르는 의심이 많은 임금이다.

전대미문의 임진왜란이 일어나 많은 백성이 도탄에 빠져 죽었고, 국토마저 불타 버린 상황에서 자신의 안위만을 위해 나라와 백성을 버리고 "야반에 몰래 도망친 행위는 나라를 망하게 할 뻔했던 추악한 민낯을 드러낸 임금이다."

선조임금은 결단력과 공정성, 정의는 없었다. 치세동안 불필요한 예산 집행으로 국고를 탕진하여 백성들에게 과도한 세금을 징수하여 백성들을 지옥에 빠뜨렸다.

광해군은 임진왜란 때 선조를 대신해 군주의 역할을 한 전쟁영웅이었지만, 선조는 광해군이 서자 자식이라는 이유로 세자책봉을 차일피일 미루다가 훗날 "광해군의 영창대군 처형사건은 선조가 스스로 원인 제공을 했다."

왕위에 오르자 피의 숙청 광해군
(재위: 1608~1623년)

15대 광해군은 1575년(선조 8년) 선조의 공빈 김 씨 서자의 둘째로 태어났다. 어려서 생모 공빈 김 씨를 여의고 "선조의 냉대 속"에 자랐다. 외할아버지마저도 임진왜란 중에 전사하면서 그가 기댈 곳은 없었다. 조선 史 임금 중에서도 파란만장하고 논쟁적인 삶을 살다간 비운의 임금이다.

광해군은 임진왜란 때 선조를 대신해 왜병과 싸웠다. 광해군은 선조가 피난 가고 없는 상황 속에서도 젊은 나이에 선조를 대신해 분조를 이끌고 궁을 지키면서 혼란에 빠진 나라를 수습하기 위하여 함경도와 전라도까지 위험한 전선을 넘나들며 노숙도 하면서까지 갖은 고생을 해 임진왜란을 마무리했다.

선조는 서자 자식 광해군을 노골적으로 질투했고, 싫어했다

서자 자식인 관계로 선조와 광해군은 아버지와 아들 사이도 아닌 "후계자도 아닌 사실상의 정적관계"였다. 명나라마저 적장자가 아니라는 이유로 세자책봉을 반대하여 광해군은 외로울 수밖에 없었다.

• 광해군은 서자 자식이라는 것이다

선조는 조선 최초 방계 출신 임금으로 서얼(庶孽, 첩의 자식)이라는 열등감이 있었다. 광해군은 선조의 후계자로 유력했지만, 왜 그토록 싫어하고 심하게 경계하였을까?

광해군은 선조를 대신해 임진왜란을 싸운 영웅이다. 그러나 선조는 광해군이 잘나가면 잘나갈수록 자신보다 잘난 서자 자식을 경계하고, 질투하고, 심하게 꾸짖고, 냉담한 반응을 보였다.

임진왜란이 끝난 뒤에도 광해군에 대한 선조의 견제는 계속된다. 조선 실학자 이긍익의 역사서에 따르면 선조는 "어째서 세자의 문안이라고 오느냐, 너는 임시로 세자로 봉한 것이니 다시는 여기에 오지 말라."고 막말을 했다는 기록이 나온다.

• 왜 그랬을까? 선조는 적장자 계승원칙을 두었기 때문이다

불안한 입지에 놓인 광해군에게 또 다른 위기가 찾아온다. 의인왕후
가 후손을 낳지 못하고 사망하면서 1602년 인목왕후(선조의 계비이자
영창대군 생모)가 계비로 간택되어 입궁한다. 당시 선조의 나이는 51
세, 인목왕후는 19세에 불과했다.

선조가 그토록 기다리던 끝에 인목왕후가 적장자 아들 영창대군을
낳는다. 선조의 생각은 광해군이 정비에게서 나온 적자가 아니었기
에 영창대군에게 왕위를 물려주고자 세자책봉을 차일피일 미뤄 왔
기 때문이다.

신하들의 권유로 우여곡절 끝에 광해군은 왕위에 오른다

영창대군이 출생할 무렵 선조는 이미 55세로 당시 상당한 고령이었
다. 광해군은 비록 선조와 갈등을 빚고 있었지만 어쨌든 10년 넘게 문
제없이 신하들로부터 능력을 인정받아 명분과 원칙을 강조하는 조선
사회에서 아무런 결격사유가 없는 광해군을 선조가 왕이라고 해서 마
음대로 갈아치우는 일은 거의 불가능했다.

더군다나 광해군과 달리, 이제 겨우 두 살에 불과한 영창대군은 아무
런 세력도 없었다. 1607년 선조가 병으로 위독한 상황에 놓이자 우의정
류성룡, 좌의정 정철 신하들의 권유로 선조는 마지못해 광해군을 내릴
수밖에 없었던 선택이었다. 4개월 후 선조가 56세 나이에 병으로 쓰러
져 운명한다.

대비가 된 인목왕후의 나이는 24세, 영창대군은 3살에 불과했다. 영

창대군과 광해군의 나이 차는 자그마치 31년. 인목왕후조차 광해군보다 10살이나 어렸다.

파란만장한 세자시절을 보낸 광해군은 1608년 34세의 나이에 조선 15대 국왕에 즉위한다. 명나라마저도 책 봉사를 보내어 비로소 광해군을 조선의 왕으로 인정했다.

광해군은 왕위에 오르자 피의 숙청. 첫 번째가 정적 제거였다

천신만고 끝에 왕위에 오른 광해군은 즉위하면서부터 "젊고 총명한 명군"에서 자신의 왕권에 영창대군을 지지하던 세력인 우의정 유영경(호조 참의, 대사헌 등을 역임한 관리)을 하나씩 제거하는 "비정한 독재자"로 바꾸어 놓았다.

유영경은 부관참시(죽은 다음 시신마저 끄집어 내어져 비참한 죽음) 최후를 맞았다. 아홉 살에 불과한 영창대군을 유배지에서 온돌에 불을 때서 뜨겁게 태워 잔혹하게 죽였고, 왕실의 외척 가문인 영창대군의 외할아버지와 아들들은 모두 처형했다.

광해군의 마지막 목표는 영창대군의 친모이자 선조의 대비인 인목왕후를 덕수궁에 유폐하고 도성의 서쪽 궁궐인 서궁으로 격하할 것을 지시했다. 이른바 오늘날 가택연금이다.

피 다른 형제를 죽이고, 왕실의 어른을 유폐한 것은 유교 질서를 강조하는 조선 역사상 전무후무한 패륜 사건이다. 이러한 광해군의 만행을 가리켜 "폐모살제(廢母殺弟)"라 한다.

왕조 사회에서 권력자가 자신의 권위에 위협이 될 수 있는 정적들을 숙청하는 것은 사실 흔한 일이지만, 광해군의 경우는 너무 성급했고, 잔혹했다는 것이다. 임금의 도리를 저버리고 불필요한 죽음을 저질러 결국 "인조반정"으로 쫓겨나 연산군에 이어 반정으로 폐위된 두 번째 임금이기도 하다.

광해군의 업적은 내치보다 외치(外治)에 치중했다

광해군은 즉위 후 임진왜란의 뒷수습과 민생안정을 위해 남인 영의정 이원익(정1품 벼슬, 지금의 국무총리 직책) 및 대북파를 등용하여 청나라의 전쟁 위기 상황에서 실리외교를 펼쳤다.

• 국방 강화와 군사 개혁

임진왜란 이후 국방 강화를 위해 군사 개혁, 방어 체계 정비와 군사 훈련을 강화하고, 화포와 조총 등 무기 개발을 장려하여 국경 방어를 강화하는 등 군사력을 키우는 데 힘썼다.

• 청나라와 명나라의 중립 실리외교

광해군 즉위 때는 명나라와 청나라 세력이 교체되던 시기여서 매우 혼란스러웠다. 조선에 충성을 다하던 명나라는 쇠퇴하고, 청나라가 급속도로 성장하고 있었다. 임진왜란 때 명나라의 도움을 받은 조선은 청나라 요구를 거절할 수 없었고, 새롭게 성장하는 청나라와 적대 관계를 맺을 수도 없었다.

"명나라는 임진왜란 때 은혜를 베푼 은인인데, 목숨을 걸고서도 도와야 한다."는 신하들의 충언에 광해군이 난처하게 되자, 13,000명의 군대를 이끌고 명나라를 지원하게 하되, 후금과의 충돌을 피해 상황에 따라 대처하도록 명령하였다.

이후에도 명나라의 요청은 계속되었지만, 적절히 거절하면서 청나라와 중립적인 친선 외교정책을 펼쳐 재위 기간 국방과 외교가 튼튼해 외환이 없었다.

- 일본과 수교

  즉위 1년 만에 일본 측이 수교에 적극적으로 나오자 조정 대신들 간에 찬·반 양론이 있었으나 광해군은 양국 간 안정을 위해 일본과 수교를 단행했다. 광해군은 수교의 선행조건으로 국서(국가 원수가 국가의 이름으로 보내는 외교문서)를 일본이 정식으로 먼저 보낼 것과 왜란 중에 성종, 정현왕후, 중종의 무덤을 훼손한 범인 인도 등을 요청하였는데 마침 일본이 충실히 이행하자 교섭에 임하여 수교를 단행했다.

광해군의 나라 내치(內治) 정치는 어떠했을까?

- 임진왜란 전후 복구와 경제 재건

  임진왜란으로 피폐해진 전후 복구사업과 당파를 가리지 않고 인재를 고루 등용하였다. 토지 문제를 해결하기 위해 토지 대장정비와 은닉된 토지를 찾아 소득에 따라 세금을 거두는 등의 조치와 조세개혁인 대동법(지역별로 쌀, 베, 돈으로 세금 제도)을 만들어 조세 수입을 늘려 국가 재정을 강화했다.

- 서적 편찬과 궁궐재건

동국여지승람(지리, 풍속 등을 기록한 지리책)의 보완, 용비어천가(여섯 대의 행적을 노래한 서사시), 허균의 홍길동전(19세기에 널리 읽힌 한글 고전소설), 허준의 동의보감(東醫寶鑑, 허준(1539~1615년)이 중국과 조선의 한의학 서적들을 하나로 모아 발간한 한의학 서적) 등도 이 시기에 완성되었다. 임진왜란 때 화재로 소실된 창덕궁, 경희궁, 창경궁 재건과 궁궐과 성곽을 보수하였다.

미신을 신봉한 광해군. 궁궐을 많이 지어 재정이 파탄 났다

광해군은 국방외교 등 외치에 몰두하면서 내치를 소홀히 했다. 미신에 집착한 광해군은 인왕산에 정기가 있다는 무당의 소문을 접하자 임진왜란으로 나라 경제가 피폐한 상황에서 인왕산 인근에 두 개의 궁궐을 동시에 짓는 대규모 궁궐 공사를 강행했다. 그러나, 공사비용을 감당할 수 없어지자 백성들과 조정 대신들의 불만도 쌓여만 갔다.

궁궐을 많이 짓는 일은 청나라까지 소문이 났다. 청나라 누르하치(청나라 개국 군주)은 조선에서는 궁궐을 많이 짓는다고 하는데, 그러한가? 묻기도 했다. 실록에 따르면 광해군 3년에 경제를 담당하는 호조판서 황신이 국가 재정 문제를 누차 강조하자 광해군이 큰 관심을 기울이지 않아 허사로 돌아갔다.

인조반정으로 광해군의 폐위와 말년

1623년 인조반정은 서인 일파가 주축이 된 반정 세력은 왕실의 어른인 인목왕후를 찾아가 상황을 설명하고 인조를 왕위에 책봉하는 교지를 내리자고 요청했다. 광해군의 죄명은 영창대군과 "어머니를 유폐시키고, 이복동생과 외척 가문을 죽인 죄"이다.

광해군은 반정 세력에 잡혀 인목대비 앞으로 끌려가 광해군의 죄목 36가지를 적어 꾸짖으며 폐위를 선언했다. 왕위를 물려받은 인조는 16대 임금이 되었고, 인목왕후는 인조의 즉위와 함께 대비의 지위를 회복한다. 인조반정으로 물러난 광해군은 19년간 제주도에서 유배 세월을 보내다가 1641년 67세를 일기로 눈을 감았다.

맺음말

광해군은 어려서 어머니를 여의고 계모 슬하에서 늘 고독하고 우울한 시절을 보냈다. 선조임금으로부터 서자의 자식이라는 이유로 멸시를 받았고 늘 경계 대상이 되었다.

광해군의 재위 시는 선조임금의 붕당정치 혼란기와 임진왜란 이후의 재건기였다. 청나라가 번성하던 시기였기에 내치보다는 "청나라와 명나라에도 중립 실리외교"를 하여 전쟁도 없었다,

세자시절까지만 해도 만인의 기대와 사랑을 받던 "준비된 왕"처럼 보였던 광해군이 정작 즉위 후 나서는 실패한 왕이 되었다. 광해군의 불행은 선조임금이 원인제공을 하였다.

광해군은 영창대군과 피는 섞이지 않았으나 남보다도 못한 사이가 되어버린 비극의 주인공이다. 그의 실책은 배다른 형제를 죽인 사건과 무리한 궁궐 건축이었다. 풍수설과 미신을 신봉해 "풍수가나 점쟁이"들을 가까이 두었고, 정책에서도 풍수지리성과 미신에 집착해 국고가 바닥나자 민심이 이반 되었다.

난(亂)이 있을 때마다 도망치고
아들까지 죽인 잔인한 인조임금(재위: 1623~1649년)

쿠데타로 임금에 오른 인조임금

인조는 "조선왕실 역사에서 연산군, 선조, 철종임금과 함께 무능하고 패악질의 임금"으로 치세 동안에 업적이 별로 없는 임금으로 역사학들은 평가한다.

조선의 4대 쿠데타 반정은 무인정사(1398년에 발생한 조선 초기의 정치적 사건으로 이방원이 주도한 왕자의 난), 계유정난(1453년(단종 1년) 수양대군이 단종의 보좌 세력이자 원로대신인 황보인 김종서 등 수십 명을 살해, 제거하고 정권을 잡은 사건), 중종반정(1506년), 인조반정(1623년)이다. 인조반정은 서인 세력이 주도로 반정을 일으켜 광해군을 몰아낸 사건이다.

인조는 자신을 즉위시키는데, 공을 세운 이괄을 살해했다

이괄이 함경도 병마절도사(각 도 군사 지휘부 관직)에 임명되어 임지로 떠날 준비를 하고 있을 때 친분이 있던 신경유(병마사, 문신)의 권유로 광해군을 축출하고 인조를 추대하는 계획에 가담하게 된다.

이괄은 광해군을 몰아내고 인조를 즉위시키는 데 혁혁한 공을 세운 인물이었으나, "반정 뒤 인조는 이괄에게 같은 직급의 평안도 병마절도사로 임명되자, 이에 불만을 품어 반란"을 일으키다 반정주도 세력에 의해 살해되었다.

인조의 친명정책으로 정묘호란과 병자호란이 일어났다

인조는 즉위 과정과 재위 직후의 반란으로 집권 초기부터 불안하여 큰 시련이 기다리고 있었다. 북방에서 성장하던 청나라가 조선을 침입한 사건인 정묘호란과 병자호란이 일어났다. 그 원인은 "인조의 친명정책" 때문이다.

- 첫 번째 전쟁 1627년 정묘호란(인조 5년)

    1627년 인조 즉위 후 5년 만에 청나라가 조선을 보복한다는 명분을 내걸고 침략한 전쟁이다. 3만 명으로 구성된 청나라 군대는 압록강을 건너 남하하여 조선은 짧은 기간 내에 국토의 25%를 내주는 치욕을 겪었다.

    조선이 무너진 이유는 인조가 명나라와의 사대관계라는 명분에 집착한 나머지 청나라를 소홀히 해 빚어진 전쟁이다. 전쟁의 비극 상황임에도 강화도로 도망친 인조는 청나라와 형제의 맹세를 맺는 단에 나가 청나라와 관계를 맺게 되었다.

• 두 번째 전쟁 1636~1637년 병자호란(인조 14년)

정묘호란이 발발한 지 9년 지났음에도 인조와 신하 모두가 정신을 차리지 못해 국제정세와 국가의 역량이 얼마나 되는지도 몰라 실용은 팽개치고, 이념 논쟁에 빠져 있었다.

전쟁이 임박하자 조정의 사대부들은 청나라에 대항할 힘이 없으면서도 목소리만 높여 "감히 오랑캐가 황제"가 될 수 있느냐며 사신의 목을 베고 불에 태우라고 목청을 높였다.

사대부는 "청나라 사신의 목을 베어 머리를 명나라에 보내라며 상소"까지 올렸다. 격동하는 주변 정세 속에서 인조임금은 이렇다 할 대책을 세우지도 않았다.

도성을 버리고 도망간 "피신의 대명사" 인조의 삼전도 굴욕

1637년 병자호란 때 청나라의 침입을 피해 도성과 백성을 버리고 남한산성으로 피신한 인조는 59일 만에 청나라 황제 홍타이지에게 항복하여 바닥에 3번 무릎 꿇고, 머리를 아홉 번 박았다. 이른바 "삼배구고두례"(三拜九叩頭禮)이다.

오늘날 웃어른께 1배, 죽은 어른께 2배, 부처께 3배가 일상에서 접해 본 인사법이다. 그러나 9번 절한다는 것은 인사법이 아니라 청나라에 대한 항복 의식이다. 인조임금의 삼전도 굴욕은 항복 의사를 표시함으로써 "청나라와 군신 관계"를 맺게 되어 청나라를 대국으로 섬기게 되었다.

• 인조의 두 아들과 신하 300명이 청나라에 인질로 잡혀갔다

인조는 친명정책을 써다가 정묘호란과 병자호란을 겪으면서 삼전도의 굴욕적인 항복으로 인해 청나라의 볼모가 되자 아들(소현세자와 봉림대군)과 신하 300여 명이 심양(오늘날 만주)으로 포로로 잡혀갔다.

• 여성은 청나라 군대에 끌려가 순결을 잃었다

조선 여성이 청나라 군대에 잡혀 강제로 순결을 잃어 여성들은 대부분 돌아올 수 없었다. 친정에서 돈을 주고 돌아온 여성들은 환향녀(還鄕女)이라고 불리며 멸시받았다. 환향녀라는 말이 화냥년으로 변해 정숙하지 못한 여인을 싸잡아 부르는 말로 바뀌어 오늘날 발음도 "화냥년"으로 변했다.

청나라와 문호 개방하자고 건의하자 소현세자와 강빈 옥사

• 소현세자의 관측대로 명나라는 망했다

소현세자는 1644년 청나라의 볼모에서 풀려나 귀국길에 올랐다. 청나라에서 9년을 보낸 후 한양에 도착할 때 나이는 33살이었다. 소현세자의 관측대로 명나라가 망한 마당에 조선은 위협적인 존재가 아니었다.

청나라는 조선과의 관계를 풀고자 선심(善心)으로 세자를 돌려보낸 것이다. 소현세자는 서양문물 수용에도 적극적이어서 귀국할 때 관련 서적과 물자들을 가져왔다.

• 아들이 청나라 문호를 개방하자고 건의하자 인조의 분노

청나라에서 귀국한 소현세자를 맞이한 조정은 대륙의 정세 변화 따위에는 관심이 없고 권력 싸움에만 열중하고 있었다. 인조반정을 주도한 서인 세력은 증오심이 많아 소현세자가 명나라를 배반했다고 몰아붙였다.

아들은 아버지를 대신해 청나라에 볼모로 끌려간 이후 청나라에서 신임을 받기 시작했다는 소현세자의 소식을 접하자 "인조는 아들을 자신의 권력을 위협할 정치적 라이벌"로 인식했던 걸까? 인조는 아들이 돌아오자 분노했다.

• 인조의 지시로 독살을 당한 소현세자

소현세자가 청나라 심양에서 귀국한 지 2개월 만에 몸이 아팠고 3일 뒤에 죽었다는 것은 너무 갑작스러운 일이다. 정상적인 건강을 유지하던 아들이 아버지의 냉대와 서인 세력의 질시를 받으며 몸이 새카맣게(검게) 되어 의문의 죽음은 독살임이 분명했다.

실록에 따르면 세자의 치료를 맡았던 의관 이형익(조선 후기 궁중 의원으로 활동한 충남 예산 출신 의관)은 3개월 전에 궁중에 들어왔다. 세자의 사망에도 불구하고 관례를 무시한 채 아무런 조치도 없었다. 소현세자가 적장자임에도 3년 상을 치러야 했음에도 1년 단상으로 치르도

록 하였다.

- 세자빈 강빈(姜嬪), 친정어머니와 4형제 옥사

소현세자와 강빈 소생인 원손(元孫)이 폐위되고 봉림대군이 세자로 책봉되면서부터 강빈은 입지가 좁아져 죽음의 그림자는 강빈에게도 닥쳤다. 인조는 며느리 강빈까지 역모를 꾀했다면서 신하들의 반대를 무릅쓰고 사약(전복 안에 독약)을 내렸다 그 원인은 세손이 어린 상황에서 다혈질인 강빈의 성품을 두려워했기 때문이다.

인조는 아들과 며느리까지 적으로 삼아 죽인 후 사돈과 손자까지 죽인 국왕의 시호가 어질 인(仁)자를 쓰는지 역사의 역설이 아닐 수 없다. 그는 "인조라기보다는 악조(惡祖)" 같은 비정한 임금이다. [출처, 당쟁으로 보는 조선 역사, 이덕일]

27년간 무능한 통치로 나라 질서는 엉망진창이 되었다

인조는 사전준비 없이 왕이 되었기에 태종임금이나 세조임금처럼 쿠데타로 정권을 잡고 난 다음 나라를 어떻게 이끌어 나겠다는 지도자의 결단력과 목표도 없었다.

인조의 왕권이 어느 정도였는지 삼전도의 굴욕 이후 한양으로 귀환하는 과정에서 신하들이 먼저 배를 타겠다고 인조를 밀치면서 탈 정도였다. 정상적인 상황이었다면 임금을 밀치고 신하가 먼저 배를 탄다는 건 상상조차 할 수 없는 대역죄이다.

인조는 정묘호란과 병자호란의 두 양란으로 인해 피폐한 상황에서도 임금과 신하들 간 "각자도생"의 상황이라 할지라도 반대하는 신하들 때문에 재위 27년 동안 안위에만 집착해 나라 질서와 국사는 엉망진창이 되었다.

맺음말

인조는 자신이 문제가 많은 군주임에도 변명할 여지가 없는 암군(사리에 어둡고 어리석어 국가에 해악을 끼친 임금)이다. 어쩌면 권력과 자신의 안위를 유지하기 위해 영특한 자질로 제왕이 될 큰 그릇이었던 아들까지 죽인 비정한 임금이다.

아들은 미쳐 뜻을 펴보지 못한 채 독살당해 33살의 짧은 생애를 마감해야만 했다. 필자는 누구도 믿지 못하는 것이 "권력"이었고, 권력에서 밀려나면 그 순간이 바로 죽음이었다. 설령 살아난다 해도 그때부터 살아 있는 목숨이 아니었기에 가슴 아픈 사연이라 할 것이다.

외척 세력이 권력을 잡은 치욕적인 세도 정치

세도(勢道)정치란 조선 후기 정조임금이 피부병으로 승하한 후 어린 아들 순조 때부터 외척세력으로 시작되었다. 그 이후 헌종, 철종 때 왕실의 외척 가문인 안동 김씨, 풍양 조씨가 왕의 위임을 받아 "극소수 권세가를 중심으로 국가가 운영되었던 비정상적인 세도정치이다.

영조와 정조는 왕권을 바탕으로 75년간 국정을 안정적으로 주도하여 큰 혼란과 내환(內患) 없이 백성은 편하게 살 수가 있었다. 정조가 죽은 후 "순조 34년, 헌종 15년, 철종 14년 재위 기간의 3대에 걸친 세도정치는 63년간 계속되었다."

이 시기에 나라의 정치 기강이 문란해져 "매관매직과 탐관오리의 횡포로 부정부패가 극에 달해 백성의 생활은 가난과 기근에 시달린 참혹한 시대였다. [출처, 세도정치의 전개]

조선 말기 63년간 3代 임금을 걸친 세도정치는 어떠했을까?

- 23대 순조(1800~1834, 35년 재위)

정조가 죽은 후 11세의 어린아이 순조가 23대 왕으로 즉위하자 영조의 계비였던 정순왕후가 수렴청정하다 사망하자 왕비의 아버지 김조순이 정치적 실권을 장악하여 그 일가인 안동 김씨가 주요 관직을 독점하면서부터 세도를 잡았다.

김조순(1765~1832년, 부제학, 이조판서를 지낸 정치인)이 얼핏 보면 간신이라 생각할 수 있지만, 실제로는 군자로 불렸던 인물이다. 김조순이 정권을 잡으면서부터 삼정(전정, 군정, 환곡)의 문란으로 나라는 퇴로의 길을 겪게 되었다.

- 헌종(1834~1849, 재위 15년)

헌종이 8세의 어린 나이에 즉위하자 외할아버지인 풍양조씨 조만영과 동생 조인영이 실권을 잡아 세도를 부렸다. 헌종이 성년이 된 뒤

수령의 가렴주구(苛斂誅求, 세금을 혹독하게 거두어 재물을 강제로 빼앗아 백성을 도탄에 빠지게 하다)를 규탄하고 나름대로 세도정치를 벗어나려고 하였으나, 의문사를 당해 일찍 요절하여 그 꿈을 이루지 못했다.

- 철종(1849~1864, 재위 14년)

철종이 즉위하면서부터는 왕비가 김문근의 딸이었으므로 다시 세도가 안동 김씨에게 돌아갔다. 세도정치가 가장 큰 폐해를 낳게 된 때도 이 무렵이었다. 안동 김씨의 세도는 절정에 올라 각지의 수령(守令)이 주요 관직을 독차지하면서부터 세도 정치하에서 왕권은 명목에 지나지 않았다. 백성들은 왕실 외척의 사유물이 되어 피폐한 파탄의 지경에 이르게 되어 "백성들의 생활고"는 더욱 비참했다.

여색에 빠진 철종은 가뭄과 홍수, 기근이 들어 허약해진 재정과 행정에 제대로 대응하지 못했고, 행정의 부패로 백성에 대한 수탈이 극에 달해 전국적으로 농민 민란이 일어났다. 그 이후 흥선대원군(고종의 친아버지)이 집권한 이후 왕권 강화를 추진하면서 이후 세도정치는 혁파되었다.

세도정치는 백성에게 어떠한 영향을 끼쳤을까?

- 외척 세력이 권력을 독점하여 나라를 운영했다

정조가 사망 후 순조가 어린 나이에 즉위하자. 노론의 특정 가문이 권력을 독점하여 세도정치의 시발점이 되었다. 3대에 걸쳐 임금의 왕권이 약화하여 왕실의 외척이 정권을 독차지하였다.

- **정치 기강의 문란과 부정부패**

  세도 정치하에서는 견제할 세력이 없어 정치 기강의 문란은 인사 행정에서 두드러져 뇌물로 관직을 사고파는 일이 공공연하게 이루어졌다. 과거시험도 능력에 의해서가 아니라 부정 합격이 좌우되는 일이 비일비재 했다. 세도 가문은 글도 제대로 모르면서 벼슬자리를 재물을 모으는 수단으로 삼아 부정을 저질렀으며, 관리들은 세도가에게 뇌물을 바치고 아첨함으로써 그 지위를 유지할 수 있었다.

  뇌물을 주고 관직을 산 관리들은 백성들로부터 더 많은 세금을 거두어 부정부패는 날로 늘어만 갔고, 불법으로 농민의 재산을 빼앗아 사리사욕을 채우기에 바빴다. 조정에서는 뇌물을 바치는 아전(중앙과 지방에서 근무하던 하급관리층)을 임명하기 일쑤였다.

- **부패한 관료들이 각종 세금을 마음대로 거두어 들었다**

  아전들은 백성의 재물을 마음대로 빼앗는 부패한 수령의 손발이 되어 아전도 스스로 중간에서 농간을 부려 욕심을 채우기에 바빠 법에도 없는 세금을 마음대로 거두어들였다.

  아전들은 나라의 공복을 잊은 채 온갖 수단과 방법을 동원하여 재물을 모으는 데 열을 올려 백성들의 생활고는 점점 어려워졌다.

- **농촌 사회의 피폐**

  농업 사회였던 조선은 농촌으로부터의 세수입은 삼정(三政)을 통해 대부분 조달되었다. 탐관오리들이 득실해 국고가 바닥나자, 농촌의 피폐상은 말이 아니었다. 백성들의 굶주림에도 탐관오리들은 더욱

백성들을 괴롭혀 이 시기에는 나라의 법을 지키는 사람이 바보처럼
보일 정도였다.

- **참다못한 홍경래는 농민 민란을 일으켰다**

세도정치로 궁지에 몰리게 된 농민들의 반발은 높아졌다. 철종 때
이상 가뭄으로 거듭 흉년이 들고 괴질이 번져 사태가 악화일로에 이
르자 참다못한 백성들은 거리로 뛰쳐나와 1811년(순조 11년) "홍경래
난"(홍경래가 주동하여 일으킨 대규모 농민반란)이 일어났다.

맺음말

정조임금이 1800년 피부병에 걸려 갑자기 사망하자 이후 순조, 헌종,
철종임금 때 외척 가문의 권력 싸움에 휘말려 나라의 재정인 삼정(군정,
전정, 환곡) 무너져 탐관오리가 자신의 이익을 위해 백성들을 괴롭혀 부
정부패의 아수라장이 63년간 계속되었다.

조선 역사와 세계어는 나라든 사회, 정치, 경제, 문화 등의 역사에서
알 수 있듯이 오늘날 정치인, 지방단체장, 리더와 관료, 기업인, 기타 특
정인이 부패 고리 사슬이 많으면 나라와 기업이 안정되지 않아 그 나라
의 미래발전과 사회질서는 후퇴하고 문란해져 멍들게 된다는 사실이다.

결국은 나라의 발전과 사회질서에도 도움이 되지 못해 그 피해는 국
민에게 고스란히 고통을 안겨 주게 된다. 오늘날 각계각층의 지도자,
기업인, 조직의 리더와 팀원의 책임이 얼마나 막중한지 새삼 거론할 필
요가 없다 하겠다.

제3장

우리 지폐에 새겨진 인물과 나라를 위해 헌신한 관료

오늘날 우리나라 지폐에 조선 시대 신하이자 학자인 퇴계 이황, 율곡 이이, 한글을 창제한 세종대왕, 율곡 어머니 신사임당의 초상화가 새겨져 있다. 외국의 화폐는 국민의 존경받았던 대통령을 넣어 발행하는데 우리나라는 위인들이 지폐에 새겨져 있음은 분명히 훌륭한 인물이기 때문이다. 이들 인물에 대해 알아보자.

1,000원권 지폐, 벼슬을 멀리한 청백리 퇴계 이황(1501~1570년)

퇴계 이황(李滉) 선생님은 어떤 인물인가?

1501년(연산군 7년)에 경북 안동시 도산면 온혜리에서 태어나 7개월 만에 아버지를 여의고 어머니와 숙부 밑에서 자랐다. 어릴 적부터 총명하여 7살 때 숙부로부터 학문을 배워 12살 나이에는 논어(공자와 그 제자들의 언행이 담긴 책)를 읽었다.

퇴계는 1527년 늦은 나이인 26세에 생원시에 합격해 성균관 대사성, 대제학 등을 역임했다. 관직에 있으면서 중종, 인종, 명종 등 3대 임금을 모셨으나, 관직에는 오래 있지 않았다. 관직을 그만두고 고향 안동에 은거하여 오직 학문에만 전념하여 제자들을 양성하는 학자의 삶을 살았다.

율곡 이이와 함께 조선 성리학의 태두로 불리는 인물인 이황은 청렴하고 정직한 삶을 살았던 청백리이면서 "조선의 5대 명재상(名宰相) 가운데 한 사람이다.”

이황은 벼슬에는 관심조차 없었다, 벼슬을 하지 않는 이유

진사시험에 합격한 후 어머니의 소원에 따라 성균관에 들어갔다. 그이후 대사성(고려, 조선 시대 성균관의 으뜸 벼슬), 공조판서, 예조판서, 단양군수, 풍기군수를 역임하였으나 “79번의 사직과 복직을 반복하면서 벼슬자리”에는 관심조차 없었다.

퇴계는 어떤 벼슬이고 사양하고 자주 낙향하자 당시 영의정 이준경(조선 중기의 문신, 학자)은 “퇴계는 새처럼 가둬놓고 길들이기 정녕 어렵다고” 술회한 적도 있었다 실록에 기록되어 있다. 오늘날 정치인, 지방단체장, 도지사, 정부 산하기관장은 몇 번 더할까 궁리하는데, 이황은 반대되는 삶을 살았다.

퇴계는 유교에서 말하는 “인의예지(仁義禮智)”는 4가지 사상의 도리로 어질고, 의로우며, 예의를 지키고, 지혜로움이 있어야 하며 이는 곧 순수한 것은 마음속에 있다는 것이다.

- 첫째, 포부가 있어도 때를 만나지 못했다면 벼슬을 하지 않을 것이요.
- 둘째, 행여 때를 만나도 그 역량이 부족하면 벼슬을 하지 않는 것이요.
- 셋째, 포부 또한 크고 때를 만났어도 심성이 자연에 살기를 좋아하면 벼슬을 하지 않는 것이요.
- 넷째, 예의를 지키고 슬기롭고 지혜로운 판단력이 있어야 벼슬을 할 것이요. 라고 말했다.

이황은 늘 검소하게 살았고, 청백리의 표본이다

　퇴계 이황은 처가의 재산을 상속받는 등 상당한 재력이 있었지만, 청백리의 표본이다. 그는 빈약(貧約)을 편안하게 여기고 담박(淡泊)함을 좋아하여 형세 분분한 영화 따위는 뜬구름 보듯 하였다. 큰아들 이준 (1523~1583년)에게 동생의 재산을 인수할 권리를 포기하고, 물질적 재화의 이해가 걸린 싸움에 자신을 관여시키지 말라고 충고했다.

　"음식의 간소함은 율곡 못지않게 검소"했다. 일찍이 퇴계가 한양의 서성(西城) 안에서 살 때, 당시 좌의정 권철이 찾아와 퇴계의 허술한 음식을 보고는 젓가락을 대지도 않고 나왔다는 유명한 일화가 전해진다. 당시 성균관 근무하는 조정들이 도산서원에 왔다. 퇴계 이황은 평소에 먹는 대로 허술한 잡곡밥을 먹었다. 조정은 음식이 마음에 들지 않아 며칠 밤 묵지 않고 한양으로 갔다.

퇴계 이황의 후학 양성 학문관과 저서

　퇴계는 대부분 50세~60세에 변론, 저술, 편저 등은 이 기간에 완성했다. 그의 학문은 정치·사회·문화에 큰 영향을 미쳤다.

　그는 50세 초중반에 관직에 물러나 고향 안동에서 300여 명의 후배양성을 하였다. 제자들에게 배우는 자의 마음가짐은 마음을 올곧게 가지고 공부에 매진한다면 아무리 어려운 일이라도 해낼 수 있다고 말했다. 제자 중에 대표적인 인물인 류성룡 선생은 하회마을(고려 말 豊山 류씨가 안동시 풍천면 하회리에 있는 씨족 마을) 병산서원에서 제자를 양성하였다.

퇴계는 문집, 서간(書簡) 중에서 중요 부분을 발췌하여 편찬한 유학서인《주자서절요》,《성학집요》등의 많은 저서를 남겼으며, 퇴계가 죽기 2년 전 68세 나이에 서리를 밟으면 단단한 얼음이 이르게 된다는 고전인《무진육조소》책을 편찬하였으며, 2,000편이 넘는 시를 지었다.

퇴계 이황의 업적

- **제자 양성과 교육자 모범을 스스로 보였다**

  제자를 양성하기 위해 서원건립에 힘써 학문 풍토를 개선하였다. 참되고 올바른 교육을 위해 "손수 교과서"를 만들어 바람직한 선비 상의 확립과 제자를 사랑하는 올바른 스승 상을 보여 주었다.

- **생활인으로서의 이황**

  "예안향약"(권선징악과 상부상조를 목적으로 만든 향촌의 자치규약) 입조 29조를 정하여 향촌의 풍속을 교화하고 현실에 맞는 예법을 시행하여 한평생 "경(敬)"의 태도를 실천해 인격자의 모범을 보여 주었다.

- **성리학 발전과 도학의 기본 틀을 다졌다**

  성리학의 이론을 체계화하고, 발전시켜 조선의 교육 제도를 개혁하였다. 고봉 기대승(조선 중기의 문신이자 성리학자)과의 4단 7정에 관한 논쟁을 통하여 학문적 모범을 보여 주어 성리학의 심성론(인간의 본성과 마음의 관계를 탐구하는 이론)을 발전시켰다.

퇴계는 겨울철 죽기 전에 인생은 흘러가는 시냇물뿐이다

1,000원 지폐에 새겨진 퇴계 이황은 티끌 하나 없이 살다 간 청백리의 인물의 대표적인 인물이다. 조선 시대 청백리로 살다간 대표적인 관료는 율곡, 류성룡, 조식, 정철, 허초희, 허균, 윤선도, 추사 김정희, 정약용 등 많은 위인이 있다. [출처, 선비의 탄생, 김권섭]

퇴계 이황은 "죽기 전에 제자들에게 말하기를 이제 나는 흘러가는 시냇물"이다. 삶과 죽음의 즈음에서 보지 않으면 안 된다. 나의 식견으로 제군들과 강론을 하였는데 이 또한 쉽지만은 않은 일이었다.

그는 세속의 이익에 대해 경계할 것을 제자들에게 주문했다. 부동심(不動心)에 이르러야 마음을 음탕하게 하지 못하게 하고 단박, 하고 빈천한 마음가짐이 있어야 도가 밝아지고 덕이 세워진다 했다. [출처, 유성운의 역사정치, 너희들은 하지 마라]

훗날 조선 22대 정조임금(1752~1776년)은 퇴계 선생의 학덕을 기르고. 선비들의 사기를 높이기 위해 퇴계가 영면한 지 220년이 지난 1792년에 도산서원에서 특별과거시험인 도산 별과(정조임금이 지방에서 최초로 시행한 과거시험)를 시행케 했다.

맺음말

퇴계 이황은 벼슬자리에는 아예 관심조차 없었다. 오직 학문만을 연구하여 바른 마음으로 제자들을 양성했다. "제자들에게 빈약(貧約)을 편안하게 여기고 빈천(貧賤)은 마음이 밝아지고 덕이 세워진다고" 제자들에게 주문하였다.

필자는 도산서원을 다녀왔다. 퇴계 이황의 글씨를 보고 단번에 놀랐다. 대학자의 글씨가 한눈에 들어와 정말 명필임을 알 수 있다.

도산서원은 양지바른 곳에 있고 뒤로는 소나무가 많다. 서원 앞에는 낙동강 물이 유유히 흐르고, 관개시설이 잘되어 늘 풍요롭다. 진성 李氏 전통제례에 따라 매년 추석 때 퇴계 선생의 제를 지낸다. 안동을 대표하는 도산서원(유네스코 지정 문화재)의 산세는 전형적인 배산임수(背山臨水, 산을 등지고 물을 내려 본다는 뜻)이다.

5,000원권 지폐, 하늘이 내린 조선 제일의 천재 율곡 이이(1536~1584년)

율곡은 외가인 강릉 오죽헌에서 부친 이원수(평범한 평민 집안)와 모친 신사임당 사이에서 셋째아들로 태어났다. 태어난 고향은 강릉이지만, 율곡은 6살 되는 해 부친의 고향인 경기도 파주 율곡에서 자랐다. 그래서 그의 아호가 율곡이다.

9차례 모두 장원급제한 하늘이 내린 조선 제일의 천재

율곡은 어려서부터 어머니 신사임당으로부터 학문을 배워 3살 때에 글을 깨우쳐 책을 읽을 때 한문으로 된 것을 무려 10줄을 1번에 읽는 놀라운 능력의 소유자였다. "그야말로 하늘이 내린 조선 제일의 천재"
였다.

7세부터 6년간 공부하여 13세(1548년)에 진사 급제를 하였다. 어른들
도 따내기 힘든 진사 초시에 그것도 장원 급제하여 소년 율곡을 보고
그의 영특함에 시험관 및 주위 사람들을 놀라게 했다. 지금으로 치면
초등학교 "6학년 학생이 고위 공무원 시험에 합격"한 것이다.

13살~29살까지 과거시험 9번 모두 장원 급제하였다. 율곡이 거리를
지나갈 때면 어린아이, 어른들까지 "구도장원공"(九度壯元公, 9번 과거시험
에 모두 장원급제)이 지나간다고 우러러 보았다.

어머니 효성이 극진한 율곡 이이

어머니가 병으로 자리에 눕자, 외할아버지의 위패를 모신 사당에 홀
로 들어가 매일 1시간 정도 사당에 엎드려 어머니를 낫게 해달라고 어
린아이가 기도하는 모습을 보고 어른들도 탄복하였다. 율곡이 과거시
험에 합격한 지 3년이 지난 16살이 되던 해 어머니가 병으로 세상을 떠
났다. 율곡은 어머니의 빈자리를 외할머니에게 의존하였으나, 외할머
니마저도 곧 세상을 떠나게 된다.

율곡은 19세에 금강산에 들어가서 불교 공부를 하다

어머니가 세상을 떠난 후 3년 상을 치른 뒤에 어머니를 잊지 못하여
번민이 크자 19살에 학문적 시야를 넓히기 위해 공부를 중단하고 금강

산으로 가출한다. 금강산에 들어가 1년간 머물며 불교 공부를 했으나, 불가 생활에 회의를 느끼게 되어 하산하게 된다.

20세에 오죽헌에서 공부하면서 자경문(自經文) 책을 지었다

율곡은 금강산에서 돌아오는 길에 강릉 외갓집 오죽헌에 기거하면서 1년간 공부하여 자신을 깨우치는 11조의 "자경문"(自經文, 스스로 경계하는 글)을 지었다. 자경문은 책을 그냥 읽는 것이 아니라 문제를 해결하고 실천하기 위해 읽는 글이다.

"자경문은 스스로 위안 삼지 말고 스스로 실천"하자는 것이다. 앞으로 걸어갈 인생의 이정표를 세워 목표를 실천하기 위해 스스로 경계하는 자경문 글을 지어 율곡은 "인생의 좌우명"으로 삼았다. 필자는 오늘날 남과 비교하지 않고, 늘 자기 자신을 돌아보며 자신을 다스리는 건 참 어려운 일인 듯하다.

• "자경분 내용"은
  - 성인이 경지에 도달할 때까지 끊임없이 도덕적 노력을 기울인다.
  - 마음을 결정할 때는 먼저 말을 적게 한다.
  - 놓아 버린 마음을 거두어 들어라.
  - 자신을 속이지 마라. 세상의 모든 사람이 이를 보고 있다.
  - 일보다 생각이 앞서야 하며, 실천 없는 독서는 무용의 학문이다.
  - 재물과 명예에 마음을 두지 마라.
  - 할 만한 일이면 정성을 다하라.

- 온 천하를 위해서는 무고한 사람을 죽이지 마라.

- 아무리 횡포한 사람일지라도 감화시켜야 한다.

- 때 아닌 잠(수면)을 경계해라.

- 수양과 공부는 꾸준히 노력하여야 한다.

율곡이 23살 되는 해 대학자 퇴계를 만났다

율곡은 퇴계 이황을 선학(禪學, 선 수행의 본질과 수행방법에 관련한 이론)으로 모시고 평소 존경하였다. 23살 때 자신보다 35살이 많은 퇴계를 뵙기 위해 도산서원에 찾아가 만났다.

율곡은 도산서원에서 2일간 머물며 당시 58세인 퇴계 이황과 학문의 사상을 논하고 토론하였다. 퇴계는 율곡의 재능에 크게 감탄했다. 율곡은 퇴계와 달리 기상이 호탕하고 도량이 넓어 학문에 있어서 근본원리를 자유롭게 종합적으로 통찰하는 것이 특징이다.

율곡은 관직을 멀리하고 나라를 걱정했다

율곡의 시대는 중종, 인종, 명종, 선조까지이다. 당시 나라의 임금은 어떠했을까? 이때의 50년간의 사회현상을 두루 살펴보면 임금은 방종한 생활을 하였고, 조정 대신들은 정권쟁탈이 치열해 국기가 문란했다.

학계는 공리(호理)에만 맴돌고 북쪽에는 오랑캐와 남쪽에는 왜구가 날뛰던 시대였음에도 임금은 아무런 방어책을 세우지 않았다. 율곡이 죽은 후 선조임금 때 임진왜란의 큰 전란을 맞게 되었다.

관직 생활

율곡은 정6품 호조정랑(戶曹正郎, 육조 정오품 관직)으로 등용되면서부터 관직 생활은 1564(명종 19년)~1583년(선조 16년)까지 20년 하였다. 관직에 있을 때 1583년(선조 16년) 선조 임금에게 "시무삼사"(時務參事) 상소의 글을 올렸다. 그 내용은,

- 첫째, 마음을 바르게 함으로써 정치의 근본을 해야 하며,
- 둘째, 조정이 깨끗하려면 훌륭한 인재를 등용해야 하고,
- 셋째, 나라의 근본을 굳게 하여야 백성이 편안하다.

율곡의 업적

• 나라의 기강 "변법 경장론"을 선조 임금에게 상소하였다

조선이 건국하고 2백 년이 지나자 나라 기강을 바로 세우려면 다시 개국 초기 자세로 돌아가야 한다며 "변법경장론"(나라의 기강이 무너져 제대로 돌아가지 않는다)을 주장했다.

• 토지개혁과 공납의 폐단 정책

지역 실정에 맞지 않는 특산물을 세금으로 내야 하는 공납에 문제점들이 있어 대공수미법(代貢收米法, 현물을 바치던 공물을 토지의 결구(結數)에 따라 바치도록 하는 제도) 개혁을 통해 백성들의 어려움을 해결하고자 했다.

- 공직 개혁

  고답적인 정책을 버리고 혁신적인 개혁을 이루려면 현실에 입각한 민본주의 정책과 윤리적 왕도정치를 제시하였다. 그는 선조에게 붕당을 막기 위해 문벌 출신보다는 신분을 가리지 말고 능력 있는 인재를 고루 기용하고, 평민, 천민이나 노비 중에서도 능력이 있다면 평등하게 공직자를 발탁해 나랏일을 시켜야 한다고 주장했다.

- 국방개혁과 십만양병설 주장

  국방력을 강화하기 위해 "십만양병설"을 주장하여 군대를 제대로 키워 국경을 견고하게 지켜야 하고, 전쟁에 필요한 식량을 비축해야 한다고 선조 임금에게 상소하였으나, 율곡의 주장을 받아들이지 않아 율곡이 세상을 떠난 8년이 지난 후 1592년 임진왜란이 일어났다.

공직자는 "청백리 정신을 실천하는 것이 우선"이다

격몽요결(초학자들을 위한 학습 지침)에서 관직에 나가는 사람은 국가를 부강하게 하고 국민을 편안하게 하는 것이지, "자신의 부귀와 영화를 누리려는 것이 아니라 하여 청렴과 근면이 공직자의 중요한 자세"라 했다. 청렴결백한 공직자가 되려면 본인과 주변까지 청렴해야 하고, 백성을 돌보고 잘 살게 하려면 공직자의 올바른 정신과 행동이 밝아야 한다는 것이다. [출처, 본인, 주변까지 청렴, 청빈의 아이콘]

선조에게 올린 율곡의 상소문은 무용지물이 되었다

율곡이 선조에게 주목받기 시작한 것은 "만언봉사"(萬言封事, 제도 개혁을 단행해 실사(實事)를 올리면서부터다. 선조는 비답(批答·상소에 대한 임금의 하답)을 통해 상소의 사연을 살펴보니 임금과 백성을 요순시대처럼 만들겠다는 뜻을 짐작할 수 있다. 훌륭하다. 선조는 이런 신하가 있는데 어찌 나라가 다스려지지 않음을 걱정하지 않을 수 없겠느냐.

"말뿐인 선조는 실천도 하지 않았다." 황해도 관찰사로 부임 중 율곡은 제왕학의 교본인 《성학집요》를 저술해 선조에게 올렸으나, 율곡의 뜻이 제대로 관철되지 않자 관직을 버리고 해주 석담에 은둔하며 저술과 후진 양성에 힘썼다.

율곡이 매번 벼슬을 사양하자, 선조임금은 누가 나라를 붙들 것이오. 율곡은 선조와 대신의 조언을 받아들여 관직에 복귀하게 된다. "선조 때는 동인, 서인의 파당과 분화로 조선은 그야말로 격동의 혼란스러운 시기였다."

율곡은 서로 패악을 끼치는 동서 붕당은 군자들끼리 집단을 이루는 세력들이라 생각하여 중도에서 중재를 꾀하였으나, 동인은 율곡에게 "싹수가 노란 소인(小人)"이란 극언까지 퍼부었고, 결국 이 파쟁은 1579년 정국을 소용돌이 속으로 몰아넣었던 기묘사화(신진사류가 훈구파 재상에 의해 화를 입은 사건)의 발단이 되었다.

율곡은 명종(1565년)~선조(1581년)까지 17년간 벌어진 일을 기록해 1훗날 법이 될 만한 것을 추린 "경연일기"(經筵日記)를 완성해 선조 임금에게 올린다.

그러나 당시 정계의 원로이자 보수 세력의 대표주자였던 이준경은 개혁론을 편 율곡에 대해 "경박한 주장을 일삼는다."고 평가절하했다. 하지만, 율곡은 이에 굴하지 않고 이준경에게 완곡하고 노회한 정치가로 간주하며 한 치도 물러서지 않았다. 그러나 율곡이 당쟁을 조장한다는 이유로 "1583년 동인의 탄핵으로 사직"을 하고 만다.

맺음말

조선 제일의 천재라 불렀던 율곡은 격동과 혼란의 시기에 자신의 구국의 큰 뜻을 끝까지 임금에게 상소하였으나 피폐해진 관료들의 묵인으로 실현하지 못한 채 49세에 세상을 떠나고 말았다.

율곡은 세상을 떠나기 전 문병 온 정철(문신, 학자)의 손을 붙잡고 "사람을 채용하는데 편중하지 말라."고 부탁했다. 왜 그랬을까? 임금은 인사에서 편중된 인사는 독이 된다는 것이다.

외갓집이 부자임에도 "재산을 멀리해 티끌 하나 없이 평생을 청백리"로 살았다. 세상을 떠나자 집안에 곡식이 없어 친구들이 부의(賻儀)를 거둬 장례를 치렀고, 염할 때 친구의 수의를 사용했다.

율곡의 업적이 당시 왕실에 적용되는 것이 아니라 백성들에게 더 치중했다는 것이다. 수백 년이 지난 오늘날 율곡의 업적을 기려 5,000원권 지폐에 새겨져 있다. 필자는 율곡의 개혁정책은 오랜 세월이 지났음에도 오늘날 정치에서도 시사하는 바가 크다. 나라를 위해 학술·정치·국방·경제·사회제도에 있어서 많은 업적을 이루어 놓고 영면하셨다.

10,000원권 지폐, 조선 역사 문화 황금기를 이룬 한글 창시자 세종대왕(1418~1450년)

세종대왕은 조선건국 후 5년이 지난 1397년 조선 시대에 태어난 첫 번째 임금이다. 태종 이방원의 셋째아들로 1418년 왕세자에 책봉되었다가 그해 태종임금의 양위를 받아 즉위했다. 조선 초기 정치를 안정시켜 "백성들이 32년간 태평성대"를 누리게 한 임금이다.

태종 이방원의 세종대왕 왕위계승

- 첫째 아들. 장남 양녕대군은

  세자로서 품위를 저버리는 행동과 불성실한 태도, 활쏘기와 여색을 밝히는 등 망나니짓만 하고 다니는 인간말종이다.

- 둘째 아들. 효령대군은

  평생 부처를 받드는 아들이다. 마음이 순하고, 뭔 이야기를 해도 그냥 헤헤 웃고 만다. 맡은 일을 똑 부러지게 처리하지 못하고 사신 앞에서 술 한잔을 겨우 마실 정도로 융통성에 머리마저 없었다.

- 셋째 아들. 충녕대군(세종대왕)은

  학문의 이해력과 정치 감각이 빨라 세자책봉과정에서 신하들도 반대하는 쪽이 없었다. "태종은 자신이 애써 이룩한 정치적 안정을 위해 왕권을 이어받을 아들은 셋째가 제일 낫다고" 판단하였고, 조정의 신하들도 모두 찬성하여 조선 4대 임금 왕통을 물려주게 되었다.

세종대의 역사적 의미

세종대는 조선 역사에서 가장 찬란한 문화가 이룩된 시대이다. 역사상 빛나는 시대가 될 수 있었던 것은 개국공신 세력은 사라지고 태종의 정치적 안정기반 위에 세종을 보필한 훌륭한 신하와 학자가 많았기 때문이다.

세종대왕은 "백성을 근본으로 한 왕도정치를 베풀어 노비에게까지 미칠 수 있었던 것은 정치적·사회적·문화적·인적 등 모든 여건과 조화가 두루 이뤄 빛나는 민족문화"를 창달할 수 있었다. 그는 유교 정치의 소양과 학문적 성취, 역사와 문화에 대한 통찰력, 중국문화에 경도(傾倒)되지 않은 주체성과 독창성, 의지를 관철하는 신념과 고집이 있었다.

세종대왕의 업적

• 연민의 통치와 법률개혁 및 복지정책

세종대왕은 법전의 필요성을 느껴 "모든 백성에게 공정성과 정의를 보장하는 것을 목표"로 하는 "조선왕조법전"을 제정했다. 기근이 들었을 때 곡창을 지어 가난한 사람들의 부담을 덜어주기 위한 복지정책 시행은 오늘날까지도 많은 영향을 미치고 있다.

- 법전의 정비와 형벌 강화

  세종은 즉위 초부터 법전의 정비에 힘을 기울였다. 사회기강을 확립하기 위해 교형(絞刑, 죄인의 목에 도구를 사용해 죽이는 형벌)에 처하는 등 형벌을 강화했다.

- 1443년 훈민정음의 창제(한글 문자혁명)

  "훈민정음 창제"는 세종이 남긴 문화유산 가운데 가장 빛나는 업적이다. 한자의 어려움에 고뇌를 거듭한 세종대왕은 사회적 지위나 교육 수준 관계없이 "14개의 자음과 10개의 모음의 문자체계" 고안은 모든 백성이 쉽게 접근할 수 글이기 때문이다.

  세종은 집현전을 통해 최황, 박팽년, 신숙주, 성삼문, 이선로, 이개 등 소장 학자들의 협력을 받아 우리 민족 고유의 한글 창제로 세종대의 학문 수준이 어느 때보다 높았다.

- 경제, 사회정책

  전세상전소(田制詳定所, 세종 때 공법(貢法) 기구)를 만들어 풍흉(豐凶, 농사가 잘되고, 안 될 때)에 따라 연분 9등급과 토지의 비옥토를 구분하여 조세를 공평하게 하였다.

- 과학기술의 발전

  농업이 주업인 조선 시대에서 측우기의 발명으로 강우량의 과학적 측정은 과학기술 발전에 주목할 만한 업적이다. 세종대왕은 장영실(조선 전기, 과학자)의 도움을 받아 천문대, 측우기, 천문관측기, 휴대용해시계, 나침판 등이 개발되었다.

또한, 금속활자와 인쇄술도 세종대가 시발점인 셈이다. 오늘날 과학 기술 발전에 장영실 상이 있는 것도 이미 세종대왕의 유산인 것이다.

- 외교와 국제관계

  세종대왕의 외교적 능력은 주변국과의 관계를 발전시키는 데 역할을 했다. 외부의 압력에도 불구하고 중국 명나라와 우호 관계를 구축해 전략적 동맹과 평화 공존정책을 유지하였다.

- 유교 정치의 구현과 불교에 대한 시책

  조선은 개국 초부터 숭유억불책(崇儒抑佛策, 불교 세력을 약하게 유지함이 국가시책)을 써왔으며, 세종도 선대의 것을 따랐다.

- 악기 개발 및 생산

  음악 전문가 박연을 만남으로써 모든 악기의 음을 조율이 이루어질 수 있었다. 종래 중국에서 수입했던 악기인 편경(編磬)과 편종(編鐘)도 세종대에 대량으로 생산했다.

세종대왕 첫 번째 왕비의 소헌왕후 슬픔과 수많은 후궁

세종의 첫째 왕비인 소헌왕후는 가장 불운했던 왕비였다. 왕비가 되자마자 부친 태종 이방원으로부터 아무 죄도 없음에도 역적으로 몰렸다. 소헌왕후 어머니와 형제들은 노비 신분이 되어 그의 집안은 쑥대밭이 되었다.

이로 인해 소헌왕후는 식음을 전폐하며 눈물로 보낸 날들이 하루 이틀이 아니었으나, 왕비 자리에서 쫓겨나지 않았고 덕분에 어머니와 형제들은 신분이 다시 회복되었다.

세종대왕은 "6명의 부인으로부터 18남 4녀의 자녀를 두어 부인복, 자식 복이 많은 왕"으로 통한다. 부인은 본처 이외에도 후궁이 5명이나 되었으며, 둘째 후궁인 선빈 김 씨는 천성이 부드럽고 싹싹하여 세종대왕의 사랑을 독차지해 6명의 왕자와 두 딸을 두었다.

맺음말

"세종은 32년의 재위 동안 수많은 치적을 남겨 성군으로 칭송받았다. 광개토왕(고려 시대 20대 왕, 고구려를 정복하여 영토를 크게 넓힌 군주)와 함께 대왕이라는 호칭이 통용되는 군주"이기도 하다.

세종대왕의 통치는 부친 태종이 이룩해 놓은 정치적 안정을 기반으로 정치·경제·국방·문화·과학기술 등 다방면에 거쳐 민족문화의 창달은 물론 조선 초기의 기틀을 튼튼히 하여 백성들이 태평성대를 누리게 되었다.

나라 기강은 물론 법치·공법의 제정, 농업과 과학기술의 발전 등 수많은 업적을 통해 조선 초기 "문화 황금기 시대"를 이루었다.

1443년 세종대왕의 자음과 모음으로 된 "한글 창제"는 세종이 남긴 문화유산 가운데 가장 빛나는 업적으로 오늘날 우리 국민이 컴퓨터와 문자 속도가 빠른 것도 자음과 모음이 체계화되 덕분이어서 독특한 한글 창제는 훌륭한 유산이다. 1450년 나이에 53세에 승하했다. 그의 첫째 아들 문종은 임금이 되자 병으로 일찍 세상을 떠나고 말았다.

50,000원 고액권 지폐, 화가이자 현모양처 율곡 어머니 신사임당(1504~1551년)

율곡 어머니인 신사임당은 1504년(연산군 10년) 강릉 오죽헌에서 다섯 딸 중 둘째로 태어났다. 사임당의 형제는 아들은 없고 딸만 다섯이다. 1551년(명종 6년)에 47세에 별세했다. 부모님의 깊은 사랑을 받으면서 학문을 배웠고 부덕(婦德)과 교양을 갖춘 현부(賢婦)로 자랐다. 일반 여성들이 겪는 정신적 고통과 육체적 분주함은 없었다.

신사임당 부모의 집안 내력

아버지 신명화는 조선 시대 정승 8명, 대제학(大提學, 정5품의 관직) 2명, 문과 급제자 186명, 무과 급제자 307명을 배출한 명문가 집안이다. 증조부가 성균관 대사성(大司成, 성균관의 정3품), 조부는 영월군수를 지냈다.

아버지는 벼슬을 일부러 나가지 않았다. 유산을 나눈 분재기(分財記, 부모가 재산을 분배할 때 작성한 문서)를 보면 평산 신씨 집안의 노비가 100명이 넘었다고 한다. 강릉의 최고의 부잣집이 아닌가 짐작된다. 또한, 외가 쪽도 이름이 높고 부유한 명문가 집안이다.

사임당의 어린 시절 재능

사임당은 어려서부터 다른 자매들보다 시, 글씨, 그림에 매우 능했고 4세부터 글공부를 하였다. 7세 때 안견 화가의 그림을 본떠서 그려 주위를 놀라게 했다. 어머니로부터 바느질과 부엌일, 살림살이, 음식도 배웠는데, 빠르게 익히는 모양이 평판이 자자할 정도였고, 보통 사대부가의 아가씨들과 달리 섬세한 면이 많았다.

부친은 딸의 예술적 재능을 위해 평범한 총각과 결혼시켰다

딸 중에 사임당의 재능을 일찍 알아본 아버지는 딸이 시집가서도 예술가로서 재능을 키워주기 위해 평범한 집안의 이원수라는 사위였다. 이원수는 관직도 없었고, 일찍이 아버지를 여의고 홀어머니 슬하에서 자라 시집살이를 시킬 만한 가까운 가족이 없었다.

주변에서는 사윗감을 볼 줄 모른다며 이상하게 봤으나, 아버지는 가문이나 재력이 아니라 딸의 글과 서화(書花) 활동을 키워주어야 한다는 것이다. 유교 교범을 중시했던 조선 시대에서는 여자는 아무리 뛰어나도 결혼과 함께 모든 재능을 묻어야만 했다.

고대의 뛰어난 여성 예술가들이 기녀(妓女, 국가 의례나 궁중의 연회에서 여악(女樂)을 담당했던 예술인)임을 보면, 일반 가정의 부인이 집안일 대신 예술적 재능을 펼친다는 것은 거의 불가능했다. 사임당이 19세에 이원수와 결혼하여 4남 3녀를 낳아 길렀다. 셋째 아들이 율곡이다. 사임당은

20년간 친정어머니와 강릉 오죽헌에서 남편과 살았다.

효성이 지극한 사임당 늘 홀로 계신 어머니를 그리워 했다

결혼 몇 달 후 부친이 세상을 떠나자 친정에서 3년 상을 마치고 이후 시댁인 파주(율곡리)와 강릉 친정집을 오가면서 고향에 대한 향수와 홀로 계신 친정어머니를 극진히 모셨다. 친정어머니의 말동무를 해드리는 사이 강릉에서 율곡을 낳았다.

1537년 사임당은 시댁으로 가던 중 대관령 고개에서 내려다보이는 강릉을 바라보며 어머니에 대한 절절한 마음을 담아 시(詩)를 읊었다.

「늙으신 어머님을 고향에 두고, 외로이 서울 길로 가는 이 마음 저 멀리 강릉 땅을 바라보니, 흰 구름만 저문 산을 날아 내리네. 내 고향 강릉은 자나 깨나 꿈속에도 돌아가고파. 언제나 강릉 길 다시 밟아 가는가.」 시(詩)를 읊었다.

원수 같은 남편 이원수 주막집 권 씨 여인과 외도

결혼할 때 남편 이원수는 20살이 넘었지만, 초시에도 합격하지 못한 남편을 공부시키려 절에 보냈으나 공부는 제대로 하지 않고 툭하면 집으로 돌아왔다. 가장으로서 무능하고 공부 머리도 둔하고 의지력도 약해 이름대로 원수가 따로 없었다.

처가의 재산으로 벼슬 청탁이나 하러 다니던 남편은 과거 길에 장남과 나이가 비슷한 주막집 여자와 바람이 나 40살 이후부터는 집에 안 들어오기 일쑤였다.

"남편이 첩"을 두었다는 소식을 듣고 시련과 정신적 고통을 당하게 된다. 쥐뿔도 없으면서 가지가지 하는 한심한 남편을 하늘 같이 모셨을까? 애들 아버지니까 할 수 없었다.

사임당은 남편에게 7남매 자식이 있는데, "다른 자식이 왜 필요하며 자식을 더 두어" 뭘 하겠소? 그렇지만, 현실은 뜻대로 되지 않았다. 남편은 주막집 권 씨 여인을 만나 딴살림을 차렸고, 자녀들은 서모인 권 씨 부인에게 많은 수난을 겪어야만 했다. [출처, 사임당 남편 대관령 주막집 권 씨 여인과 외도]

권 씨는 술을 좋아해 새벽까지 술을 마셔야 겨우 자리에서 일어났고, "조금만 비위에 거슬리면 빈 독에 머리를 넣고 큰 소리로 울거나 노끈으로 자살 소동을 벌이는 등 행패"가 심했다. 신사임당은 자유분방하고 술주정까지 심한 권 씨를 불쌍히 여겨 죽을 때까지 잘해 주었다. 남편 이원수는 사임당이 영면한 후 10년을 더 살았다.

현모양처(賢母良妻)의 대명사 사임당 그림 실력

사임당은 순수한 자연을 대상으로 하여 풀벌레, 포도, 화조, 어죽(魚竹), 매화, 난초, 산수화 등이 그림의 주된 "화제(畵題)"이다. 온후한 성격만큼이나 그림, 글씨, 시 등에서도 매우 섬세했다. 그림 솜씨는 지식인들도 인정했을 정도로 출중했다.

신사임당이 사망 후 그의 그림에 발문(跋文, 책의 끝에 본문의 내용이나 관련된 내용들을 짧게 적은 글)을 쓴 사람 중 한 명인 조선 중기의 문신이자 학자인 우암 송시열이다. 그뿐만 아니라 훗날 숙종 임금도 그의 그림에 발문을 지었다.

율곡의 행장기(行狀記, 일생의 행적을 적은 기록)에 어머니의 예술적 재능, 우아한 천성, 정결한 지조, 순효(純孝)한 성품 등을 소상히 밝혀 천성이 어진 어머니라 했다.

신사임당의 자식 교육

• 첫째 사임당은 "자녀 교육에 인성"을 강조했다

사임당은 바른 인성을 위해 좋은 글귀를 자주 보게 되면 바른 사람일수록 큰일을 한다는 믿음을 갖고 있었으며, 태교할 때 중국 문왕의 어머니 태임(太任)의 태교법을 따라 하려 노력했다. 철저한 어머니 훈조(학문에 깊은 영향)와 훈도(품성, 도덕을 가르치고 길러 선으로 행하게 나아가게 함)를 제일 많이 받은 이가 셋째 아들 율곡이다.

• 둘째 "집중력과 관찰력을 갖고 공부"를 하도록 했다

꾸준히 계속해서 학습할 수 있도록 자식의 성향에 맞춰 자식과 같이 일과표를 작성했다. 산만해서는 책 읽기를 싫어하니 조금씩 학습할 수 있도록 조언을 아끼지 않았다.

• 셋째 "잘한 점에는 아낌없이 칭찬"해 주었다

부족한 점을 혼내기보다는 잘한 점을 많이 칭찬해 주었다. 잘못한 점

에 대해서는 대화를 통해 같은 실수를 반복하지 않으면 그 점을 칭찬했다. "바른 인성에서 바른 인재"가 나온다고 믿었던 사임당은 태교부터 바른 마음을 가져 진보된 교육법이 아니었는가 생각해 본다.

[출처, 백웅 자녀 교육, 신사임당 사례]

맺음말

사임당은 부모님의 깊은 사랑을 받으면서 학문을 배웠고 부덕(婦德)과 교양을 갖춘 현부(賢婦)로 자랐다. 그녀의 삶 자체가 배움이었고, 그 가치는 자식들에게 교육이 고스란히 전달되어 오늘날 자식 교육의 모범을 보여 주는 여성상이다.

사임당의 한 평생 일생을 돌아보면, 현모양처로서 화가로서 훌륭한 여성상이었기에 우리 역사에서 그녀만큼 존경받은 여성도 드물다.

사임당의 관심과 사랑은 여성 최초로 고액권인 5만 원 화폐 도안 인물로까지 새겨졌다. 선덕여왕(한민족 최초 신라 시대 여왕), 유관순 열사 등 인물들이 있었지만, 한국인이 누구나 존경해 마지않는 신사임당이 고액권 50,000 지폐에 선정되었다.

"전 세계에서도 어머니와 아들이 동시에 화폐에 주인공"이 된 경우는 찾기 힘들다 한다. 사임당 삶은 50년이 채 안 되지만, 화가라는 일생보다 부모님에 대한 공경과 헌신의 어머니로 오늘날 우리에게 많은 존경을 받는 여인상이다.

조선 설계자, 개국공신이자 일벌레 충신 정도전
(1342~1398년)

조선 설계자 개국공신 정도전

태조 이성계를 위해 목숨까지 바친 충신 정도전은 고려 말인 1342년에 태어났다. 정도전의 집안은 경북 봉화지역의 향리였지만, 외갓집인 충북 단양 도담삼봉(三峰, 아호) 근처에서 태어났다고 하여 그의 아호가 삼봉(三峰)이다.

부친 정운경의 뒤를 이어 과거급제한 정도전은 22살 때 공민왕의 유학 육성에 참여해 성균관 교관에 임명되면서부터 관직 생활을 시작하게 된다. 고려에서 조선왕조 교체기에 이성계를 도와 조선을 설계한 개국공신의 중심인물이다.

공민왕의 갑작스러운 죽음은 정도전의 시련이 시작이었다

공민왕은 고려 말 원나라 지배에서 벗어나고자 과감한 개혁정치를 단행한 개혁 군주이다. 공민왕은 고려 왕조가 극심한 불안상태에서 험난한 역사의 파고가 드센 시기에 바람 앞의 촛불 같은 역사의 주역으로 살아남아야 했다.

공민왕의 죽음으로 우왕이 즉위하자 정도전은 시련의 시작이었다. 정도전과 정치적 성향이 다른 이인임(고려 문신)등이 정국을 주도하게 되자 양측의 충돌은 불가피했다. 정도전이 "원나라 사신의 마중을 거부하였다는 이유"로 나주 회진현에서 유배 생활을 하게 된다.

나주 회진현 유배 기간에 백성의 민본 사상을 깨우쳤다

정도전은 유배 기간에 들녘의 한 농부를 만났다. 농부는 정도전을 보고 "신하들이 개인의 안위와 근심, 시정의 득실, 풍속이 좋고 나쁨에 뜻을 두지 않으면서 녹봉(祿俸, 벼슬 아치에게 금품 등을 통틀어 이르는 말)만 축내고 있다며 질타"했다.

촌로의 발언을 들은 정도전은 지방세력가들이 함부로 백성에게 권력을 이용해서 불합리한 세금을 거두는 등의 일탈 행위를 알아채고 중앙의 통제가 지방까지 미치는 "민본사상의 위민의식"(爲民意識, 백성을 위한다는 뜻)을 키우게 된다.

조선 창건자 이성계와 만남

이성계와 정도전의 만남은 1384년(우왕 10년)에 이루어졌다. 관직에서 물러나 있던 정도전이 여진족의 침입을 막기 위해 함경도에 있던 이성계를 찾아가면서부터였다.

위화도 회군(1388년 명나라 요동(遼東)을 공략하기 위해 이성계가 위화도에서 우왕을 폐위하고 정권을 장악한 사건)으로 이성계가 권력의 핵심으로 부상하면서 정도전의 야망은 급물살을 탔다. 이성계의 군대를 본 정도전은 이성계가 자신의 포부와 야망을 실현해 줄 것으로 확신한다. [출처, 이성계와 정도전의 역사 이야기]

1392년 조선 개국 신진 세력의 중심인물 정도전

1392년, 5백 년 고려 왕조는 역사 속에서 종말을 고하고 새로운 나라 조선왕조가 들어선다. 성리학 창시자인 "정몽주는 고려의 것을 그대로 계승하고자 이성계에게 건의한다. 그러나 뜻을 달리한 정몽주가 선죽교에서 피살되면서부터 정도전은 이성계 천하"가 되게 된다.

이성계가 의도했든 그렇지 않든 정도전은 이미 개혁세력의 맹주가 되어 있었고 계속된 정치적 시련에 대장부의 거대한 야망이 꺾일 만도 하지만, 오히려 정도전은 강해졌다.

관직에 물러나 있던 정도전은 이성계 추천으로 성균대사성에 임명되어 성균관을 책임지는 위치에 오르게 된다. 이때부터 정도전은 "오직 이성계를 위해 충성"을 다한다.

조선 개국공신 설계자 정도전 업적

- 개국공신 조선창건 설계자 정도전

  조선이 개국이 된 후 이성계의 업적을 빼놓을 수 없는 인물이 정도전이다. 그는 중앙집권적 국가와 재상 중심정치를 구상한다. 그는 밤낮을 가리지 않고 일해 수도를 한양으로 천도하는 과정을 비롯해 현재의 경복궁에 도성 자리를 정하였고, 수도 건설공사의 총책임자로 임무를 수행하게 된다. 수도(首都)건설이 마무리되면서는 경복궁을 비롯한 성문의 이름과 한성부의 5부 52방 이름도 정도전이 지었다.

- 정도전은 조선경국전을 지어 태조에게 올린다

조선왕조의 건국이념과 정치·경제·사회에 대한 기본이 되는 헌장(憲章)법전인 조선경국전(朝鮮經國典, 조선왕조를 다스리는 기본 정책을 저술한 책)을 지어 태조 임금에게 올린다.

법전에는 "임금님의 지위는 높다면 높고 귀하다면 귀합니다." 임금이 한 번이라도 백성의 마음을 얻지 못한다면 염려할 일들이 생길 것입니다. "바로 백성이 나라의 근본입니다." 상소문을 올렸다.

정도전은 조선경국전에서 자신이 꿈꾸던 요순시대(부족 국가로 구성된 시기의 태평성대를 맞이하는 것을 뜻함)를 건설해 임금과 신하가 조화를 이루는 왕도 정치구상을 표방한다.

- 재상정치 백성이 근본인 나라를 설계하다

정도전은 백성을 근본이 되는 재상정치를 위해서는 과전법(고려 말기에 확립한 토지제도)인 토지개혁을 단행하여 권문세족(權門世族, 벼슬이 높고 권세가 있는 집안)의 토지를 백성에게 골고루 나누어 주어 백성들의 경제적 기반도 마련했다.

- 성리학과 유교 기틀 마련

성리학은 유교 덕목이나 가치가 담긴 내용이다. 유교적 이상을 담은 유교 기틀을 공고히 했다.

- 군량미 확보, 진법훈련, 사병 혁파 추진

정도전은 1396년(태조 5년) 표전(表箋, 조선에서 命으로 보낸 외교문서) 문제로 명나라가 내정을 간섭하자, 요동 정벌을 위한 군량미 확보와 진법훈련(전쟁 상황을 가정하여 전후좌우의 부대 병사들이 반복하는 훈련), 사병 혁파 등을 적극적으로 추진했다.

이상과 현실의 갈등, 이방원의 칼에 최후를 맞다

정도전은 세자책봉과정에 참여했다는 것이 문제의 발단이다. 더구나 사병 혁파문제로 서로 갈등을 보이던 중 이방원이 이끄는 세력에 의해 1398년에 정도전은 최후의 죽음을 맞이한다. 정도전의 죽음은 이방원의 개인적인 불만이 표출된 것이기도 하지만, 서로가 가지고 있던 정치적 이상의 차이에서 이해할 필요가 있다고 역사학자들은 말한다.

정도전이 왕권과 신권의 조화를 꾀하는 이상적인 왕도정치를 표방하였다. 반면에 이방원은 강력한 왕권에 바탕을 둔 왕조정치(임금과 신하가 서로 조화를 이루는 정치)를 지향했기 때문이었다.

맺음말

정도전은 고려가 멸망 후 조선건국의 토대와 국가경영을 정착시킨 개국공신의 중심인물이자 설계자이다. 밤새워 가면서 태조의 정치적 기반을 위해 정열을 쏟아부어 정치, 각종 제도 개혁에 많은 업적을 남겼다.

정도전은 훌륭한 재상(宰相, 임금의 국정을 보좌하는 최고 책임자를 뜻함)에게 실권을 부여하여 위로는 임금을 받들어 올바르게 인도하고, 아래로는

　어른과 후손에게 전하는 글

신하들이 백성들을 다스리는 중책을 부여하는 것이다. 개국 초기부터 국사는 신하들이 회의를 거쳐 이상적인 나라를 구상하자는 것이기에 오늘날 영국식 입헌 군주제(임금의 권력이 헌법에 의해 제한을 받는 군주제를 말함)이다.

매사에 성격도 강직하고 야망도 있어 밤샘 지치지 않을 정도로 부지런히 일해 단순히 한 시대의 정치가로서 끝나는 것이 아니라, 조선의 기틀을 다지는데 많은 역할을 한 충신이다. 정도전은 태조 이성계의 건국에 앞장서 목숨까지 바친 충신이었지만, 이방원과 뜻을 달리해 불행하게 희생되었다.

임진왜란 때 나라를 위해 목숨까지 바친 이순신 장군(1545~1598년)

이순신 장군은 1545년(명종 즉위) 4남 중 셋째아들로 태어났다. 그는 어린 시절부터 말타기와 활쏘기를 좋아했으며, 남에게 구속받는 것을 싫어했다. 충효와 문학, 시재(詩才)에도 재능이 있었다.

32살 나이에 과거 급제한 이순신은 정의감과 용감성, 인자한 성품을 지닌 인물이다. 임진왜란이 발발하기 직전 군관인 이순신을 선조에게 천거한 인물은 류성룡이다. 나라를 위해 왜적들과 싸우다가 노량해전에서 전사했다.

임진왜란 당시 조선의 정세와 선조임금의 무능

조선을 건국한 지 "200년 동안 전쟁이 없는 평화로운 상태여서 군사체계가 무너져 전쟁 대비가 안 돼 있었다." 이러한 와중에 조정에서는 왕실의 내부에서는 정권 쟁탈전인 을사사화가 발생하여 동인과 서인의 내홍 탓에 대립하는 양상이 벌어져 정상적인 국사는 어려웠다.

일본의 침략적 배경

선조임금 때 조선정세를 잘 알고 일본은 "도요토미 히데요시"(전쟁을 일으킨 장본인)를 앞세워 명나라를 정복하기 위한 명분으로 조선 땅을 밟지 않고서는 명나라를 공격할 수가 없었다.

설상가상으로 민심이 동요된 조선 상황을 안 일본은 호시탐탐 상황을 파악하게 되어 마침내 조선 땅을 침략하게 된다. 당시 임진왜란은 동아시아 한, 중, 일의 국제전쟁이었다.

일본은 1592년 잠잠하던 조선 땅에 전쟁을 일으킨다

1592년 4월 일본 군대는 왜선 350여 척이 부산포를 공격하게 되면서 임진왜란이 일어났다. 부산 앞바다의 방어를 맡은 경상좌수영의 수군은 "왜선을 공격하지도 않았고, 동래가 함락되는 것을 뻔히 보고도 군사를 돌려 육지로 도망"쳤다.

또한, 거제도에 근거를 둔 우수사 원균은 왜군이 오기 전에 싸울 용기를 잃고 접전을 피함으로써 일본군은 조선 수군과 한번 싸우지도 않고 육지를 장악하게 되었다.

신립 장군의 충주 탄금대 전투에서 전쟁 준비가 되지 아니한 탓에 조선 군대는 속수무책으로 당해 "수도 한양이 20일 만에 함락"되었다. 이런 와중에 나라를 수호해야 할 선조임금은 도성을 버리고 도망쳤다.

이순신 장군은 나라를 구하고 노량해전에서 사망했다

이순신은 "옥포·노량·당포·항포"에서 연전연승을 거듭하다 노량해전 전투 시 선두(船頭)에서 해전을 지휘하다가 1598년(선조 31년) 적의 총탄에 맞아 53세 나이에 사망했다. 죽는 순간까지 "싸움이 급하니 내가 죽었다는 말을 삼가라." 하고 눈을 감았다.

이순신 장군의 11가지 명언에 "나(자신)"가 나온다

- 집안이 나쁘다고 탓하지 말라.

  나는 몰락한 가문에서 태어나 가난 때문에 외갓집에서 자라났다.

- 머리가 나쁘다고 말하지 말라.

  첫 시험에서 낙방하고 32살 늦은 나이에 겨우 과거에 합격했다.

- 좋은 직위가 아니라고 불평하지 말라.

  나는 14년 동안 변방 오지의 말단 수비 장교로 돌았다.

- 윗사람의 지시라 어쩔 수 없다고 말하지 말라

  나는 직속 상관과 불화로 몇 차례 파면과 불이익을 받았다.

- 몸이 약하다고 고민하지 말라.

  나는 평생 고질적인 위장병과 전염병으로 고통받았다.

- 조직의 지원이 없다고 실망하지 말라.

  나는 논밭을 갈아 자금을 만들었고, 23번 싸워 23번 이겼다.

- 윗사람이 알아주지 않는다고 불만을 품지 말라.

  나는 임금의 오해와 의심으로 모든 공을 뺏긴 채 옥살이를 해야 했다.

- 자본이 없다고 절망하지 말라.

  나는 전쟁에서 12척의 낡은 배로 133척의 적을 물리쳤다.

- 옳지 못한 방법으로 가족을 사랑한다 말하지 말라.

  나는 아들과 함께 전쟁터로 나가 적의 칼날에 20살 아들을 잃었다.

- 죽음이 두렵다고 말하지 말라.

  나는 적들이 물러가는 마지막 전투에서 스스로 죽음을 맞이했다.

맺음말

조선을 건국한 지 200년 동안 조선에 전쟁이 일어나지 않아 조정에서는 사림 세력 간 동인과 서인의 붕당 내홍 탓에 군사체계가 무너진 것을 간파한 일본은 호시탐탐 조선 땅을 노리고 있었다. 마침내 임진왜란이 일어났다.

임진왜란 와중에 "나라를 책임져야 할 통수권자 선조는 신하들과 함께 도성을 버리고 의주로 도망을 쳤다." 끝까지 나라를 지켜야 한다는 구국정신은 그 어디에도 찾아볼 수가 없다.

세계열강국가는 영토확장·자원확보·전략요충지 확보를 위해 러시아와 우크라이나, 이스라엘과 팔레스타인의 전쟁으로 무고한 사람들이 희생되었다. 이러한 전쟁은 오늘날 언제 어디서 일어날지 모른다.

관료정치의 학문을 집대성한 실학자
정약용(1762~1836년) 선생

실학자 다산(茶山) 정약용 선생은 아버지 정재원과 둘째 부인 윤소온(해남 윤씨) 사이에서 3남 1녀 중 셋째이다. 9살 때 어머니가 사망 후 만형수의 사랑을 받으면서 자랐다. 부친으로부터 형들과 독학으로 글을 배웠다. 어릴 적부터 정약용은 매우 차분하고 화를 잘 내지 않는 성격이었다. 4살에 천자문을 배웠고 7살 때 "바서"라는 시를 지었다.

천재 집안 정약용 선생의 가문 내력과 과거 급제

정약용 선생의 조상들은 8대를 걸쳐 문과에 급제하여 벼슬을 한 천재 집안이다. 아버지 정재원은 1762년에 생원시에 합격한 후에 출세에는 큰 욕심이 없어 관직 생활을 하지 않았다. 뒤늦게 음관(정3품)으로 벼슬길에 나간 것은 생활고 때문이었다.

그는 1783년(정조 7년) 생원시(성균관 입학자격을 부여하는 과거시험)에 합격 후 성균관유생 시절 때 우수학생들을 모아 상을 주는 행사가 있었는데 정조임금은 정약용을 처음 보았다. 이후 정조의 마음에 들어 자주 시를 짓게 하는 등 정조임금의 칭송을 받았다.

정약용은 정조 때 "천주교를 가까이 한 탓에 좌천"되었다가 다시 관직에 올랐다. 정약용의 5代 손(孫)인 정해인과 방계 후손인 정일우도 배우로 활동 중이다. 공교롭게도 둘 다 천주교 신자이다.

다산 정약용 선생의 일대기

- 1기 벼슬자리의 관직 생활

  1789년(정조 13년) 27세에 과거급제(대과시험) 후 관직에 진출하여 사간원(오늘날 감사원)과 홍문간(궁중의 경적(經籍)·문서 등을 관리하고 왕의 자문을 맡아 보던 벼슬자리)의 요직을 역임하였다. 그는 관직에 있으면서도 지주제를 부정하여 백성이 잘살 수 있도록 자영농 육성정책을 강조했으며, 토지 재분배와 토지의 황폐화를 막고자 토지를 균등하게 배분하는 균전제를 주장하였다.

  토지 소유자의 경작 집중에 여러 가지 문제가 있음을 알아내어 농민의 몰락과 경제적 수탈을 극복하기 위해 여전제(공동농장 제도로 공동생산과 공동분배를 주장한 토지제도)를 실시하여 국가수입의 근본은 농업이라 하였다. 또한, 관료정치를 폐단하고 사농 제도(자영업 중심의 토지제도)를 강화했다.

- 2기 귀양살이와 유배(환난) 시절. 수많은 책을 저술했다

  정약용은 "신유박해" 사건(천주교 박해 사건)으로 천주교로 몰려서 정치적으로 귀양살이를 하게 되면서부터 길고 기나긴 유배 생활이 시

작되었다.

"정약용 생애의 25%를 유배지 강진에서 찾아오는 이 없는 18년을 보내게 된다." 그러나 정약용 선생은 유배지 강진에서 기나긴 고통의 세월을 결코 한탄만 하면서 보낸 것이 아니고 주옥같은 수많은 책을 저술했다. 유배 기간에 청렴해야 백성을 사랑할 수 있다는 공직자의 기본 지침서인《목민심서》, 정치, 사회, 경제 제도 등 국정 개혁에 논한 책《경제유표》, 조선 시대의 형법을 다룬 서적《흠흠신서》등 수많은 책을 저술하였다.

정약용 선생은 무려 250권으로 된 여유당집(자신의 저술을 정리한 문집으로 된 필사본)과 246권으로 된 다산 총서를 썼다. 500여 권의 책은 대부분 유배 기간에 썼으며, "1년에 28권을 책을 쓴 셈"이다. "오늘날 대학교수도 이만큼 책을 쓴 사람은 없을 것 같다."

- 3기 유배 생활을 마치고 고향에서 저술 활동

  18년의 긴 유배 생활을 끝내고 1818년 고향 경기도 남양주 향리로 돌아와 저술 활동을 하다가 74세 나이에 영면했다.

목민심서(牧民心書)

《목민심서》는 강진 유배지에서 집필한 책으로 총 48권으로 이루어져 있다. 옛 지방관의 사적을 가려 뽑아 치민(治民)에 관한 그릇된 사례를 들어 설명한 계몽서이다. 목민심서는 목민관(牧民官)으로 수령의 기본 자세를 다룬 책이다.

"목민이란 백성을 다스린다는 뜻"이며, 심서(心書)란 정약용이 실제로 목민관으로 재직할 때 목민할 마음을 가졌지만 실천할 수 없었던 현실을 담아내어 지은 이름이다.

- 목민심서 6조에 담긴 글

오늘날 사회에서 "공직자의 도덕적 청렴성과 자세, 행동기준을 제시해 주는 책"으로 6조의 여섯 가지로 구성되어 있다.

- 선화(宣化): 임금의 교화를 펴는 역할을 강조한다.
- 수법(守法): 법을 지키는 것이 공직자의 기본의무이다.
- 예제(禮際): 예의와 절차를 준수해야 한다.
- 문보(文報): 문서와 보고의 중요성을 강조한다.
- 공납(貢納): 공적인 것을 사적으로 사용하지 말고 절약한다.
- 왕역(往役): 맡은 업무는 적극적으로 임해야 한다.

- 오늘날 사회에서 요구되는 현대적 의미
  - 청렴과 공공의 이익

  공직자가 개인 이익보다 공공 이익이 우선이다. 오늘날 사회에서도 공직자 청렴과 도덕성을 요구하고 있는 내용이다.
  - 책임 있는 공직자

  공직자가 맡은 바 임무를 성실히 하고 법과 규정을 준수해야 한다. 공직자는 공공 서비스의 질을 높여야 한다.
  - 사회적 신뢰 구축

공직자가 투명하고 책임감 있게 행동할 때만이 시민들은 정부에
대한 신뢰를 쌓을 수가 있다.

- 도덕적 기준

공직자는 개인적 욕심을 버리고, 공익을 위해 헌신해야 한다.

• 목민심서의 책 내용에 무엇이 담겼을까?

- 청렴하고 검소한 생활을 하는 법,

- 자기 자신을 바르게 하는 사는 법,

- 공적인 일을 수행하는 법·백성을 사랑하는 방법,

- 아전(牙錢, 홍정을 붙여 그 보수로 받는 돈)을 단속하는 법,

- 법·세금·예절·군사·재판하는 방법,

- 흉년에 백성을 구제하는 법 등의 내용이 담겨 있다.

• 목민심서. 청렴과 검소에 관한 이야기 [출처, 목민심서 발췌]

- 청렴은 목민관(牧民官)의 본무이고, 모든 선(善)의 근원이다.

청렴하지 않고시는 목민권이 될 수 없다. 대중을 통솔하는 방법에

는 오직 위엄과 신의가 있을 따름이다.

- 위엄은 청렴한 데서 생기고 신의는 충성하면서 나온다.

충성하고 청렴하면 능히 대중을 복종(굴복)시킬 수 있다.

- 백성을 사랑하는 근본은 재물을 절용(節用) 하는 데 있다.

검소해야 청렴할 수 있고 청렴해야 백성을 사랑할 수 있다.

- 「정약용의 명언 10가지」

  - 성공하는 사람은 시작이 빠르다.

    시작이 빠르면 어떠한 일이던 반드시 성과를 거둘 수 있다.

  - 세상에서 가르쳐서는 안 될 두 글자는 소일(消日)이다.

  - 청렴과 절약이다. 지위를 다 떨어진 신발처럼 여겨라.

  - 공직자는 이익, 명예를 위해 국가와 백성을 배신하지 말라.

  - 선량(善良)한 마음은 선을 행함으로써 인간답게 살 수 있다.

  - 인의예지(仁義禮智)는 실천을 통해 얻게 된다. 4가지 덕목 성품은 어질고, 의롭고, 예의 바르고, 지혜로움이다.

  - 농업이 인간 생활의 근본이다. 농촌에 살면서 농사를 짓지 않는다면 아주 쓸모없는 사람이다.

  - 스스로 낮추고 인간은 누구나 평등하며 서로 존중해야 한다.

  - 스스로 자만을 경계해야 겸손해진다.

  - 겁부터 먹지 말고 의지력이 있으면 어떤 일도 할 수 있다.

  - 옛 기술에 안주하지 말고 항상 새로운 기술을 개발하라.

  - 재물은 나누는 것이 오래 보전하는 것이다.

맺음말

　정약용은 18년 동안 유배지에서 썩어가는 대들보를 새롭게 바꾸고 허물어진 주춧돌을 단단히 괴는 데 평생을 바쳤다. "양 양반가 출신임에도 검소한 생활을 했으며, 탐욕을 하지 않았다."

　유배지에서 관료와 국민에 보낸 편지에서 자신의 학문 역정을 회고하면서 "국가를 통치하려면 민본의 근원은 자신부터 청렴해야 하고, 천민, 평민, 양반 계급을 두지 말고, 양반 계급도 평등"해야 한다고 했다.

선생님의 책은 깊고도 넓은 학문으로 오늘날까지 살아 있는 고전이다. 책에는 생각을 맑게, 용모는 엄숙하고 단정하게, 말은 삼가고, 행동은 신중하게 하라는 글귀가 있다.

목민심서는 공직자는 어떻게 행동해야 하는지 자세히 서술해 놓았다. "정치인과 공직자, 기업인, 직장인, 가정에서도 읽어야 할 필수 교양서"라 여겨진다.

조선 시대 본받을 만한 관료는 많다. 청렴하고 백성을 위해 헌신한 송시열, 정철, 허초희(관료), 장영실(과학자), 이순신, 곽재우, 권율, 허균(동의보감) 한석봉, 김정희, 홍경래(농민운동), 김대건(신부), 최재우(동학혁명) 등 그 외에도 위인이 많다.

제4장

나라가 힘이 없으면 어떻게 될까?

임진왜란과 청나라 전쟁으로 쑥대밭이 된 조선

나라가 힘이 없으면 때로는 이웃 국가 간은 협력과 우호 관계일 때도 있지만, 대부분 "경쟁과 갈등, 자원약탈" 등 충돌이 발생하여 전쟁이라는 국제질서를 엉망진창으로 만들게 된다. 국가 간의 충돌에서 패배한 백성들에게는 배신자를 빼놓고 "포로, 노예, 죽음의 길"이 기다리고 있다는 것을 세계 역사에서 찾아볼 수가 있다.

선조임금 때 전대미문의 대규모 국제전쟁 임진왜란

• 조선과 우호결렬로 빚어진 일본의 임진왜란 전쟁

  일본은 임진왜란을 일으키기 전에 몇 번의 외교사절을 조선에 보내왔다. 일본은 조선과 동맹을 맺고 명나라를 공격하자는 명분이었으나, 조선은 섬나라 일본과의 외교교섭을 반대해 결렬되었다. 그 이유는 조선은 명나라와 돈독한 이웃 나라였기 때문이다.

  임진왜란 전쟁은 일본이 조선 땅을 침입하기 위해 1592년 수군과 육군 총 병력은 281,800여 명을 동원하여 수도 한양까지 침략한 전대미문의 대규모 국제전쟁이었다.

• 전쟁 발발에 대처하지 못한 선조임금

  1392년 조선 개국 이후 200년간 조선에는 별다른 전쟁이 없었다. 선조 때는 동인과 서인의 분당으로 나라는 극도로 혼란스러웠고, 국방력마저 허약했다.

일본군은 훈련된 해군과 육군 조직을 이끌고 부산포를 쳐들어오자
조선 수군은 부산포를 저지시켰어야 함에도 침입하기 전에 도망쳐
일본군을 막지도 못했다.

• 국란임에도 도성을 버리고 도망쳐 버린 선조의 민낯

일본군은 20일 만에 한양을 점령하였다. 선조가 "도성을 버리고 야
반도주"하자 도성에 남아 있던 백성은 조선이 반드시 망한다는 유언
비어까지 떠돌아 백성들은 난동을 부렸다. 나라 왕으로서 전쟁 중에
"어가행렬은 한심한 추태를 보인 선조의 민낯"이다.

선조가 개성에 이르렀을 때 선조의 무능과 무책임에 격분한 백성들
은 궁녀들과 대신들의 길을 가로막고, 선조 일행을 비난하고 돌을
던지고 구타까지 했다. 목숨 지키기에 급급한 선조는 "우리는 무슨
일이 있어도 조선을 지킬 것이니 염려치 말라."고 백성들에게 말하
고 계속 북쪽으로 도망쳤다.

• 바다에서 이순신, 육지에서 곽재우 장군이 임진왜란 수습

이순신 장군이 한산도 해전에서 통쾌한 승리를 거두게 되자 패전을
거듭하던 조선군에게 용기를 불어넣어 주었다. 바다에서 승리가 계
속되자 육지에서도 곽재우 등 비롯한 의병들은 10여 명에서부터 수
천 명이 전국적으로 모여 일본군과 대항하여 싸워 조선을 지켜냈다.

• 임진왜란 때 조선의 피해

임진왜란은 7년간 이어진 전쟁으로 경복궁, 창덕궁, 불국사 등 조선

왕조실록을 보관하던 사고(史庫) 등이 불타 버리고, 도자기와 그림, 문화재 소실 등 피해를 가져왔다. 조선군 26만 명, 명나라 3만 명, 민간인 등 최소 1백만 명이 사망했으며 농경지 65% 정도 피해를 보았다. [출처, 임진왜란 당시 조선의 피해]

인조임금 때 청나라에 침입당한 치욕

광해군은 임진왜란 경험이 있어 전쟁을 방지하기 위해 명나라와 청나라에 중립외교를 펴 원한을 사지도 않았다. 그러나, 인조 재위 때는 조선이 명나라와 우호적인 친분을 과시하자 청나라는 침략 기회를 엿보고 있었다. 인조와 사대부 신하들은 국가 역량이 얼마나 되는지도 몰라 실용은 팽개치고, 이념 논쟁에 빠져 있었다.

- 1차 정묘호란(1627년)과 2차 병자호란(1636~1637년)

  인조 즉위 후 청나라가 조선을 두 번이나 침략한 전쟁이다. 정묘호란은 청나라와 외교적 관계에서 시작된 전쟁이고, 병자호란은 청나라 속국이 되어 치욕을 겪은 사건이다. 두 번의 전쟁으로 청나라는 불가능했던 교역의 타개책을 조선에서 얻게 되었다.

- 인조임금은 전쟁 중에도 도성을 버리고 도망쳤다

  인조는 전쟁의 비극 상황임에도 강화도로 피난 갔다. 조선의 군대는 청나라 군대에 저항하기 위해 근왕군(임금을 보좌하기 위해 충성하는 군대)과 합류하지 못해 남한산성을 구원하지 못했다.

겨울철의 추위 탓에 수많은 군인이 얼어 죽어 조선군의 사기는 저하되었다. 이로써 인조는 "삼전도"에서 바닥에 3번 무릎 꿇고, 머리를 아홉 번 박았다. 이른바 "삼배구고두례"(三拜九叩頭禮, 신하 나라가 큰 나라를 만났을 때 머리를 조아려 절하는 법)이다.

• 청나라 전쟁으로 조선이 입은 피해

인조 때 두 번의 호란은 임진왜란 다음으로 큰 전쟁이다. 국토 25%가 피해를 보았고 전쟁에서 패해 조선은 "청나라를 대국"으로 섬기게 되었다. 짧은 전쟁임에도 3만 명의 사망자와 남녀 백성이 포로로 끌려 갔다.

맺음말

선조와 인조임금은 국가와 백성들을 다스리기 위한 무엇보다 비전이 부족했다. 자신의 안위만을 위해 도성을 버리고 도망친 한심한 임금의 행동은 나라를 망하게 할 뻔했던 "추악한 민낯을 드러낸 두 임금"이다.

안보는 경제라는 말이 있다. 세계열강은 영토확장과 자원확보 때문에 "으르렁"거리고 있다. "나라와 국민을 버리는 무책임한 정부"는 국가도 붕괴하여 결국 그 피해는 백성들이 고스란히 떠 앉게 된다.

일제 강점기 자주권을 잃은 우리 민족은 당하기만 했다

고종이 1876년 조일(朝日) 수호 조약을 체결 후 일본과 문호를 개방하면서부터 부산, 원산, 인천항이 개항하게 되었다. 개항의 일반적인 의미는 외국과 국교를 맺고 통상 관계를 말하지만, 우리 민족은 일제의 식민주의 시발점이 되었다.

이후 "을사늑약"은 1905년 일본이 조선의 외교권을 박탈하기 위해 강제로 체결한 조약이다. 친일파 "매국노 을사오적의 주범 이완용 등은 일제 부역자"들이고, 일본으로부터 명예직을 받아 호화로운 생활을 했다.

강점기 35년간 일본이 조선에 저질렀던 만행

"강점(强點)"이란 말은 남의 땅을 강제 점령하였음을 말하는 군사용어이다. 우리 민족은 일본의 계략에 말려 식민지통치를 당한 부끄러운 역사를 지니고 있다. "얼빠진 학자들은 한술 더 떠 한국이 일본과 합친 것처럼 보이는 한일합병(韓日合倂)이라는 거짓 용어"를 지껄여 대었다. [출처, 전 진주 교육장 조헌국]

• "강압적인 무단통치" 시대(1910~1919년)

조선총독부는 1910년 "헌병 경찰을 창설"하고 일본이 2만여 명의 헌병 경찰을 "한반도 전역에 무력조직을 거미줄같이 배치"했다. 부족한 인원은 한국인을 선발해 헌병 중심의 억압된 무단통치에 돌입하게 된다.

일본 천황에 직속된 조선총독부는 입법권·사법권·행정권·군사권까지 장악하였다. 일본 헌병은 첩보기관을 두어 언론검열, 집회, 출판, 결사의 권리를 제한하고, 즉결 처분권을 갖는 "태형(笞刑)제도"(신체적 고통을 통해 범죄예방을 목적하는 제도)를 만들었고 독립운동가 색출 등 민생 전반에 관여하였다. 총독부 산하 "동양척식"을 만들어 국토면적 62%의 토지 수탈과 광업령·임목령·어업령 등 그들의 수탈 목적에 맞게 개정하였다.

또한, 식량과 광물 자원수탈을 위해 도로개설과 철도, 항만 시설을 정비하였고, 담배, 인삼, 소금생산의 증대를 꾀해 마구잡이로 수탈해 갔다.

• "민족분열 통치기"(1920~1930년)

1919년 3·1 운동은 우리 민족의 강력한 저항이 전국적으로 확대되자 일본은 강압직 통치에서 방향을 신회하게 된다. 1920~1930닌내에는 숨은 통치 기간이지만, 사실상 우리 민족을 기만한 "민족분열 통치"를 했다.

1920년 일본은 조선을 통제하기 위해 일본인 17만여 명이 거주했다. 헌병 경찰제를 보통 경찰제로 바꾸어 경찰 수를 늘려 독립운동을 막았다. 조선의 신문은 "검열·삭제·폐간" 등의 억압은 계속되었고, 일본기업의 진출을 위해 허가제에서 신고제로 변경하였다.

• **"민족 말살 통치기"**(1931~1945년)

일본은 "1931년 만주침입, 1933년 중일전쟁, 세계 2차 대전, 태평양 전쟁" 등 일으켜 일본 본토의 인력과 자본만으로는 감당할 수 없게 되자 한국인을 전쟁에 동원하고자 강제적인 징용제를 하였다.

조선총독부는 전쟁에 동원할 물품과 공장건설, 광산 등에 한국인을 동원했으며, 제2차 세계 대전 기간 동안 일본군의 성적 욕구를 해소하기 위해 10대 초반에서 40대에 이르는 위안부를 전쟁터로 끌고 가 희생시켰다.

한글사용을 금지하고, 한국인의 창 씨 개명을 일본식으로 바꾸었다. 언론 활동을 금지하기 위해 조선일보와 동아일보를 폐간하였고, 민족성이 강한 전문학교는 강제 폐교와 개명을 당했다. 곳곳에 신사를 세워 참배를 강요하는 등 억압적인 민족 말살 통치를 했다.

우리 민족의 항일투쟁 독립운동

항일투쟁 독립운동은 의병운동을 전개하면서부터 자주독립, 외세배격 등을 목표로 만주, 연해주 등지에서 한인촌 중심으로 "독립협회" 조직을 두었다.

1919년 3·1운동의 계기로 상하이에 대한민국 임시정부가 수립되어 독립운동의 구심체 역할을 하면서부터 1945년 8월 15일에 일제가 항복을 선언할 때까지 독립운동은 계속되었다.

- 유관순 열사의 3·1 운동

유관순 열사는 1919년 3월 1일 서울 탑골 공원에서 3,000명이 모인 가운데 대한 독립 만세를 외쳤다. "3·1 운동"은 한국 역사상 전대미문의 전 민족적 대규모 독립운동이다. 18세의 나이 유관순 열사가 순국할 때까지 옥중(서대문 형무소)에서도 만세를 불렀다.

"3·1운동은 200만 명이 넘는 민중이 참여"하여 2개월에 걸쳐 전국에서 시위와 폭동이 일어났다. 일본의 헌병 경찰의 무자비한 탄압 속에서도 독립운동은 삽시간에 "전국 방방곡곡" 퍼져나갔다. 1919년 당시 한국의 전체 인구는 약 1,700만 명의 인구 비율로 볼 때 약 소민족 독립운동은 전 세계에서 가장 규모가 큰 시위운동이었다. [출처 역사학자 신복룡]

- 상하이 대한민국 임시정부 수립으로 독립운동은 활발해졌다

우리 민족은 한인사회당, 의열단, 한국독립군, 광복회 등의 독립운동 애국단을 조직해 김구 선생, 윤봉길, 안중근 의사, 홍범도, 김좌진 장군 등이 간도, 시베리아, 연해주와 미주지역에서도 독립운동을 했다.

열사들은 한결같이 일제를 뿌리 뽑지 않고서는 우리 영토를 찾을 수 없다고 판단하고 독립운동가들은 군대를 동원하여 일본군의 토벌에 나서 싸우다가 총살형 등 잔혹하게 사형당했다.

일본을 위한 우리 민족의 억압적인 징용과 위안부 공출

- 16~22세의 청년들이 강제 징용되어 탄광에서 일했다

  일제가 동남아시아 및 미국 하와이 진주만 지역을 무대로 전쟁 수행에 필요한 국가총동원법은 1943~1945년에 집중되어 자원약탈과 노동자 확보, 인신매매 등에 깊숙이 개입했다.

  16~22세의 청년들이 일본의 광산, 건설 현장, 군 시설 공사장 등에 배치되었다. 홋카이도(北海道)의 탄광에 강제 징용된 사람들은 하루 10~14시간의 중노동이었다.

  일본인 광부들이 꺼리는 광산재해 위험이 많은 깊은 막장, 가스 발생, 낙반 사고가 빈발하는 곳에 배치되어 부상과 사망 사고도 잦았다. 7~10명이 함께 생활하여 다리를 뻗고 자기도 힘들 정도였고, 사감이 감시하여 외출도 금지했다.

- 일본에 강제 연행된 한국인 수

  1930년대 후반부터 1945년까지 강제동원한 한국인의 수는 기록물마다 차이가 있지만, 백만 명에 달했다. 일본 정부의 후생성 통계에 따르면 1939년부터 1945년 3월까지 강제동원 인원은 73만 명과는 많은 차이가 있다.

  이뿐만이 아니다. 오직 일본인을 위한 위안부 피해자 여성은 최소 20,000명에서 최대 40,000명으로 추정된다고 한다. 동남아 필리핀, 중국인도 위안부 여성도 많았다.

일본 제국주의 패망

- 일본은 지나친 영토확장 야욕 때문에 스스로 궤멸했다

  세계 2차 대전 전범국 중 1945년 이탈리아와 독일이 소련에 항복하자 이제 일본만 남았다. 일본은 동아시아 섬나라와 중국의 청일전쟁, 태평양 전쟁 말기에 들어서 국력 이상의 무리한 전선의 확장으로 일본 군대가 거의 궤멸에 가까운 상황이었다.

- 미국과 소련의 정치적 관계

  일본은 해군력을 앞세워 1941년 하와이 진주만 기습공격은 미국의 자존심을 건들었다. 미국은 태평양에서 일본의 세력 확장을 막기 위해 소련이 전쟁에 참전할 것을 요구해 소련은 승낙했다.

- 미국의 원자폭탄 투하 진짜 목적은 무엇인가?

  일본마저 소련에 항복할 경우 세계 질서가 소련을 중심으로 돌아갈 것을 경계한 미국의 트루먼 대통령은 소련이 일본과의 전쟁에 참여하기 전에 원자폭탄 투하를 영국 처칠 수상과 먼저 합의한 다음 미국은 "신속하고 철저한 파괴를 언급"하며 원자폭탄을 투하하겠다는 내용이다.

- 포츠담 회담과 미국의 일본 원자폭탄 투하, 항복 의사 수락

  1945년 7월 미국 · 영국 · 중화민국 · 소련의 정부 수뇌들이 모여 일본의 항복 권고를 하는 "포츠담 선언"을 발표하였다. 포츠담 선언은

나치 독일, 이탈리아가 항복했음에도 전쟁 의지를 꺾지 않는 일본의 무조건 항복을 촉구하는 선언문이었다.

그러나 포츠담 선언을 발표하면서 일본에 전쟁을 끝낼 기회를 주었으나, 일본이 결사 항전하자 미국은 1945년 8월 6일 1차 히로시마 원자폭탄 투하, 8일 소련의 선전포고, 9일 2차 나가사키 원폭을 투하하게 되자 결국 "항복하겠다는 수락 의사를 연합국에 통보"했다. 미국의 원폭 투하로 일본은 산업시설과 22만 명의 민간인이 사망했고, 100만 명이 방사선 피해를 보았다. [출처, 김기협 "해방 일기" 중에서]

- 일본의 항복

1945년 8월 15일 정오 "일본 천황 히로히토(迪宮裕仁)가 라디오 방송을 통해 미국에 항복을 선언함"으로써 태평양 전쟁은 종결되었다. 동아시아에 있던 일본군은 현지 연합군에게 항복했다. [출처, 日本の降伏에서]

일본의 항복과 38선의 국토 분단

일본이 태평양 전쟁 패전으로 35년간 강점기가 끝나고 8·15 광복으로 우리 민족은 우리의 손으로 나라를 세울 수 있다는 희망과 기쁨에 가득 차 있었으나. 광복의 기쁨이 채 가시기도 전에 "38선의 국토 분단"이라는 시련을 겪게 되었다.

그 이유는 우리 손으로 일본을 이기지 못하고 강대국 미국과 소련에 의해 일본을 패망시켰기에 8·15 광복과 함께 38선이 그어져 동족끼리

이념과 체제를 달리하는 분단국가가 되었다.

맺음말

강한 경제력과 군사력을 앞세운 "제국주의자" 일본에 의해 우리 민족은 1910년~1945년까지 35년간 굴욕적인 식민 통치를 당했다.

자본과 노동력 착취, 영토확장이라는 주된 이유 이외에도 사회·경제·문화·역사 등 민족의 말살과 수탈정책은 우리 민족에게 끼친 해독은 참으로 심대한 것이었고, 해방과 더불어 남북 분단의 소산(所産)까지 낳게 되었다.

징용 노동자, 위안부 등 한국 역사에 수많은 상처를 주었다. 청·장년과 부녀자까지 일본, 동남아시아, 사할린(캄차카반도) 등지로 강제로 전쟁에 투입되어 노역에 종사하게 하였다.

고려, 조선 역사나 일제 강점기 35년 역사에서 알 수 있듯이 나라 국력이 허약하면 강대국은 호시탐탐 기회를 엿보고 있다는 교훈을 주고 있다.

일제 강점기 제국주의자 자원약탈과 만행

수탈해 간 자원 중에서 70%가 광물자원이 절대적이다

일본 제국은 세계 1, 2차 세계 대전과 중일전쟁, 태평양 전쟁을 거치면서 군수산업에 필요한 한반도의 "광물, 토지, 농산물, 수산물, 산림, 문화재 도굴" 등 천문학적 금액에 이르는 자원을 수탈했다.

오늘날 한국이 광물자원이 없는 이유도 한마디로 요약하면 일본이 한반도의 "금속광물"(금·은·동·연·아연·철·몰리브덴·텅스텐 외)과 비금속 광물(석탄·흑연·납석·석면·중정석·형석·명반석, 붕소, 기타 광물)을 수탈했기 때문이다.

군수물자 조달을 위해 1910년부터 도로, 철도, 삭도 공사를 연차적으로 하여 한반도의 철, 연, 아연, 구리, 석탄, 기타 광물을 수십만 톤에서 수백만 톤의 광물자원을 마구잡이로 수탈해 갔다.

중일전쟁, 태평양 전쟁 시에는 일제가 조선에 총동원령을 내려 석탄은 1937년~1944년까지 2,833만 톤, 철광석은 1943년~1944년 2년 동안 559만 톤을 수탈했다.

친일인명사전 편찬위원회의 자료에 따르면 일제의 광물자원 수탈액은 미곡(米穀) 수탈액의 23배라고 밝혔다. 강점기 광업 정책은 오직 일본을 위한 것이었다.

《일제 강점기 자원수탈 금액》

구 분	항 목	대일배상 요구	조사 수탈액	점유율
농산물	미 곡	-	184,932,920	2.91
	맥 류	-	4,767,570	0.08
	면화	984,027	2,336,282	0.04
축산물	우 피	33,659,920	39,166,660	0.62
	축 우	203,544,760	218,056,760	3.43
	군수용 건초	39,145,701	41,100,997	0.65

임산물	목재	493,057,029	493,057,029	7.77
수산물	정어리 외	-	1,001,450,763	15,.77
지하자원	금 이외	-	4,273,937,582	67,32
문화재	금관 외	89,684,635	89,684,635	1.41
계		860,076,072	6,348,471,199	100

단위: 천 엔

[출처, 2003년, 친일인명사전 편찬위원장, 한성대 윤경로 총장]

일제 강점기 광업 정책

- 1910~1920년대

  일본인 지질학자가 "한반도 방방곡곡에 있는 광물자원조사"를 해 유
  망한 광종이 많다는 것을 알아내고 《조선광업령》, 《광물 증산령》,
  《산금령》을 선포 후 일본인이 조선 광업 회사를 설립했다.

  일본인이 한국의 광업권 80%를 차지하면서부터 새로 발견되는 광
  물에 대해서는 《광업법》을 개정하여 독점적으로 개발하는 기반을
  구축하였다. 금·은 광업은 다른 산업을 압도하고 있었으며, 자체적
  으로 제련되지 못해 일본과 진남포 제련소로 가져갔다.

- 1921~1930년대

  1920년을 전후하여 한국광업이 불황에 빠지게 되자 광산업 장려를
  위해 광구세를 3년간 50%로 감면하였고, 광업진흥책을 위해 조선총
  독부 산하 선광(選鑛) 연구소를 설립하였다. 유망한 광산이 있더라도
  토지소유권자의 승인 없이는 광물을 채굴할 수 없게 되자 일본인은

광업 법령을 개정하여 광산을 국유화하여 그 채굴은 광업권에 의해서만 가능하게 하였다.

- 1931~1945년대

1931년부터 국제적인 금값 폭등으로 일본인이 독점하여 조선인의 차지하는 비중은 0.3%에 불과했다. 1937년《조선산금령》을 공포하여 생산액은 매년 증가하였고 허가 광구 수도 1911년 말 796개였으나, 1937년에는 6,513개로 늘어났다. 일제 강점기 때 한국 근대사 유물로 지정된 용하 선광장이 경북 영양군 일월산 양지바른 산자락에 그 시설이 고스란히 남아 있다. 용화 광산은 일본인이 조선의 지하자원을 수탈해 간 가슴 아픈 광산이다.

강점기에 2025년 말 금값기준 80조 원을 수탈해 갔다

조선은 그야말로 황금광 골드러시(Gold rush)는 일제 강점기 때이다. 수탈해 간 자원 중 금이 절대적이다. 1933년 한 해에 개발된 금광은 3,200여 개에 달했다.

1930년대에는 연간 순금 생산량이 10톤~30톤까지 늘어나 황금광 시대가 되었다. 일본은 강점기 35년 동안 우리 땅속에서 300여 톤의 금을 수탈해 갔다. 순금 300톤이면 2025년 12월 기준 1kg 27,000,000원 금값기준시세로 환산하면 "80조 원"에 이르는 천문학적 금액이다.

오늘날 한국이 금 매장량이 없는 이유도 일제가 35년 동안 전국 방방곡곡 샅샅이 뒤져 수탈해 갔기 때문이다. "2025년 기준 한국의 금 생산량은

200kg 내외"에 불과해 일본이 얼마나 많은 금을 수탈했는지 알 수가 있다.

한국은행의 2024년 말 금 보유량은 104.45톤으로 세계 중앙은행 가운데 38위에 해당한다. 오늘날 전자산업 등 수요를 고려하면 엄청난 금을 수탈해 갔다는 얘기다.

토지의 약탈

일제는 토지조사사업을 통해 미신고 토지, 마을이나 문중의 토지, 황무지 등은 조선총독부 소유로 만들었다. 탈취당한 토지는 전 국토의 약 40%나 되었다. 조선 농민들은 많은 토지를 잃고 소작농이 되어 생계유지가 어려워졌다. 동양척식 회사를 만들어 일본인의 토지 회사나 개인에게 싸게 팔았다.

곡물 수탈

조선총독부는 수탈을 강화하기 위해 공출제(供出制)를 실시했다. 1920년~1945년 해방되기까지 호남평야, 논산평야, 경기평야, 김해평야 등 조선의 곡창지대를 식량 공급기지로 만들었다. 전라도의 익산, 정읍, 완주, 김제, 나주 등 곡창지대에서 생산된 쌀은 군산항으로 집결되어 일본으로 반출되었다. 군산이 크게 발전한 것은 부끄럽게도 일제 강점기였다. [출처, 농업 수탈의 아픔 간직한 '곡창', 전북일보 창간 75주년]

경기도의 이천, 여주, 김포, 부평에서 생산된 쌀은 남한강 뱃길을 통해 인천 제물포항으로 갔고, 충청도 및 경남의 내륙지방의 쌀과 면화,

강원도의 임산물은 뱃길과 철길을 통해 일본으로 실려 나갔다. [출처, 한국학 중앙연구원, 대전 향토문화 발췌]

"태평양 전쟁 당시 전체 생산량의 40~60% 이상을 수탈"해 갔다. 조선은 극심한 식량난을 겪게 되어 밭곡식인 보리, 콩, 조 등의 개량과 증식에 주력하였으나, 이마저도 부족해 우리민족은 만주로부터 잡곡을 충당해야만 했다. [출처, 일제의 경제 침탈 史, 아세아 문제 연구소]

목재 수탈, 화전민 착취

일제는 1917년~1924년까지 대대적인 임야조사사업을 벌여 1925년 《조선의 목재》라는 책자를 발간했고, 1927년 한반도 최초의 산림자원 통계까지 냈다.

일본이 《조선 목재통제령》을 발령 이후, 민유림을 포함한 모든 나무의 생산과 유통 권한을 총독부 직영 조선 목재(㈜)에서 일원화하여 임야의 50%가 수탈당했다. [출처, 국립산림과학원, 일제 강점기 조선의 목재 수급과 산림자원 변화]

나무 재목이 좋은 오대산 지역의 벌목에는 화전민의 노동력을 착취했다. 1975년 오대산이 국립공원으로 지정될 때까지도 화전민 일부가 남아 있어 마을 어른들의 증언에 따르면 월정사, 상원사 주변 화전민은 300여 명까지 살았다고 한다. [출처, 국립공원관리공단]

비행기 연료로 사용하기 위해 소나무 송진(松津, 소나무에서 나오는 끈끈한 액체)도 채취해 갔다. 송진은 불에 끓여서 송탄유(松炭油)를 만들어 비행기 연료를 사용했다. 송진을 채취하기 위해 상처를 입은 소나무들은 삼척, 울진 일대에 지금도 상흔이 남아 있다.

수산물 착취

일본의 어획고가 한때 세계 제2위를 기록할 수 있었던 것은 조선의 주요 어장을 독점 지배하였기 때문이다. 정어리 어업은 1920년대 중반 ~1930년대 후반까지 정점을 찍었다. 풍부한 지방을 함유한 정어리가 대량으로 잡혀 유지(油脂)생산과 경화유(硬化油) 분해 과정에서 생성된 글리세린은 다이너마이트 폭약원료로 사용되었다.

문화유산

일본은 고려청자, 조선왕실의 의궤, 신라 금동관모, 도자기, 서화, 불상, 동종, 그림, 고서적에 이르기까지 문화유산에 원상회복이 힘들 만큼 우리 민족에 상처를 남겼다. "문화재에 대한 약탈, 도굴은 추정치조차 불가능할 정도로 전방위로 이뤄졌다." [출처, 윤종일 서일대학 민족 문학과 교수]

맺음말

제국주의자 일본은 35년 동안 이름다운 우리 금수강산에서 거미줄같이 조직망을 만들어 지하자원과 토지, 쌀, 삼림, 수산자원, 문화재와 우리 민족의 자본과 노동력까지 착취해 갔다. 일본은 조선총독부 산하

조직을 만들어 "광업령·산금령·산미(產米) 증산령·산림령·어업령"을 그들의 입맛에 맞게 개정하여 수탈을 목적으로 공출제도를 도입하였다.

태평양 전쟁 막바지에는 무기 제작을 위해 고철, 놋그릇, 수저, 제기, 못 등 무엇이든지 수탈했으며, 비행기 연료로 사용하기 위해 소나무 껍질까지 벗겨 송진(松津)도 가져갔다.

전쟁에서 패망한 일본은 수많은 광산을 못 쓰게 만들었고, 지질도와 탐광도면, 선광장 및 전력계통마저 파괴하여 해방 이후 광산 재개발에 많은 어려움을 겪었다. [출처, 최경수 북한자원연구소 소장]

"일제의 한반도 자원 강탈은 오직 일본을 위한 군사적, 경제적 이익을 위해 착취한 것이기에 우리 민족에게 깊은 상처"를 남겨주었다.

8·15 광복 후 남북 분단의 소산과 6·25 전쟁

남북 분단이 생긴 이유

미국과 소련이 한반도에 주둔해 있는 일본군을 해제한다는 명목으로 1945년 8월 북한 땅에 공산주의 소련군이 주둔하게 되자 뒤이어 1945년 9월 남한 땅에 미군이 각각 들어섰다.

우리 민족의 의사와는 관계없이 광복 후 미국을 중심으로 한 자유 진영과 소련을 중심으로 한 공산 진영의 대립으로 "38선"이 생겼다. 광복 후 같은 동족끼리 지금까지 남북이 별개의 정부가 수립되었다.

6·25 전쟁의 발발

6·25 전쟁은 북한이 소련의 군사 장비를 지원받아 1950년 6월 25일 새벽 북한군이 남침하면서 영토적 야욕을 가지고 남침한 전쟁이다. 미국은 북한이 남침하여 전쟁이 발발했다는 사실을 유엔 사무총장에게 통고하고 "안보리 소집"을 요청했다. 안보리 결의안 내용은 한국이 합법 정부임을 근거로 북한은 침략을 중지하고 38선 북쪽으로 군대를 철수시키라는 것이다.

맥아더 장군의 인천항 상륙작전

"맥아더 장군"은 세계 1, 2차 대전·태평양 전쟁을 승리로 이끈 장군이다. 한국의 전쟁 지휘권 임무 받은 그는 1950년 9월 15일 미 제7함대와 지상군 부대가 인천에 상륙하여 북한군의 병참선을 차단하여 9월 28일에 서울을 탈환하는 데 성공했다.

유엔과 한국군은 북한지역으로 진격해 가던 중 1950년 10월 중국 "모택동 인민지원군"의 대규모 개입이 시작되어 한국은 중공군의 공세에 밀려 후퇴를 하다가 정비를 가다듬어 북한으로 진격해 우여곡절 끝에 3년 1개월간 계속됐던 6·25 전쟁은 휴전상태로 들어가게 되자 1953년 7월 27일 판문점에서 "정전협정"이 체결되었다. 참전국 16개 나라 중 미국이 1,789,000명(91.6%) 기타 15개 나라가 164,380명(8.4%) 총 1,953,380

명이 한국을 도왔다.

6·25 전쟁의 피해

6·25 전쟁은 남북한에 큰 피해를 안겨 경제 기반이 무너졌다. 주택, 학교, 철도, 교량의 기반 시설과 산업시설이 파괴되어 피해액은 당시 2년 치의 국민 총생산액에 달해 경제에 많은 타격을 주었다.

1951년 말 정부의 조사자료에 따르면 산업시설 42%, 철도 47%, 전력도 총 발전시설의 약 80%가 파괴 및 손상되었다. 특히, 제조업의 경우에는 경인공업지대와 광산물이 많은 삼척공업지대가 큰 피해를 보았다.

또한, 집을 잃은 인구가 200만여 명에 이르렀고, 전체 인구의 20~25%가 굶주림에 시달렸다. 1949년의 국민총생산에 맞먹는 재산상의 피해가 발생하여 국민총생산은 14%가 감소했다. [출처, 6·25 전쟁의 피해]

사망자

6·25 전쟁 당시 남한의 인구는 2,500만 명이다. 한국군과 유엔군의 사망자와 실종자는 민간인 포함해 120만 명 되었고, 북한군과 중공군의 사망자, 실종자도 200만 명에 달했다. 전쟁으로 인해 이산가족이 많이 생겨 남북한 모두의 비극이다.

미국의 무상원조로 재건한 대한민국

휴전 후 미국과 유엔의 경제원조로 전후 경제를 복구해 나갔다. 1953 ~1961년 사이에 미국이 22억 8000만 달러의 원조자금을 지원받아 식량난 해결과 경공업을 뼈대로 하는 공업시설이 재건되었다.

맺음말

일제강점의 소산으로 강대국 소련과 미국의 힘에 밀려 동족끼리 남북 분단까지 초래되었다. 우리의 힘으로만 일본을 물리쳤던 것이 아니었기에 해방 후 같은 동쪽끼리 남북으로 분단되어 고통을 받는 것도 따지고 보면 일본 제국주의의 한국강점으로 인한 결과이다. 한국은 대륙세력과 해양세력이 만나는 아주 중요한 지점에 있어 안보의 중요성은 더욱 공고히 해야겠다.

제5장

조상 선대는
시련과 고단한 삶에서
나라발전을 일궈 냈다

1950~1960년대 굉장히 힘들고 열악했던 선대 세대의 한국 경제발전

1. 이승만 정권(1948년 8월~1960년 4월)

광복 전후의 경제

일제 강점기의 한국 경제는 일본인에게 예속되어 자본과 기술이 독점되어 정상적으로 발전하지 못했다. 광복 이후 국토의 분단과 혼란이 계속되어 공산주의 체제에서 벗어나기 위해 동포들이 월남함으로써 실업률 증가와 식량 부족으로 경제 혼란이 심화되었다. "1949년 수출액은 7백만 달러"였다,

초대 이승만 정권은 1948년 UN으로부터 대한민국 합법 정부의 승인을 받아내어 우리 민족의 정체성을 확립했다. 6·25 전쟁이 발발한 직후 미국은 군사개입을 실현하여 한반도 공산화를 저지했다.

6·25 전쟁으로 국토와 산업시설이 초토화되었다

1950~1953년까지 3년간의 6·25 전쟁으로 남, 북한 막대한 인적, 물적 피해를 보아 "격랑과 시련"을 겪게 되는 시기였다. 전쟁의 참화는 피난, 전쟁 유족과 고아, 산업시설, 사회 불안 등 "국토의 황폐화와 산업시설마저 초토화"되어 생산시설의 42% 파괴와 전쟁에 막대한 재정 지출로 인플레이션이 가속화되었고, 물자 부족으로 물가 폭등과 국민 생활

의 어려움이 심해졌다. 이러한 상황에서 범죄조직들이 우후죽순 생겨
났다.

1950년대 아프리카보다 못사는 세계 최빈국 대한민국

6·25 전쟁으로 기반시설이 거의 파괴되어 폐허와 빈곤, 기아에서 허
덕이던 시기였고, 세계에서 가장 낙후된 국가였다. "1인당 국민 소득은
1953년 65달러, 1955년 67달러에 불과"해 아프리카보다 못사는 국가
부도 직전의 "최빈국 나라"였다.

이승만 정권(1948년 8월~1960년 4월)의 재건 시기

국가발전의 토대가 되는 제조업과 자본마저 없어 나라를 처음부터
재건해야 하는 과제에 직면했다. 1953년 한미상호방위조약 체결을 이
끌어 "경제원조 지원"을 받아 경제적 재건을 통해 나라발전을 이룰 수
가 있었다. 미국과 UN의 원조 지원을 받은 한국은 철도, 전력시설 등과
같은 사회간접자본의 복구와 확충을 할 수 있었다.

• 1953~1960년도 미국 무상원조 20억 8천만 불로 재건했다

  1953년~1960년까지 미국은 20억 8천만 불에 달하는 무상원조를 해
  주었다. 1953년도에 수출액이 4천만 달러였다는 것을 고려하면 당
  시 막대한 원조금액이 들어왔다. 미국의 무상원조 금액으로 경제재
  건을 통해 우리 국민은 살아왔다 해도 과언이 아니다. [출처, 한국은행,

1958년에는 미국경제 불황으로 원조가 감소하고, 유상차관으로 전환되었는데, 이 무렵에는 이농(離農)이 증가하면서 식량이 부족해 1950년대 내내 암울한 시기였다.

산업구조

1950년대 말까지 농업, 수산업, 광공업 중심의 산업 구조를 보였다. "농업과 어업 분야가 국내 총생산의 40% 이상"이 차지할 정도로 국민 대다수가 농어업에 종사하였다. 제조업 분야는 대부분 영세하여 국내 총생산액의 20% 미만, 취업자는 10% 미만이었다.

주요 산업과 수출품목

미국의 원조물자를 가공하는 경공업 위주의 수출이었으나, 면방직산업을 제외하고는 수출활로를 찾지 못했다. 한국은 텅스텐, 흑연, 철광석 등의 광산물과 생사(누에고치에서 뽑아낸 실), 김 등을 수출했다. 1950년대 수출품목 1위였던 영월 상동광산 텅스텐(중석)은 수출액의 70% 이상을 차지할 정도로 한국의 대표적인 수출 효자종목이었다.

1950년대 수출은 양적, 질적으로 형편이 없었다. 1953년에 수출액이 4,000만 달러 최고기록을 달성 후 계속 감소하여 1956년 2,500만 달러, 1959년 1,900만 달러를 기록하였다. "1950년대 광산물과 농수산물 제품이 전체 수출액에 90%"를 차지했다.

1950년대 출산율

출산율은 "가구당 6명"이라는 수치를 기록했으며 연간 출생자는 6·25 전쟁의 혼란이 수습된 1955년에는 90만 명대, 1959년에는 100만 명대, 1955년생~1974년생까지 연간 출생아 수는 90만 명 이상 달했다. 이 시기에 태어난 출생자를 베이비 붐 세대라 한다.

이승만 정권의 장기집권과 측근들의 부정부패로 몰락

이승만 정권은 초기에 압도적인 지지를 받으며 선거에서 승리했다. 재임 시 미국의 무상원조를 받아 국토의 재건과 경제개발에 역점을 두고 정치를 했으나, 정권 후반기 국민의 자유를 제약하면서까지 대통령 직선제로 헌법을 개정하여 "장기 집권독재 정치"가 시작되면서 측근 관료들의 부패와 실정으로 몰락하게 된다.

발단의 빌미는 1960년 3·15 부정선거로 자유와 민주주의를 갈망하는 민중들이 1960년 4·19혁명을 일으켜 이승만 정권은 하야한다.

2. 윤보선 대통령(1960년 8월~1962년 3월)

1960년 4·19 이후 윤보선 대통령은 제4대 대통령에 당선되었으나 역임 1년여 만에 박정희 군부의 5·16쿠데타로 민주당 정권이 붕괴하자 무정부 상태로 있다가 1962년 3월에 하야한다. 윤보선은 제5대 대통령선거에 출마했으나, 박정희 군사정권 후보와 15만 7천 득표 차이로 패배하고 말았다.

3. 박정희 정권(1963년 12월~1979년 10월)의 눈부신 경제 성장

"1961년 5 · 16쿠데타"로 집권한 박정희 정권은 1963년도부터 "산업화에 기틀을 이루어 경제 성장의 길"로 접어든다. 이렇게 전환을 할 수 있었던 이유는 수출 위주 경제발전 전략을 집행하였기 때문이다. [출처, 김두열 명지대 경제학과 교수]

1960년대 이후에는 "차관경제의 시기"라고 부를 수 있다

1964년도 12월 박 대통령이 47세 나이에 독일 정부로부터 차관을 얻고자 독일 정부가 제공한 비행기를 타고 갔다. 독일 총리를 만나 박 대통령은 한국은 돈이 없어서 서독 정부에 눈물로 차관을 요청했다.

- 한국은 전부 실업자이고, 절반이 굶어 죽어가고 있다.
- 한국 국민은 거짓말을 안 한다. 빌린 돈은 갚는다.
- 하지만, 지금 한국은 돈이 없다.

광부와 간호사가 성실하게 벌어들이는 돈으로는 경제 건설에 턱도 없이 부족하다고 눈물로 재차 강조한다. 독일이 돈을 빌려주면 국가 재건을 위해 사용하겠다. 독일 총리는 박 대통령의 열정과 사명감에 손을 잡으면서 차관을 허락한다.

박정희 대통령은 "독일의 라인강 기적처럼 한국도 한강의 기적"을 단기간 내 독일처럼 반드시 달성할 것이다. [출처, 중앙대 경제학과 백영훈 교수 통역]

박 대통령은 파독 광부와 간호사 임금을 담보로 "1억 5900만 마르크"(약 4,000만 달러)의 상업, 재정 차관을 얻어냈다. 서독 총리는 박 대통령에게 한국이 발전을 이루려면 "고속도로를 깔고, 자동차를 만들려면 제철소를 지으라. 일본과의 국교 정상화가 필요하다고 조언했다." [출처, 중앙대 경제학과 백영훈 교수 통역]

독일차관 1억 5,000만 마르크 경제발전의 시발점이 되다

- 경부고속도로 건설(1968년 2월~1970년 7월)

1967년 경부고속도로 계획과정에서 야당 인사는 당시 1인당 국민총소득은 겨우 142달러이고, 국가 예산의 20%에 달하는 자금과 기술 역량을 갖추었는지 정부의 태도를 문제 삼았다. 그러나 박정희 대통령은 반대 의견이 있었지만, 건설계획을 밀어붙였다.

그 이유는 서독 방문 시 쾰른을 연결하는 아우토반에 깊은 인상을 받았던 박 대통령은 고속도로 건설은 산업발전과 지역개발 촉진, 생활권 확대 등 국민경제에 도움이 된다고 판단했기 때문이다.

경부고속도로는 서울~부산 간 330억 원이 투입된 국책사업이다. 1968년 2월 1일부터 1970년 7월 7일까지 2년 5개월 만에 다리를 놓고 터널을 뚫어 "세계 고속도로 건설 史에서 사상 유례가 없는 416km를 단기간" 내에 건설했다. [출처, 경북고속도로 역사]

근로자는 돈을 벌기 위해 하루 16시간 노동과 잔업, 야근을 기꺼이 감수했으며 건설과정에서 수많은 사상사가 발생했다. 정주영 회장은 현장에 거의 상주하면서 건설 공사를 밀어붙였으나, 적자가 발생해 흑자를 포기하고 명예를 택했다고 증언했다. "총칼이 없을 뿐 마치 전쟁이었다고 회고"한다.

경부고속도로는 준공한 지 15년이 지나자 1980년대 중반부터 운반 차량이 너무 많아 기존 고속도로의 한계를 절감하고 단계적으로 확장공사를 시작하게 되었다.

• 포항 종합제철소 건설은 미국으로부터 문전박대를 받았다

제철산업은 산업의 쌀이다. 박정희 정권이 1961년 5 · 16 군사 정변을 일으킨 탓에 정권 초기 미국도 도와주지 않았다. 포항제철소를 짓기 위해 막대한 자금이 필요하여 미국 정부에 차관을 요청했으나. 제철소 프로젝트의 타당성에 의문이 있다며 차관 조달을 거부당해 문전박대를 받았다.

포항종합제철은 독일의 상업차관과 대일청구권자금(1966~1975년까지 10년간에 걸쳐 균등분할로 무상 지급) 3억 달러, 대외경제협력기금 2억 달러, 대한중석 자금으로 건설되었다. 정치권 주변의 극심한 반대에도 불구하고 허허 모래벌판인 포항에 제철소 공장을 건설했다. [출처, 박광수 경남 매일 논설위원]

"한국경제의 태동연대" 1차 경제개발 5개년 계획(1962-1966년)

박 대통령이 집권하면서부터 경제개발 5개년 계획은 경제발전에 기

    어른과 후손에게 전하는 글

틀을 다져 급속한 경제 성장의 길로 접어들어 "근대 경제 성장의 기원"
이라 볼 수 있다. 산업화와 고도성장이 이루어진 요인은 수출지향 공업
화를 민간 기업에 성공적으로 유도하였기 때문이다. [출처, 명지대 경제학
과 김두얼 교수]

한국이 자본, 원료, 기술이 없어 많은 어려움이 있었지만, 당시 수출
주도형 경제 성장정책은 수출과 국민 소득에서 괄목할 만한 성장세를
이루었다. 전 세계가 놀란 한국의 성장 속도 3가지 전략은「빠른 속도의
경제개발, 차관도입, 단계별 산업군 진출 전략」이다. [출처, 김보현, 박정희
정권의 경제개발, 민족주의와 발전]

- 1960년대 괄목할만한 경제 성장 발전이 가능하였던 요인
  1960년대 경제발전은 미국의 무상원조, 서독 차관도입, 월남 파병,
  대일 청구자금이 경제 성장의 단초(端初)가 되었고, 정부의 "투자촉
  진정책·수출주도정책·성장에 유리했던 대외조건·풍부한 인적자
  원"을 꼽을 수 있다.

- 미국 무상원조, 서독 차관, 대일 청구자금, 월남 파병이다
  미국은 1963~1969년 말까지 무상원조 23.2억 달러, 유상원조 약 4
  억 달러에 달하여 한국경제의 투자재원 마련과 국제수지 개선 등이
  경제 성장에 중요한 역할을 했다.
  이 돈으로 경부고속도로, 포항제철, 경공업 중심에서 중화학공업으
  로 산업을 육성했다. "미국은 1953년~1969년까지 이승만 대통령과
  박 대통령이 재임 기간 내 총 44억 달러를 지원"해 주었다.

• 1960년대 한국의 수출품목과 국제적 호조건

주요 수출품목은 텅스텐 광산물과 가발, 섬유, 합판, 신발, 수산물 가공식품 등 경공업, 수산물 위주의 수출 주도형 전략을 추진한다, 1960년대는 수출품은 1차 제품이 70% 이상을 차지하고. 2차 제품의 비중은 30%에 불과했다. 한편 수입 품목은 철강, 건설 자재, 산업 기계 등이 산업화의 기반을 다지는 데 역할을 했다.

특히, 1960년대 수출품목 1위는 놀랍게도 "가발"이다. 한국은 미국의 저가 시장을 확보했기 때문이다. 머리카락은 계속 자라 원료 걱정도 없었다. 1964년 미국의 가발 수출액은 1만4천 달러. 다음 해 1965년 수출액이 10배 이상 늘어 155만 달러, 1966년 1천만 달러, 1967년 2천만 달러, 1968년 3천만 달러, 1969년에는 5천만 달러로 증가하여 국산 가발이 세계 시장을 주름잡으면서 외화 획득에 일등 공신을 했다.

• 풍부한 인적자원을 꼽을 수 있다

1960년대 무렵에는 노동인구가 풍부해 그 노동력으로 경공업 수출에 박차를 가하였다. 이 시기를 "한국경제의 태동연대"라고도 불린다. 초등학교는 의무교육을 도입했다. 1950~1960년대 부모세대는 글을 몰라 자식에게는 못 배운 것을 물려주지 않기 위해 교육열은 대단했다. 공업 산업화를 이루기 위해 공업고등학교와 전문학교를 세워 숙련 기능인들을 양성했고, 대학졸업자들도 늘어나 각자가 맡은 일에 헌신하며 경제성장을 이끌었다.

- 과학 인재의 양성

  1966년 한국과학연구소 KIST, 1967년 과학기술처 발족과 과학기술 진흥법이 제정되어 1971년에는 이공계 인재 양성을 위해 KAIST(한국과학기술원)를 설립하여 과학기술 인재 양성에 힘써 오늘날 세계적인 수준까지 올라가는데 큰 밑거름이 되었다.

  또한, 산업화 공업육성을 위해 공고와 전문학교를 설립하여 당시 경제적으로 중하위층 출신의 성적이 우수한 학생들에게는 매우 매력적인 선택지가 되었고, 대부분 치열한 입시 경쟁률을 통과한 전국의 인재가 졸업 후 산업현장에 취직했다.

"수출 주도정책"은 엄청난 경제발전을 가져왔다

- 목표를 세워 "기한 내에 목표를 달성"하는 전략이다

  박 대통령은 경제개발 5개년 참석 범위를 정부 관료에 국한하지 않고 재계, 학계까지 넓혀 매달 수출진흥 확대 회의를 직접 주재했다. 단계별 실행 목표와 실무적인 부분까지 주어진 목표를 기한 내에 달성하도록 하는 "밀어붙이기 전략을 추진"했다. [출처, 최광승, 성균관 대학교]

- 1960~1970년대 수출

  1961년 4천만 달러에 불과했던 수출은 1964년 11월 30일에 연 수출 1억 달러(매년 수출일 지정)를 달성했고, 1970년 10억 달러, 1977년 100억 달러, 1979년 150억 달러를 기록하였다. "2025년 말 기준 한국 수

출액은 부가가치 제품이 많아 7,094억 달러이다. 61년 전보다 7,094배 증가했다.”

- **수출업체 금융지원**

  수출 산업에 대한 금융지원, 소득세, 영업세, 법인세에 대한 감면조치 등의 세제 지원과 수출진흥확대 회의 개최, 무역진흥공사 설립 등 다양한 방법으로 수출을 독려하였다. 이런 결과 “1960년대부터 1970년대까지 연평균 수출 증가율은 무려 40%에 달했다.”

- **1970년대부터 중반부터 중화학공업 정책 추진**

  1970년대 들어서부터는 정부 주도의 중화학공업 정책을 추진하였고 철강, 자동차, 조선 등의 산업이 중요한 자리를 차지했다.

맺음말

1950~1960년대에도 수출기반시설과 기술력도 없어 광산물과 섬유, 가발, 수산물이 수출 대부분을 차지했다. 한국은 1953년 1인당 국민 소득 65달러, 1955년 67달러, 1964년 103달러에 불과해 아프리카보다 못사는 나라였다.

1950~1960년대 옷을 뒤집어 털면 깨소금 같은 이(餌)가 쏟아지던 시절, 기근에 허덕이는 가난 때문에 “가난 앞에선 누구도 책임”을 따져 묻지 않았다.

조상 선대는 굶주려 먹고사는 것을 해결할 수만 있다면 어떤 고통이라도 감내할 자세가 되어 있었다. 농촌에서 무작정 상경한 청년, 처녀들은 밤샘 노동에 구애받지 않고 일했다.

박 대통령이 5·16 군사 정변을 일으킨 탓에 세계 최빈국인 한국을 믿고 채권을 사주거나 도와줄 나라는 우리와 같이 동족 분단의 역사를 가진 서독밖에 없었다.

우여곡절 끝에 파독 광부와 간호사의 임금을 담보로 1억 5,000만 마르크(4,000만 불) 독일로부터 차관을 받아내어 경제개발 5개년 계획을 마련할 수 있었고, 이 종잣돈으로 기간산업을 통해 산업화를 이룰 수가 있었다.

경제학자들은 한국이 산업화를 이루게 된 것은 1964년 박 대통령이 독일 산업시찰을 두루 살피고 돌아온 계기가 근대 경제 성장의 시발점이라 한다. 만약에 박정희 대통령이 서독의 눈부신 경제 성장을 보지 않았더라면 경제 성장이 많이 늦었을 것이라는 게 지배적인 의견이다.

한때 헐벗고 굶주렸던 한국이 급속한 경제 성장을 이루는 것을 바라본 외국인은 독일의 "라인강의 기적"에 빗대어 "한강의 기적"이라는 표현을 만들어 냈다.

박 대통령은 집권 초기부터 잘살아 보자는 사명(使命) 아래 1963년 《독일 파독 광부와 간호사 파견》, 1965년 《월남 파병》으로 50억 달러 외화수입, 1973~1980년까지 《중동 해외건설 진출》로 한국 외화수입액의 85%가 중동 건설에서 벌어들인 돈으로 경공업 중심에서 중화학공업으로 재편하여 수출도 획기적으로 늘어나 지속적인 경장성장이 가능하게 되었다.

또한, 나라 안으로는 1970년부터 시작된 근면·자조·협동 정신의

《새마을 운동》이 근대사 한국경제발전의 초석(礎石)을 다진 시발점이라 볼 수 있다.

선대는 파탄의 역사 속에 신음했을망정 삶을 포기하지 않고 가정과 나라발전을 위해 헌신해 그 종잣돈으로 오늘날 세계 경제 대국이 되었다. 우리 후대도 선대들의 헌신적인 얼을 본받아 살기 좋은 대한민국을 더욱 굳건히 건설해야 한다.

파독 광부와 간호사 임금 담보로
경부고속도로, 포항제철소 건설

한국은 1인당 국민 소득 1962년 87달러, 1964년 103달러로 방글라데시보다 못사는 나라였다. 실업 문제와 부족한 외화로 국민적 빈곤과 배고픔을 벗어날 길이 없었던 경제 상황이었다.

한국과 독일 정부 간의 파독(派獨) 협정(1963~1977년)

독일은 2차 세계 대전(1939~1945년)에서 패망 후 "라인강의 기적"으로 놀라운 경제 성장으로 광산 노동력 부족 사태를 겪게 되었다. 독일 광부는 육체노동이 요구되는 일자리를 외면하게 되어 그 부족한 인력을 채우기 위해 광부와 간호사를 통해 인력 부족 현상을 해소하고자 했다.

때마침 독일의 노동력 부족은 인력수출을 원했던 한국정부의 이해관계가 부합되어 이루어진 조치였다. 한국은 독일과 경제기술에 관한 협정 "한독협정 체결"을 통해 기술협력과 차관 공여를 위해 광부·간호 인력 파견에 합의했다.

1963~1977년까지 광부 7,936명, 간호사 11,057명이 이역만리 독일 땅에서 일하게 되었으며, 간호 인력은 1976년까지, 광부는 1977년까지 파독이 종료되었다. [출처, 파독 광부와 간호사의 역사]

파독 광부와 간호사 지원 자격과 경쟁률, 월급

- 지원 자격

  광부의 지원 자격은 중졸 이상의 20~35세의 남자로 병역을 마친 자에 한했다. 당시 대학을 나와도 취업할 마땅한 일자리가 없어 명문대 출신자도 응시할 정도였다. 또한, 여성 간호사는 중등학교까지 마친 20대 여성이었고 대학교육을 받은 여성도 있었다.

- 광부 경쟁률

  1960년대 실업난은 심각했다. 1963년 첫해 파독 광부 500명 모집에 47,000명이 지원해 거의 "100대 1의 경쟁률"을 보였다. 지원자들은 떨어질까 싶어 일부러 손에 연탄 가루를 묻히기도 했다. 영화 〈국제시장〉에서 애국가를 부르며 떼를 쓴 것으로 묘사되는데 실제로는 이보다 더했다. 절대적 빈곤을 벗어나려고 독일 파독 광부를 선택했다.

- 광부의 파견 조건과 월급

  파견 조건으로 3년간 한국으로 돌아올 수 없다. 광부 월급은 평균 650마르크(162달러)로 "원화 기준 130,000원으로 이는 당시 한국의 장관 월급과 같았고, 직장인 평균의 8배 이상"이어서 높은 수입이 보장되었기 때문에 독일로 가기를 서로 희망했다.

박 대통령은 독일 총리를 만나 못사는 한국을 도와주십시오

한국은 파독 광부와 간호사 협정을 맺은 후 독일 정부의 요청으로 박 대통령은 독일이 제공한 루프트한자 비행기를 타고 홍콩·태국·인도·파키스탄·이집트·이탈리아 등 7개 나라를 거쳐 "28시간" 만에 독일에 도착했다.

박 대통령은 "독일 총리를 만나 못사는 한국을 도와주십시오. 빌린 돈은 갚겠습니다." 독일의 에르하르트 총리는 경제학자이자 "라인강의 기적"을 설계한 주역이다.

박 대통령은 승용차로 이동하는 내내 눈물을 흘렸고, 이를 안타깝게 여긴 뤼프케 대통령(1959~1969년까지 서독 2대 연방 대통령)이 이렇게 말했다.

「각하, 울지 마십시오. 우리가 돕겠습니다. 잘사는 한국 나라를 만드십시오. 독일의 라인강의 기적을, 한국이 한강의 기적을 이루십시오」
[출처, 튀빙겐대학교 한국학 교수 통역]

- 광부, 간호사 임금 담보로 4,000만 달러 차관도입

  독일은 파독 광부와 간호사 임금을 담보로 4,000만 달러의 상업 및

재정 차관을 한국에 제공했다. 한국은 독일의 경제협력을 통해 기존의 경공업 중심에서 금속, 기계, 화학, 합성 고무, 비료, 시멘트와 같은 중화학공업의 산업기술을 받아 왔다. 독일로부터 받은 차관이 오늘날 한국 경제발전의 씨앗 돈(Seed money)이 되어 경부고속도로 건설과 포항제철소를 지어 국가 기반산업을 다졌다.

함보른 탄광의 환영사와 박 대통령의 답사가 있었다

함보른 탄광의 강당에 광부 300여 명과 간호사 50여 명이 모인 가운데 "눈물의 연설"을 했다. 박 대통령 내외는 「광부와 간호사 연설에서 평평 울었다. 조국이 돈이 없으니 개개인이 무엇 때문에 이 먼 이국 이역만리 독일 땅에서 일하는 여러분 모습을 보니 내 가슴이 찢어질 것」 같은 심정입니다.

박 대통령과 파독 광부, 간호사 모두 눈물의 통곡

- 한국인의 긍지를 살려 모범이 되는 일꾼이 되십시오.
  독일의 근면한 국민성과 정신을 배워 오십시오. 한국의 가난을 한탄하지 마십시오.
- 한국이 못사니까 젊은이들이 지하 수천 미터에서 생명을 담보로 일을 한다고 생각하니 내 가슴에 피눈물이 납니다.
- 한국은 못 살지만, 후손에게는 잘사는 나라를 물려줍시다.
- 열심히 합시다. 나도 열심히 하겠습니다.

애국가를 제창할 때 대통령 내외와 우리 광부와 간호사는 모두 눈물의 통곡을 했다. 격려사는 파독 광부와 간호사에게 큰 용기와 삶의 희망을 주었다.

파독 광부와 간호사들이 고국에 보내온 송금액

독일 정부의 상업 및 재정 차관 4,000만 달러 별로로 파독 광부와 간호사의 피땀으로 일궈낸 돈은 "연간 5,000만 달러로 한해 국민총생산의 2%"에 달했을 정도로 당시 한국 경제에 차지하는 비중이 컸다. 본인을 위해서는 돈을 쓰지 않고, 봉급을 고국의 가족에 송금했다.

근대사에서 개인의 희생을 상징적으로 나타내는 것이 많지 않았던 시기이기에 광부와 간호사는 가족에 대한 애정이 있는 것 같다고 회고한다. [출처, 외화벌이로 점철된 고난과 희생의 서사, 그들은 부끄럽지 않다. 튀빙겐대학교 한국학 이유재 교수]

먹고살기 어려운 그 시절 파독 노동자의 땀으로 일궈낸 돈은 산업화와 경제발전의 밑거름으로 작용했음은 누구도 부인할 수 없다. [출처, 홍익대학교 사범대학 역사교육과 정해본 교수]

파독 광부와 간호사의 독일에서의 삶

탄광은 낙반, 가스폭발, 출수 등 위험한 노동이다. 광부는 지하 1,000m, 35℃의 열기의 힘든 조건에서 호흡곤란과 가슴의 통증을 유발하는 진폐증(폐에 석탄 먼지가 쌓여 섬유화가 생기는 질환)에 걸릴 위험한 환경에서도 오직 돈을 벌기 위해 석탄을 캤다. 광산 경험이 없던 파독 광부는 부상과 후유증에 시달려 광부 65명이 독일 땅에서 사망했다. [출처, 파독 광부 김춘동 회장]

한국의 광부들은 성실과 근면으로 외국인 가운데 가장 우수한 광부로 평가를 받았다. 당시 주말개념을 모르던 파독 광부와 간호사는 지역사회를 위한 봉사 활동도 많이 했다.

특히, "간호사는 독일인들이 하기 싫어하는 노인 케어, 시체 닦기 등 힘든 일을 마다하지 않았다." 환자들에게 친절하고 상냥한 근무 자세는 "한국에서 온 천사들"이라는 자랑거리가 되었다.

파독 광부로 일하다 박사학위를 취득하다

- 권이종 박사(한국교원대 명예교수)

  전북 장수군 지리산 산골 빈농의 아들로 태어나 어린 시절 굶은 날이 부지기수였다. 1964년 독일로 떠나 3년간의 광부의 일을 마치고 교육학 박사가 된 인물이다. 영화 "〈국제시장〉 Story의 주인공"이기도 하다. 나눔과 봉사의 생활을 하면서 자서전 "파독 광부 꿈을 캐는 교수"라는 책을 출간했다.

- 권광수 파독 광부 협회장(아헨공대 광산공학 박사)

  9남매의 맏이였고 부친은 경북 문경 탄광의 광부였다. 1970년 고등학교 교사 재직 당시 월급 30,000원은 생계를 잇기에 턱없이 부족해 파독 광부로 지원했다. 아돌프 광산에서 3년간 일하고 아헨공대에서 공학박사 학위를 받았다. 독일에서 최초로 한글학교를 설립했으며, 이후 조국의 부름을 받고 1983년 지질자원연구원의 유치과학자로 부임해 일하다가 청주대 교수로 근무했으며 국내외 180여 편의 논문을 발표한 "암석역학 전문가"이다.

맺음말

1960년대 초반 실업 문제는 국민적 빈곤과 배고픔을 벗어날 길이 없어 최악의 경제 상황에 기본적인 인프라조차 갖춰지지 않았다. 국민 중에 한글을 모르는 사람도 많았고, 뭘 하고 싶어도 돈이 없었다. 그 시대 국민의 삶은 정말 고단했다.

미국의 원조로 겨우겨우 살아가던 와중에 박정희 군부가 5 · 16 군사정변을 일으킨 탓에 한국을 믿고 투자나 차관을 해 줄 나라는 하나도 없었다. 이 절박한 시기에 한국을 도와준 국가는 분단국가 서독 나라였다.

때마침 우리 정부는 독일 정부와 맺은 파독 광부와 간호사 진출은 근대사 한국 경제발전의 주춧돌이 되었다. 가족의 생계와 나라 경제발전에 도움이 된다는 신념 하나로 이역만리 독일 땅에서 땀 흘리며 외화를 벌어 들었다.

파독 광부와 간호사의 임금을 담보로 독일의 차관과 경제협력을 얻어내 정말 기적과도 같은 "한강의 기적"은 한국경제발전의 "종잣돈 씨앗"이 되었다고 학자들의 공통된 의견이다.

학자들은 오늘날 한국이 세계 10위권 경제력과 선진국 반열에 오르게 된 단초(端初)는 박 대통령이 1964년 서독 방문으로부터 시작되었다고 한다. 박정희 대통령이 모두가 잘살고자 하는 사명(使命)은 독일 방문으로부터 출발한 셈이다.

월남 파병(1964~1973년), 50억 달러 외화수입

프랑스 식민지의 나라 베트남

베트남은 1885년 프랑스의 침략을 받아 프랑스령 인도차이나에 편입되어 50년간 프랑스 식민 통치를 당했다. 그러나, 프랑스가 독일 나치에 패하면서 베트남에서의 지배 영향력이 약해지자 이 틈을 타고 일본이 베트남에 진주한다. 당시 베트남은 호찌민이 주도해 베트민(베트남민주공화국·월맹)을 세우고 독립운동을 전개한다.

베트남의 분단 배경과 베트남 전쟁

1954년 제네바 협정에 따라 북위 17°선을 기준으로 남북으로 분단되었다. 1955년부터 미국은 남북으로 갈린 베트남 전쟁에 개입하게 된다. 그 이유는 남베트남을 그대로 방치될 경우 인도차이나반도에서 같은 편인 자유 진영의 국가들이 연쇄적으로 적화될 것이라 우려했기 때문이다. [출처, 베트남 전쟁의 배경]

베트남 전쟁은 1960년~1975년까지 15년간 계속된 베트남 민족해방 전선과 미국이 개입한 인도차이나 전쟁이다. 미국은 한국과 호주, 뉴질랜드, 태국, 필리핀, 대만군의 파병으로 전쟁을 하였으나, 미국은 "1973년 베트남전 패배를 인정하고 철수" 길에 올라야 했다. 베트남은 1975년 북베트남에 의해 통일을 맞았다.

한국의 월남 파병

한국이 월남전에 참전한 이유는 6·25 전쟁 때 16개국 연합군의 도움으로 나라를 지켰기에 미국에 대한 보답과 남베트남이 공산화되는 것을 막기 위한 명분이었다. 박정희 대통령은 미국의 존슨 대통령의 파병 요청에 따른 것이다. [출처, 군사편찬연구소 2005년. 월남 파병의 배경]

- 월남 파병의 국회 동의와 부정적 시각

  한국군의 전투부대 파병이 거론되자 야당 인사는 거세게 반대했으나 반영되지 않았다. 1964년 7월 한국군의 남베트남 해외 파병을 위한 1차 파병 동의안이 국회에서 가결되었다.

- 한국군대의 파병 인원

  1964년 9월 의무중대 및 태권도 교관단을 파견하는 등 후방지원부대 파병을 시작으로 맹호, 청룡, 백마부대, 군수지원단 등 8년간 총 312,000명의 병력이 파견되었다.

- 파병 사망자와 고엽제 휴유증(後遺症)에 시달렸다

  한국은 외화수입이라는 경제적 이익을 얻었었으나, 사상자와 고엽제 후유증 피해를 보았다. [출처, 베트남 전쟁의 피해]

  파병된 군인 312,000명 중 5,099명의 사망자와 10,000여 명의 부상자가 발생했다. 미국군의 사망자 수는 58,193명, 베트남 민간인 사망자 수는 62만 7천 명에 달했다. 또한, 고엽제(나무를 고사시키기 위해 살포하는 제초제)에 의한 피해자가 33,471명이 발생하였다. [출처, 월남 파병, 고엽제 협회]

  월남전에 참전한 어느 필부의 글에는 정글 풀숲을 제거하기 위해 항공기에서 살포되는 유독성 다이옥신(유독한 물질로, 기형아의 원인이 되거나 암을 유발하는 물질) 샤워를 하며 땀방울을 식히던 지난 세월을 회상하며 안타까운 전쟁이었다고 한다.

- 파병 철수

  미국 내에서 반전 여론이 고조되자 1969년 닉슨 대통령은 단계적인 병력 철수를 함에 따라 연합 6개국도 철수를 시작하였다. 미국의 지상군 규모를 능가한 한국군은 단계적으로 철수를 시작하여 1973년까지 완전히 철수했고, 남베트남은 그 후 공산화되었다.

베트남 참전으로 미국의 50억 달러 경제 파급 효과

월남 참전으로 외화 50억 달러 유입은 한국 경제발전에 효과는 지대했다. 1965년 대일 청구권 자금이 8억 달러(무상자금 3억 달러, 유상차관자금

2억 달러, 상업차관 3억 달러)였는데 이와 비교하면 당시 50억 달러는 그 규모를 짐작할 수 있다. [출처, 베트남 전쟁이 한국경제에 끼친 영향]

"베트남 파병은 경제발전의 불씨"가 되었다. 베트남 파병의 대가로 미국으로부터 외화를 벌어드린 한국은 내수산업과 수출성장으로 호황을 누리게 되었다. [출처, 외교부의 베트남 전쟁 자료]

한국은 1992년 수교 후 사과와 베트남 경제발전

한국과 베트남은 1992년 수교를 재개하였다. 1993년 베트남 키엣 수상이 방한했고, 1996년 김영삼 대통령, 2001년 김대중 대통령, 2004년 노무현 대통령도 베트남 국민에게 고통을 안겨준 데 대해 미안하다고 위로의 말씀을 드린다 사과했다.

한국은 베트남의 2023년 누적 투자액 1위 국가다. 양국 교역뿐만 아니라 개발 협력, 인적 교류, 희토류 광물 공급망 협력 등 광범위한 분야에 협력 관계를 유지하고, 발전시켜 왔다. [출처, 김용균 서울대학교. 2023년]

베트남 삼성전자 이동전화기(휴대폰) 공장은 많은 일자리를 만들고, 베트남의 국제수지를 흑자로 돌리는 데 기여했다. [출처, 2022년, 베트남이 한국수출에 미치는 영향, 양승권, 최수회]

베트남은 "한국의 3대 수출국"으로 자리매김했다

2025년 한국의 대(對)베트남 수출액은 628억 달러, 수입액은 318억 달러이다. 한국은 310억 달러의 무역 흑자를 달성하였다. 한국은 중국,

미국에 이어 3대 수출국이다. [출처, 산업자원부, 한국무역협회 자료]

맺음말

한국은 월남 파병의 대가로 미국으로부터 50억 달러의 외화를 벌어들인 돈으로 경공업, 중화학공업 산업을 육성했고, 수출도 획기적으로 늘어나 지속적인 성장이 가능했다.

반면에 참전용사들은 이국땅에서 베트남 동족끼리 갈라서는 목숨 건 전쟁은 많은 사상자와 고엽제로 병상에서 신음하다 유명을 달리한 참전용사가 있어 가슴 아픈 슬픈 일이다.

산유국 중동국가 해외건설 진출과 외화 획득

중동국가의 석유 자원 무기화와 세계 석유파동

석유파동은 에너지원 중 절대적인 위치를 차지하는 석유의 수급 문제로 인해 국제 유가에 혼란을 말한다. 걸프만 인근의 중동 산유국들은 1973~1974년 중동 전쟁(아랍과 이스라엘 분쟁) 당시 아랍 산유국들의 석유 무기화 정책과 1978~1980년의 이란 혁명으로 인한 석유 생산의 대폭 감축으로 석유의 공급이 부족해지자 국제 원유가격을 높이기 시작한다.

석유 공급 부족과 가격 폭등으로 석유 한 방울 나지 않는 한국으로서는 Oil 쇼크로 "원유가격이 한꺼번에 4배나 오르자 국내 물가는 2배로 오르게 되어" 한국경제는 위기에 봉착했다.

한국은 석유파동 위기를 맞아 경기침체로 수출은 줄어들어 해외에 주어야 할 원유대금이 급증하면서 외환위기마저 겪게 되었다. 정부는 에너지 위기 파동을 겪자 1974년부터 주탄종유(主炭從油) 정책을 써 석탄산업을 집중적으로 육성했다. [출처, 동력자원부, 1983, 석유파동과 에너지 정책]

위기를 기회로 바꾼 한국 건설업의 중동 진출

1960년대에는 "나라 경제의 10%를 차지하는 미군 발주공사"가 전부였다. 1965년 현대건설이 태국 고속도로를 최초로 수주하면서 해외 건설 공사의 역사가 시작된 이후 해외 건설수주는 없었다.

한국은 "베트남 전쟁 특수"가 끝나고 중동의 석유파동 이후 새로운 돌파구가 필요했던 시기에 중동국가 해외 진출은 "하늘이 준 기회의 메시지였다." 국내 건설업체는 외화를 벌기 위해 30여 개 건설업체가 중동국가에 진출하여 항만, 담수시설, 고속도로, 항만공사, 정유시설, 대수로 공사를 수주했다.

Oil 쇼크는 한국경제에 위기상황을 초래했지만, Oil Money로 투자여건이 좋아진 "중동국가 건설 붐은 대단했다." 한국은 풍부한 노동력을 바탕으로 1973년 해외건설수주를 기점으로 1983년도까지 많은 건설업체가 진출했다. [출처, 박정희 시대와 중동 건설, 정성화, 심의섭]

- 한국 건설노동자의 땀과 눈물

1970~1980년대 열사의 땅 중동에서 흘린 한국 건설노동자의 땀과 눈물이다. 1980년대 초 사우디에서 3년간 근무한 어느 근로자는 50°C를 넘나드는 사막에서 모래바람과 싸우며 피땀 흘려 일하던 노동자의 모습이 지금도 눈에 선하다고 한다.

한때 연간 20만 명이 넘는 해외건설 근로자들은 열악한 노동 환경에도 땀 흘리며 번 돈을 국내로 송금해 오면서 한국경제는 도약의 기틀을 마련할 수 있었다. 해외건설은 외화 가득률이 높다. 이는 한국의 인건비가 낮아서 근로자를 많이 고용했기 때문에 건설사의 수익뿐만 아니라 인건비도 고스란히 국내로 유입되었다.

1973~1985년까지 중동국가에서 700억 달러 수주

한국 건설업체는 중동 건설 초기에는 공사 전체를 맡은 해외 유명 회사의 협력업체로 시작했지만, 점차 신용과 기술을 축적하면서 독자적으로 대형공사들을 맡게 되었다.

1973~1985년까지 중동에서 7백억 달러에 달하는 건설 공사를 수주했다. 그 당시 한국의 수출품목과 경제여건, 환율을 고려하면 단일 건설 분야에서 엄청난 수주금액이다. [출처, 해외건설 협회 자료]

현대건설은 20세기 최대의 난공사로 평가받는 "사우디 주베일 산업항 수주는 한해 우리나라 예산의 25%"와 맞먹는 금액이다. 정주영 회장은 "공기 단축"을 위해 항만공사를 밀어붙였고, 실제로 공기를 10개월이나 앞당겨 세계 서방국은 한국 현대건설의 공기 단축에 놀랐다고 했

다. [출처, 현대건설 60년 史]

중동 해외건설 진출로 벌어들인 외화수입

"중동 해외건설 진출로 10년간 한국 외화수입의 80%에 해당"하는 엄청난 달러 유입은 자본의 축적과 고도성장의 계기가 되었다 Oil Money 덕분에 활력을 찾아 1977년에는 수출 100억 달러를 돌파하고 경상수지 흑자까지 기록했다. [출처, 해외건설협회]

근로자는 밤에도 일해 수당까지 합치면 월급이 50만 원이 이었다. 당시 서울 "압구정 현대아파트 30평이 990만 원이 되어 월급 2년만 모으면 아파트 한 채를 살 수 있는 큰돈"이다.

제2의 중동 건설 붐이 찾아올까?

중동국가들은 "석유 하나만으로 150년 넘게 경제의 근간"을 이루었다. 탄소 감축에 대한 세계적 공감대 형성되면서부터 석유 경제의 지속성이 떨어졌다는 것을 알았을까?

석유 중심 경제 체제에서 과거처럼 부(富)를 유지할 수 없다는 판단하에 미래 먹거리를 마련하고자 하는 시도가 이어지고 있다. 중동국가들은 기름 한 방울 나지 않는 한국이 세계 10위안에 드는 경제 규모를 만들어 낸 한국을 특히 주목하고 있다.

1973년~1983년까지 10년간 중동국가 해외건설로 벌어드린 돈은 당시 "한국 외화수입의 80%에 해당하는 엄청난 금액"이다. 석유 자원을 무기화하는 바람에 한국경제에 침체 위기를 맞았지만, 오히려 중동 건설시장에서 외화를 벌어드린 외화는 자본 축적과 고도성장의 계기가 되었고, 중화학공업 발전에 크게 이바지했다.

1970년부터 시작된 농촌 근대화
근면·자조·협동 정신의 새마을 운동

1960년대에는 도시를 제외하고는 초가집이 70%였다. 학교도 나무로 된 목조건물이었다. 이러한 고난의 시기에 1970년대부터 시작된 새마을 운동은 우리 모두 가난에서 벗어나 잘살아 보세라는 범국민적으로 "근면·자조·협동" 정신으로 전개된 농촌 계몽운동이다.

새마을 운동 태동과 역사적 배경

새마을 운동은 1970년 4월 박정희 대통령이 전국지방장관 회의를 통해서 "새마을 가꾸기"를 언급하면서부터 농촌부흥을 위한 국가정책으로 시작되었다. 왜 대통령이 직접 발의하였는가에 대해서는 당시 공업

화 우선 정책하에서 농촌의 후진성이 크게 드러났기 때문이라는 견해
가 지배적이다.

그 이유는 1960년대 "경제개발 5개년 계획"의 수행으로 연평균 9%대
의 성장률을 기록하였지만, 산업화가 진행되면서 탈농(脫農) 현상과 도
시 빈민 문제가 국가적으로 시급한 과제였기 때문이다.

새마을 운동의 설계자 류태영 박사

새마을 운동의 계획자는 전 건국대학교 부총장이자 농업전문가인 류
태영 박사이다. 류 박사는 머슴의 아들로 태어나 구두닦이를 하면서 야
간고등학교에 진학하여 대학까지 고학으로 졸업한 그는 국가를 위해
뭘 할 수 있을까를 고뇌를 했다.

덴마크 왕실의 후진국 특례 유학생 제도가 있다는 것을 확인하고 영
문으로 자신의 농촌 계몽 의지를 피력해 그 뜻이 수용되어 유학생으로
선발되었다.

류 박사는 10여 년간 유럽 각국과 이스라엘을 다니며 농촌 계몽과 현
대화 등을 연구했다. 동양권 학자로는 처음으로 이스라엘에서 농업 교
수를 역임 후 귀국하여 농촌부흥 운동에 투신하여 새마을 운동을 정착
시킨 인물이다. [출처, 새마을 운동 구술사, 류태영 박사]

새마을 운동의 조직구성과 역점 과제

새마을 운동을 전개하기 위해 중앙정부에는 새마을 담당관, 계획분

석관을 두었고, 내무부(현 행안부) 산하 각 지방에는 새마을 지도과를 두었다. 마을별로 새마을지도자를 위촉하여 교육 후 그들에게 새마을 운동의 역할을 맡겼다. 새마을 운동의 내용은,

- 초가집을 없애고 슬레이트 지붕으로 고치고,
- 기존 흙길을 시멘트 및 아스팔트 길로 포장하고,
- 도시 및 도로 정비사업
- 서양식 현대화 주택건설
- 농기계 장비 보급
- 전기 공급 및 전화 보급 사업
- 정신적 교육

단계별 농촌 새마을 운동 전개

• **첫째, "1970년 농촌 새마을 운동"**

초기 새마을 운동은 농촌 근대화를 위한 마을 공동사업이 이루어졌다. 초가지붕을 헐고 슬레이트, 함석으로 대체하는 개량사업과 담장사업, 마을안길 정비사업 등이 주된 사업이다.

초가집을 헐고 슬레이트 지붕과 시멘트 집으로 개조했다.

그 이유는 시멘트 제조회사가 재고가 쌓여서 회사가 휘청거리게 되자 정부가 전국에 한 마을당 600포씩 뿌리는 식으로 재고를 처리할 수 있었다. 슬레이트를 만드는 회사도 이때부터 생겼다.

1970년대 농촌 새마을 가꾸기 사업은 적극적인 참여와 기대 이상의

성과로 국민적 참여를 요구하는 농촌 새마을 운동으로 확대되었다.

[출처, 새마을 운동의 시작]

- 둘째, "1974년 공장 새마을 운동"
  1974년부터는 산업현장의 생산성을 높이고 안정적인 노사관계를 만들기 위해 공장에서도 새마을 운동이 시작되었다. 공장 새마을 운동은 "수출증대와 수출목표"를 달성키 위한 운동이다.

- 셋째, "1976년 도시 새마을 운동"
  도시 새마을 운동은 초·중·고 학생, 가정주부, 직장인, 일반인 등 세대와 계층을 뛰어넘어 "국민적 동참을 요구하는 운동"이다. 공장·도시·직장 등 반상회를 중심으로 이웃돕기, 뒷골목 정비, 저축 운동, 폐품 수집, 분리수거, 식생활개선, 가족계획, 도시녹화, 봉사 활동 등 지역과 세대를 넘어 급속히 파급되었다.

새마을 운동의 성공 요인

- 첫 번째, 확고한 신념과 의지, 지속적인 지원이 있었다
  1976년 국가 예산의 10%를 새마을 운동에 투자해 국민에게 동기를 부여 실천과 행동을 가져오는 계기가 되었다.

- 두 번째, 국민의 자각이었다
  "하면 된다."라는 국민적 자각과 새마을지도자들의 헌신과 노력에

힘입어 전국으로 확산하여 국민운동으로 발전하는 계기가 되었다.

• 세 번째, 가난했던 농촌을 잘 사는 마을로 바꿔 놓았다

  농민은 물론 사회 전반에 걸쳐 소득 증대를 가져왔다.

• 네 번째, 생활 수준의 발전을 가져와 삶의 질이 향상되었다

  집단적 지각과 노력하면 잘살 수 있다는 자신감의 배양이다.

전국 방방곡곡 마을에서 불렀던 새마을 노래 가사

새벽종이 울렸네, 새 아침이 밝았네,
너도나도 일어나 새마을을 가꾸세.
초가집도 없애고 마을 길도 넓히고,
푸른 동산 만들어 알뜰살뜰 다듬세.
서로서로 도와서 땀 흘려서 일하고,
소득 증대 힘써서 부자 마을 만드세.
우리 모두 굳세게 싸우면서 일하고,
일하면서 싸워서 새 조국을 만드세.

새마을 노래는 근면, 자조, 협동의 의미가 고스란히 담겨 있다. 과거의 패배주의를 벗어나 승리의 가능성을 깨워 주고 비전이 담긴 의미로 "전국 방방곡곡"에 울려 퍼졌던 노래이다.

박정희 대통령이 서거 후 1980년대 시련과 침체 시기

1979년 박 대통령의 서거로 제5공화국 전두환 정권이 출범하게 되자 중앙본부를 중심으로 하는 민간주도 새마을 운동으로 전환되었다. 그러나 1980년대 새마을 운동은 제5공화국의 정권목표를 뒷받침하는 관변단체(기관으로부터 직, 간접적으로 지원을 받는 공익성을 띤 단체)로 전락해 사회적 비판에 직면하게 되었고, 1988년 5공 청문회에서 새마을운동중앙본부의 문제점이 드러나면서 새마을 운동은 침체기를 맞게 되었다.

새마을 운동 기록물 유네스코 세계기록 유산의 등재

새마을 운동 기록물은 2013년 광주에서 열린 제11차 유네스코 세계기록유산(역사, 문화적으로 중요성 가치를 가지는 자료) 국제자문위원회에서 난중일기(亂中日記, 이순신 장군이 임진왜란 동안 쓴 일기)와 함께 새마을 운동이 등재되었다. [출처, 최길성, 농촌진흥 운동과 새마을 운동]

새마을 운동 해외 80여 개국 수출

한국의 새마을 운동은 현재 "해외 80개국으로 수출"되어 후진국들을 중심으로 한국식 새마을 운동을 배우겠다며 방한하는 해외지도자들의 발길이 끊이지 않고 있다. 가난과 기근에 허덕이는 아프리카와 아시아, 중남미 나라에 수출되고 있다.

한국식 새마을 운동은 세계적인 농촌개발의 모델로 평가를 받고 있다. 유엔은 아프리카의 빈곤퇴치를 추진할 만큼 한국식 새마을 운동을 배워볼 것을 반기문 전 유엔 사무총장이 권고하기도 했다.

맺음말

새벽종이 울렸네, 새 아침이 밝았네, 아마 지금 65세 이상 되신 우리 국민은 "새마을 노래"를 부르고 외웠을 것이다. 왜 그랬을까? 새마을 운동은 가난에서 벗어나고자 "농촌·공장·도시 근대화"라는 절박한 심정으로 시작된 운동이기 때문이다.

박 대통령은 "한 세대의 생존은 유한하나, 조국과 민족의 생명은 영원"한 것이라 말했다. 우리 선대 세대가 땀 흘려 이룩해 놓은 것은 내일의 세대에 계몽 정신을 일깨워 주어 영원한 생명을 생동케 하고자 함일 것이다.

우리 국민 모두 잘살기 위해 선대들의 피땀으로 시작된 새마을 운동은 피폐해진 농촌과 도시의 번영, 산업화를 일궈놓았다.

국가 에너지를 책임진
석탄산업의 헌신과 역사의 뒤안길

필자는 공과대학에서 자원공학을 전공했다. 1982년 경북 문경에 있는 봉명(鳳鳴) 탄광에 입사해 1986년 퇴직할 때까지 5년간 근무했다.

과거 한국의 석탄 생산지는 강원도 삼척, 태백, 강릉, 정선, 영월, 평창, 경북 문경, 가은, 상주, 충북 단양, 보은, 충남 보령, 대천, 전남 하순 등지에서 석탄이 생산되었다. 험준한 산줄기와 앞산, 뒷산 골짜기에 자리 잡은 탄광은 크고 작은 탄광까지 합치면 전국에서 700여 개 이상 석탄광산이 운영되었다.

석탄광업은 "가정용 연탄과 화력발전소 원료공급원, 울창한 산림조성 목적 등 기간산업으로서" 국가 경제발전에 한 획을 그었다. 이는 석탄광업에 종사한 광업 기술자와 수많은 산업전사 광부들의 헌신이 있었기에 가능했다.

석탄 광업의 역사와 안착기(安着期)

6·25 전쟁 와중에도 늘어나는 석탄 수요를 감당하기 위해 "1950년 대한석탄공사를 발족"과 함께 석탄수송을 위한 도로와 철도가 개설되었다. 1961년 경제개발 5개년 계획에 따라 석탄 증산이 본격적인 궤도에 안착하게 되었다. [출처, 대한석탄공사 50년사]

1960년대 대표적인 기간산업은 석탄광업이다. 1966년대 1,161만 톤의 석탄 생산을 함으로써 연탄공장과 화력발전소에 석탄의 자급자족을 할 수 있었으며, 그 이후 석탄산업은 중요한 에너지원으로 자리 잡았다. 석탄산업의 전성기인 1960~1970년대에는 급증하는 에너지 수요를 충족시키기 위해 본격적으로 탄광이 개발되었다.

광업 기술자의 양성

광산공학과의 태동은 일제 강점기에 설립되었던 경성광업 전문학교 (현 서울공대 자원공학과 전신)이다. 이후에 수도권 및 지방대학들은 설립 초기부터 광산공학과가 개설되었고, 1930~1970년대까지 산업체에서 늘어나는 수요를 감당하기 위해 전국의 공업고등학교와 고등전문학교 에 광산과가 개설되었다.

1960년대 중반까지 주요 산업이 광업이었기 때문에 서울대학교에서 가장 인기를 끌었던 학과는 광산공학과이며, 법과대학보다 최고 경쟁 률을 보였다. [출처, 동국대 조벽 석좌교수]

1960년대 당시는 산업기반이 취약하여 졸업해도 어디 갈 때도 없는 시기여서 공과대학 광산공학과는 최고 인기학과였고, 갓 졸업한 기술 자의 월급은 공무원의 10배 이상이 되었다.

연탄 파동과 호황기(好況期) 석탄산업

1970년대 석유파동으로 인해 연탄 품귀현상이 발생하여 겨울 한파가 들이닥치자 폭발적으로 수요가 증가하였다. "연탄 파동이 일어나면서 웃돈을 주고도 구하기 어려워 전국 연탄공장은 탄광촌만 쳐다보느라 석탄산업은 귀한 존재로 대접"을 받았다.

정부는 가정용 연탄 공급 확보를 위해 목욕탕과 다방, 음식점 등에서 는 연탄은 1가구당 1회 20장 이상 판매 금지, 연탄구매 카드제, 연탄판 매 기록제 등 다양한 제도를 시행하게 되었다. 1978년 당시만 해도 대한석탄공사 장성광업소에 종사하는 근무자 수가 6,000명이 되어 단일 기업으로는 최대 종업원이다. 탄광 경기는 그야말로 활황 그 자체이다.

"1980년대 초 7급 공무원 월급이 10만 원 정도일 때 탄광 광부의 평균 월급은 25만 원"을 웃돌아 목돈을 만지고 싶은 사람이 탄광 지역으로 몰려들었다. 탄광 붐으로 "개도 돈을 물고 다닌다던" 그 시절 1960~1980년대는 석탄산업의 전성기였다. [출처, 대한석탄공사 50년사]

- **전국의 많은 노동자가 탄광촌으로 돈 벌러 왔다**

  실업에서 벗어나고자 탄광촌으로 들어왔다. 탄광은 협력업체를 합치면 10만 명이 넘었으며, 탄광 호황기에 때를 같이한 지역 상인들과 가족을 다 합치면 100만 명이 되었다.

  화전민들만 올망졸망 모여 살던 산간지역이 탄광이 개발되면서부터 탄전지대가 형성되었다. 탄광 개발붐이 한창일 때는 전국에서 가장 경기가 좋은 곳이 탄광이었다. 월급날이면 주변의 주변 상가는 마치 장날처럼 번성했다. 1980년대 중반까지만 해도 월급은 명세서와 함께 직접 돈을 주었다.

- **광부 경쟁률**

  광부들은 주변 도움을 얻거나 해서 탄광에 입사하는 것이 최우선이다. "광부가 되기 위한 경쟁률이 20대 1"에 달했다. 철저한 체력, 신체검사를 빗대어 당시 동원탄좌 입사는 육사 입학보다 어렵다는 말이 나돌 정도였다.

- 광부의 하루 갱내근무

  광부가 석탄을 캐내는 장소는 햇빛이 없는 어두컴컴한 곳이다. 지하 광산은 지표에서 수직 및 일정 경사각을 유지하면서 지하로 내려가게 되면 위로 아래로 갱도가 "거미줄처럼 연결"되어 있다. 비좁은 굴진 및 채탄막장이 광부의 일터이다.

  탄광은 "1일 8시간씩 주, 야간 3교대 근무"한다. 땅속의 광산은 바깥 세상과 전혀 다른 곳이기에 출수, 가스, 낙반 붕락 등 사고가 도사리고 있다. 공기 질도 좋지 않아 규폐병 예방을 위해 방진 마스크도 착용해야 하고 습도까지 높아 30℃ 이상 지열도 잊은 채 근로자는 석탄을 생산한다.

- 광부의 작업장 막장이란

  막장은 광산의 작업장이 제일 안쪽에 있는 끝부분을 뜻하는 광산용어이다. 막장은 땅속 수백 미터에서 광산근로자가 목숨을 잃어 가면서 자원을 캐내는 숭고한 광부의 삶의 터전이다. 광산 막장을 빗대어 사람들이 깎아내리는 늣한 "막장" 표현은 좋지 않기에 함부로 발하는 것은 안된다.

- 사망자 수

  석탄산업은 국가기간산업으로 경제발전에 헌신했다. 이러한 이면에는 가족과 국가를 위해 광부들이 많이 사망했다. "1970~1989년까지 20년간 총 3,603명의 광부가 수백 M 지하 막장에서 석탄을 캐다가 각종 사고"로 숨졌다. "매년 180명의 산업전사가 목숨을 잃었다."

정부의 석탄 합리화 조치로 석탄산업의 쇠락길

1950~1980년대 말까지 호황을 누리던 석탄산업은 1988년 석탄 생산량 2,430만 톤의 정점을 찍은 이후 도시가스와 LPG 가스의 확대와 품질 좋은 외국 유연탄이 수입되면서부터 국내산 석탄의 수요가 감소하게 되자 정부는 1989년부터 석탄합리화조치로 사양산업의 내리막길을 겪게 되었다.

1990년부터 경제성이 없는 탄광은 단계별로 폐광하게 되었다. 석탄 최대산지 태백시에 소재하는 탄광들은 이 시기에 문을 닫는 광업소가 속출했고, 전국의 많은 석탄광산이 문을 닫게 되었다.

국내 최초 공기업인 대한석탄공사도 1950년부터 석탄을 생산한 이래 75년간 유지해 오다 2025년 상반기에 모두 폐광했다. 2025년 말 현재 민영 탄광인 경동 광업소만 남아 명맥을 유지하고 있다.

맺음말

6·25 전쟁 중에 "대한석탄공사" 장성광업소와 도계광업소가 설립되었고 전국의 크고 작은 민영 탄광이 개발되면서부터 주요 에너지 석탄 자원으로 자리 잡았다. 석탄산업의 헌신은 산업화의 기초체력을 제공한 일등 공신이다.

1950년부터 정부의 에너지 정책에 따라 탄광업체가 연탄공장과 화력

발전소 석탄공급에 일익을 담당했으며, 헐벗은 산림의 황폐화를 막는 데도 석탄산업이 일조해 오늘날 울창한 산림이 조성되었다.

산세가 험한 곳에 자리 잡은 석탄광산은 지하 수백까지 들어가 낙반, 출수, 가스, 화약 사고 등 재해를 입어 매년 많은 광산근로자가 사고를 당했다. 대통령으로부터 "산업전사"라는 칭송을 받았지만, 광부의 삶과 희생은 오직 가족 생계를 위한 것이었다. 최대 석탄 산지인 태백시 인구가 호황기일 때에는 120,000명 이상이 되었으나, 2025년 말 현재 36,000명 정도이다. 석탄광산이 많았던 삼척, 정선, 영월, 문경, 보령, 화순지역은 폐광으로 인해 이제는 인구소멸 위기에 봉착해 있어 대체산업이 시급한 실정이다.

지구온난화의 탄소 배출 문제와 대체에너지로 급선회하는 조치들이 진행되면서 쇠락 길을 맞았지만, 과거 석탄산업은 국가기간산업 발전에 많은 공헌을 했다. 강점기 때부터 100년간 운영되어온 석탄광산이 1990년부터 단계적으로 폐광되면서 이제는 역사의 뒤안길에 서게 되어 아쉬움만 남는다.

제6장

창업가의 헌신이 있었기에 한국경제 성장의 초석이 되었다

연 매출 30조 원을 일궈 놓고 타계한
현대그룹 창업자 정주영 회장(1915~2001년)

현대그룹 창업자 故 정주영 회장은 1915년 강원도 통천군 답전면 아산리에서 6남 2녀 중 장남으로 태어났다. "아산(峨山)"이라는 아호는 출생지 아산리 지명에서 따온 것이다. 통천 송전소학교 졸업이 전부이다.

정주영 회장은 저돌적, 돌격형으로 목표를 반드시 앞당겨 달성하는 승부사 기질의 자수성가형 기업인이다. 쌀가게 점원에서부터 출발하여 건설, 자동차, 중공업 등 주로 국가산업에 필요한 기업을 일구어 2001년 타계할 때까지 년 매출 30조 원이라는 근대사에 한 획을 그으시고 타계하신 분이다.

성실하고 부지런한 정 회장은 쌀가게 점원에서 출발했다

강원도 금강산 북쪽 산골에서 태어난 정 회장은 가난이 싫어 돈 벌어서 잘살아 보겠다는 뜻을 품고 4번의 가출 끝에 마침내 서울에서 생활하게 된다. 1년여간 막노동을 하다 부흥상회(신당동)라는 쌀가게 배달원으로 취직하여 3년 만에 월급 쌀 20가마를 받았다.

쌀가게 주인은 주색잡기에 빠져 재산을 탕진하는 자신 아들에게 재산을 물려주지 않고 부지런하게 일하는 모습을 보고 청년 정주영에게 쌀가게를 물려주었다. "쌀가게를 인수한 그는 사업가로서의 첫 출발이었다." 정주영은 트럭 1대를 사서 농촌으로 다니면서 직접 쌀을 사드려 도매 장사도 겸했다.

대동아(태평양 전쟁) 전쟁이 맺어 준 자동차 정비업 진출

정 회장의 기업 도전역사는 자동차와 함께 시작된다. 일제 강점기 1940년대 초 현대그룹의 전신이라고 할 수 있는 아도 서비스 정비공장이 그 뿌리이다. 1946년에는 아도 서비스의 명칭을 현대자동차 공업사로 바꾸고 새로운 출발을 알렸다.

자동차 정비업을 시작으로 훗날 건설업으로 부(富)를 일궈 1971년 현대건설, 현대자동차, 현대시멘트 등을 총괄한 현대그룹을 창립하고 회장에 취임했다. 그 후 중동 해외건설 및 중공업에도 진출하여 울산조선소 등을 성공적으로 추진하면서 기업을 확장하게 된다.

현대건설의 국내, 외 눈부신 건설업 진출과 기업발전

현대건설은 6·25 전쟁으로 파괴된 한강교, 낙동강, 고령교, 인천항 복구공사를 하면서 승승장구하게 된다. 마침내 "1960년에는 국내 건설업체 중 도급한도액 1위를 차지"하게 되었다.

늘어나는 건설수요를 대비해 1964년 충북 단양에 현대시멘트 공장을 준공하여 시멘트도 자체적으로 조달하였다.

- 경부고속도로(19682~19706년) 건설

  현대건설은 태국의 나라티왓 고속도로를 완공하면서부터 토목기술을 쌓은 경험으로 경부고속도로 건설을 주도했다. 경부고속도로는 서울~부산을 잇는 총연장 416km 국도 제1호선 건설 사업이다.

현대건설은 330억 원에 낙찰받아 "2년 5개월 만에 완공해 세계 고속
도로 역사상 유례가 없는 기록을 남겼다." 경부고속도로는 국토의
대동맥으로 고속성장의 기반을 다졌다.

정 회장은 현장에 주재하여 건설공사를 진두지휘했다. 근로자는 주
야 잔업도 마다하지 않고 일해 조기에 건설 공사를 완공했고, 그 건
설과정에서 사망자와 부상자도 많았다. 정 회장은 "총칼이 없을 뿐
마치 전쟁터 같다고 회고"한다.

현대건설은 막대한 손실을 보았지만, "나의 주된 관심사는 이 나라
를 보다 균형되게 발전시켜 내가 어떻게 하는가에 있다." 기업의 이
익보다는 자신의 명예를 지켰다고 회고한다.

• 소양강 다목적 댐(1967~1972년) 건설

소양강댐은 경부고속도로와 서울 지하철 1호선과 함께 박 대통령의
3대 국책사업이다. 건설비용은 대일청구권 외자 자금인 2,165만 달
러를 포함해 총 265억 원이 투입되었다.

소양강댐 건설은 12억 톤의 물을 공급하고, 연간 353GWh 전기생산
과 홍수 방지와 상수도 공급이 주목적이다. 소양강댐은 흙과 돌로
만들어진 사력(砂礫)댐으로 높이 123m, 제방 길이 530m, 총 가용 저
수량은 29억 톤이다. 완공 당시 동양최대의 사력댐이다. [출처, 2008년
현대건설 60년 史]

세계 유수의 댐을 건설해 온 일본 공영은 시멘트 콘크리트 공법으로
설계했다. 그러나 정 회장은 일본 기술진의 극심한 반대에도 불구하
고 댐 건설 주변에 자갈과 흙의 양이 엄청나다는 것을 고려, 사력댐

건설을 제안하여 댐이 건설되었다. 댐에 들어간 "자갈과 흙의 양은 엄청나 당시 국민 한 사람당 일곱 가마" 정도이다. [출처, 2008년 현대건설 60년 史]

- 사우디 "20세기 최대의 역사" 주베일 항만공사(1976~1980년)

  1976년 사우디 유전지대 주베일 지역의 산업시설을 위한 신항만 공사는 "20세기 최대의 역사(役事)"로 손꼽히는 대규모 공사이다. 수주 금액은 9억 6,000만 달러로 당시 우리나라 예산의 25%에 달하는 엄청난 건설금액이다.

  주베일 산업항은 해안으로부터 12㎞ 떨어진 수심 30m의 바다. 한가운데 30만t급 유조선 4척을 동시에 접안 할 수 있도록 하는 해상유조선 정박시설공사이다.

  1970년대 당시 중동시장은 미국, 영국 등 선진국의 독무대이다. 그만큼 세계적인 건설사들이 경쟁에 뛰어들었고, 상대적으로 신생 업체인 현대건설의 도전은 무모하다는 평가를 받았으나, 낮은 경쟁력에도 불구하고 성공적으로 공사를 마쳐 한국의 건설 저력을 증명해 주었다. [출처, 2008년 현대건설 60년 史]

  이를 계기로 현대건설은 주베일 산업항 주변에서 일어나는 건설 공사를 수주하는 독무대가 되었다. 현대건설은 1975년 사우디에 첫발을 내디딘 후 2023년까지 170여 건의 공사로 232억 달러 규모의 공사를 안정적으로 수행했다. [출처, 2023년 해외건설협회 집계 실적 기준]

정 회장의 상상을 뛰어넘는 기발한 발상과 아이디어

• 소양강 콘크리트 중력댐에서 사력 중력댐 건설 제안

정 회장은 콘크리트 중력댐으로 건설하기에는 시멘트와 철근이 크게 부족하고 운반비용도 많다는 것을 박 대통령에게 보고한다. 정 회장은 발상은 현장 주변에 널려 있는 모래와 자갈을 이용할 경우 건설비용이 적게 드는 사력댐 건설 설계변경을 제안했다.

정 회장은 박 대통령에게 사력댐은 폭격을 당해도 콘크리트 댐처럼 완전히 파괴되지 않는 데다 공사비 절감과 공기도 1년 단축할 수 있다는 설명을 듣고 정 회장의 손을 들어 주었다. 일본업체는 재조사를 통해 사력댐이 최선이라는 것을 인정했고, 국가 예산을 절감하면서 댐을 성공적으로 건설했다. [출처, 소양강댐 건설, 기술주임 권오석 씨의 회고]

• 울산조선소에서 철 구조물 제작해 해상운송 항만공사

발주처의 공기를 맞추고자 재킷(대형 강구조물)과 비롯한 "철 구조물 전량을 울산조선소에서 제작"(12만 톤)해 주베일 현장까지 해상으로 운송하는 과감한 시도를 단행했다.

상상을 뛰어넘는 해상수송과 정밀한 시공 능력으로 발주처를 놀라게 했다. 거친 파도와 수심 30m 바다에 400톤 재킷을 정확하게 설치하는 것은 불가능에 가까울 정도로 어려운 일이었으나, 현대건설은 한계 오차 5cm 내외에서 20m 간격으로 정확하게 재킷을 설치했다.

- **세계가 감탄한 서산 간척지 정주영식 물막이 공법**

  서산간척지는 서해안 바다를 메워 옥토를 만드는 방조제 사업이다. 1979년 시작한 "서산 간척지 사업은 여의도의 33배"에 달하는 4,700만 평이다. 1984년 착공 5년째 마지막 물막이 공사는 가장 어려운 공사였다.

  방조제의 길이가 6,400m였는데, 그중 마지막 남은 270m 구간은 30톤 덤프트럭들이 자동차만 한 바위를 넣어도 거센 물살로 인해 모든 걸 한 번에 휩쓸어가 방조제 둑을 쌓을 수가 없었다.

  정 회장은 그동안 수많은 공사를 하면서 머릿속에 떠오른 아이디어는 울산조선소 폐유조선(폭 45m, 높이 27m, 길이 322m)을 막아두고 메우면 어떨까? 회장님, "그게 가능한지는 검증된 바가 없습니다." 정 회장은 이론도 중요 하지만 학교에서 배운 이론만 따라 하면 세상 어디 공사할 수 있겠는가?

  "폐유조선을 가라앉히기가 시작됐다. 결과는 대성공이었다." 그렇게 애를 먹이던 물막이 공사가 9개월 만에 준공할 수가 있어서 현대건설은 공기 단축과 공사비를 절감했다. 다소 황당해 보이던 유조선 공법은 "정주영 공법"이라고도 불리며 뉴스위크지와 타임지에 소개됐다. [출처, 故 정주영 선대회장의 철학과 도전, 2021년 서거 20주년 내용 발췌]

현대자동차 1967년 공장 설립과 "포니 자동차"개발

정 회장은 1967년도 준공식에서 자동차산업은 일개 기업 혼자서는 이룰 수 없으며, 제품 수준이 세계 수준에 이르렀을 때 돌아오는 영광과 이익이 특정 기업에만 돌아가는 것이 아니다. 그러기에 자동차산업은 국민적인 힘을 모아 육성해야 한다고 말했다. 현대자동차는 한국 최초로 국산 자동차 "포니"를 개발해 1986년 미국에 처음으로 수출됐고, 이듬해 수입 소형차 부문 판매 1위라는 쾌거를 달성했다.

현대 중공업 울산 조선소

• 거북선 500원권 지폐로 영국은행 4,300만 달러 차관도입

현대가 1970년 3월 조선사업부를 두어, 조선소 건설에 적합한 울산 미포 전하만으로 부지를 선정했다. 그러나 정작 돈이 없었다.

정 회장은 1971년 차관도입 추천서를 받기 위해 영국은행에 영향력이 선박 컨설턴트 회사 롱바텀 회장을 찾아갔으나, 현대그룹의 상환 능력에 의문이 많다는 것이었다.

그러자 정 회장은 주머니에서 "500원짜리 거북선"이 그려져 있는 지폐 한 장과 울산 미포만 사진, 1/50,000 지도, 영국 선박업체에서 빌린 26만 톤급 유조선 도면이 전부였다.

정 회장은 롱바텀 회장에게 "한국은 1500년대에 이미 철갑선을 만들었소. 영국보다 300년이나 앞서 있었는데, 산업화가 늦어져서 아이디어가 녹슬었을 뿐입니다." 롱바텀 회장은 현대그룹을 둘러본 뒤 큰 배를 건조할 능력이 충분하다고 추천서를 써서 바클레이에 은행에 건넸다.

그러나 난관은 계속됐다. 이번엔 영국은행으로부터 선박을 구매할 사람이 있다는 증명서를 갖고 와야 승인하겠다는 것이다. 그러

던 차, 롱바텀 회장은 그리스 선주 리바노스를 정 회장에게 소개하면서부터 유조선 2척 수주계약이 성사됐다. 당시 "차관도입 금액은 4,300만 달러(약 510억)"이다.

정 회장은 훗날 그리스 선주를 보고 "나보다 더 미친 사람"이라고 회고했다. 그 이유는 울산의 백사장 사진만 보고 계약서를 써줬기 때문이다.

1972년 울산조선소 부지조성과 조선소 공장을 병행하면서 1974년 6월 울산조선소 준공식 겸 1, 2호선 명명식을 가져 세계 무대에 데뷔했다. 준공 9년 만에 1983년 건조량 기준 세계 1위 기업이 되었고 단일 조선소로서는 유일하게 두 자릿수 선박 수주 점유율을 기록했다.

정 회장이 평생 경험으로 절대 엮이면 인간유형 4가지가 있다

- 첫 번째, 책임을 회피하고 남 탓만 하는 사람

  변명하는 사람에게는 발전 가능성이 없다.
- 두 번째, 말만 요란하고 행동이 없는 사람

  말보다 행동이 빠른 사람만이 신뢰를 얻는다.
- 세 번째, 끝없는 욕심에 눈먼 사람

  욕심은 경국 관계를 거래로 바꾸고, 의리를 무너뜨린다.
- 네 번째, 남의 성공을 질투하는 사람

  남의 성공에 박수를 보내는 사람만이 자기 성공을 이룬다.

수많은 어록

- 마지막까지 최선을 다해야 한다.
- 시련은 있어도 실패는 없다, 이봐. 해 봤어.
- 목표에 대한 신념이 투철하고 이에 상응한 노력만 쏟아부으면 그 누구도 무슨 일이든 다 할 수 있다.
- 일의 성패는 그 일을 하는 사람의 사고와 자세에 달려 있다.
- 지식은 쟁탈해서 분배할 수 없지만, 재물은 쟁탈할 수 있다.
- 길이 없으면 길을 찾아야 하며, 없으면 길을 닦아야 한다.

맺음말

연 매출 30조 원을 일궈놓고 타계하신 정주영 회장은 쌀장사 점원에서 출발하여 건설, 자동차, 조선소 등 많은 회사와 울산대학교와 아산병원 설립, 88 올림픽 유치 등 수많은 일 들을 해놓으시고 86세에 작고하셨다.

그의 삶을 통해 우리는 그가 세상 이치를 보는 혜안, 불굴의 의지, 긍정적인 사고를 만날 수 있다. 소학교 졸업이 전부인 정주영은 가난을 탈피하기 위해 새벽 일찍 일어나 그 날 할 일에 흥분 때문에 마음이 설레어 늦도록 자리에 누워 있을 수가 없었다고 한다.

정 회장은 "천성이 부지런하고 검소함에다 시각을 보는 혜안과 정신력, 판단력, 부하를 다루는 통솔력, 모험 정신"이 강하신 분이다. 남들은 현대그룹 정 회장을 보고 모험 기업인이라 하는데 역설적으로 유연성을 지닌 분이다. 왜냐하면, 현대 계열사는 어느 것 하나 실패한 경험이 없기 때문이다.

어록에는 목표에 대한 노력만 쏟아부으면 무슨 일이든 할 수 있으며, 모든 일의 성패는 그 일을 하는 사람의 사고와 자세에 달려 있다고 해 불가능하다고 함부로 말하지 말라고 했다.

정 회장은 기업의 창의성은 기존의 사고방식을 벗어나 다른 시각으로 바라보는 것에서 비롯된다고 한다. 1983년 언론사의 인터뷰를 통해 나는 "인간이 스스로 한계라고 규정짓는 일에 도전하여 그것을 이루어 내는 기쁨과 보람"으로 기업을 해 왔다고 회고했다.

인재 제일을 강조한 삼성그룹 창업가
이병철(1910~1987년) 회장

삼성그룹 창업지 故 이병철 회장은 1910년 경님 의령에서 2남 2녀 중 막내로 태어났다. 1919년 형과 함께 의령 문산당에서 학문을 배웠다. 다행히 학점을 인정받아 지수보통학교를 편입학 졸업했다. 무역상사로 출발한 삼성이 초일류기업으로 거듭나기까지 시대의 파고에 포기하지 않고, 격변하는 경제정세에 맞서 앞날을 걱정해야 했던 리더로서 한국 경제발전에 수많은 업적을 남기고 타계하신 기업인이다.

유학 시절 책에 빠졌고, 틈만 나면 일본공업 실상을 보았다

일본 유학을 보내달라고 부친께 말씀드렸으나 반대해 가지 못하게 되자, 옆 동네에 살던 효성그룹의 창업주 조홍기에게 부탁하여 500원을 빌려 1929년 일본 와세다대학교 정치경제학과에 입학했다. 유학 초기 "책에 빠졌고 틈만 나면 일본 곳곳의 공장을 방문해 일본의 공업 실상"을 자주 살펴보았다. 이 회장은 유학 시절부터 기업인 꿈을 꾸게 되었다고 한다.

초기 사업 및 사업가로서의 성장

- 첫 번째 사업. 마산에서 정미소를 차렸으나 실패했다

  부농의 아들로 태어나 젊은 시절 한량처럼 보이기도 했던 그는 귀국 후 갈 길을 찾지 못하고 노름에 빠져 밤새우다가 어느 날 새벽 세 아들의 잠자는 모습을 보고 대오각성했다고 전해진다.

  그때부터 이병철은 사업을 하겠다고 결심을 굳혀 부친께 자신의 사업 구상을 말하자 부친은 별말 없이 사업자금을 주었다. 쌀장사를 생각한 이병철은 1936년 고향 인근 마산에서 친구 2명과 동업으로 협동 정미소를 차린 것이 사업의 시발점이다. 마산에서 정미소 사업은 실패했다.

- 두 번째 사업. 대구 수동에서 "삼성상회" 사업의 서막

  정미소 사업은 실패했지만, "대구에서 기업가의 길로 들어선다". 그

의 나이 29세 때 30,000원(부모로부터 물려받은 재산, 월급 15원꼴, 166년 일해야 받는 엄청난 돈) 돈으로 대구 수동에서 "삼성상회"라는 간판을 내걸고 청과류와 어물 등을 생산자로부터 공급받아 도매, 소매업 사업으로 출발했다.

그 이후 1942년 조선 양조를 인수하였고, 1947년 서울로 상경하여 1948년 삼성물산공사를 설립하고 마침내 무역업에도 진출하였다.

"삼성물산" 무역업을 하면서부터 부(富)를 일구었다

1950년 초 일본공업시찰단원으로 선정되어 일본의 공업발전 시설을 시찰하고 귀국했으나, 6·25 전쟁이 터지자 1951년 부산으로 내려가 "삼성물산"을 세워 무역업을 하면서부터 부를 일구었다.

1953년 제일제당, 1954년 제일모직을 설립하여 제조업으로 크게 성공을 거두면서부터 사업 영역을 확장해 나갔다. 1964년 한국비료 인수와 동양방송, 1965년 중앙일보를 설립하였고 이후 동방 생명, 신세계백화점, 안국화재, 전주 제지를 설립했다.

1969년 삼성전자, 삼성전기를 설립하여 "삼성그룹 도약대" 기틀을 다졌고 1974년 삼성석유화학, 삼성중공업의 설립과 이후 삼성정밀, 용인자연농원, 삼성병원 등을 설립하였다.

1969년 삼성전자 설립 도약의 발판 마련

오늘날 한국을 대표하는 "삼성전자"는 1969년도에 전자산업에 진출하겠다고 밝히자, 금성사(현 LG전자)와 정, 재계에 반발이 심해 삼성전자는 1970년 11월부터 흑백 TV, 라디오, 냉장고 등 생산품 중 일부만 국내 공급하고 나머지는 전량을 수출한다는 조건으로 정부로부터 설립허가를 받았다.

이 회장은 1970년 삼성전자가 수원에 공장을 지을 때 43만 평 규모로 짓자고 하자 임원들은 너무 크다고 반대했다. 그러나, 이병철은 일본 히타치 공장 40만 평보다 커야 한다며 45만 평을 고집해 공장을 지었다. 첫해 연 매출액 3,700만 원에 불과해 금성사에 밀리는 2등 신세가 되었다.

삼성그룹 반도체 역사는 아들 이건희로부터 시작되었다

• 한국반도체㈜ 공장 삼성 인수로 반도체 사업의 첫발

1970년 반도체의 전신이기도 한 경기도 부천의 한국반도체㈜ 공장은 한국의 반도체 아버지 강기동(재미 과학자) 박사가 세운 공장이다. 설립한 지 2개월 만에 중동 전쟁의 불안요인으로 자금난에 부도 위기를 맞이하게 된다.

당시 이건희는 세계 유수의 반도체 공장과 반도체 공부에 빠져 있었다. 한국반도체㈜ 인수를 추진하고자 부친께 건의하였으나, 부친과 임원진은 한국반도체㈜ 기술력은 선진기술을 습득하는 수준과 적자 상태가 계속되어 자본잠식 상태에 있어 반대했다.

그러나 이건희는 삼성 내부 반대를 무릅쓰고 사재를 털어 1974년 한국반도체 지분 50%를 인수했다. 그 이후 나머지 50% 지분을 인수하여 1978년 삼성반도체로 상호를 바꾸었다.

- **일본 NEC 회장으로부터 반도체 협력에 거절당했다**

  이병철 회장은 평소 친분이 두터웠던 고바야시 고지 NEC 회장에게 한국반도체㈜ 부천공장을 둘러보고 문제점을 지적해달라고 부탁한다. 며칠 후 NEC의 과장급 엔지니어 5명이 부천공장을 둘러보고 갔으나 아무런 말이 없었다.

  이 회장은 NEC 회장에게 반도체 기술을 요청했지만 거절당한다. "반도체가 뭐고? 얼마나 중요하기에 NEC 회장이 내 요구를 거절하노" 자존심이 상한 그는 이때부터 반도체 전문가들을 만나며 반도체에 관심을 기울이기 시작했다.

  일본에서 만난 경제전문가 이나바 히데조 박사의 말에 감명받는다. 앞으로 산업은 "반도체가 좌우"한다. 경박단소(輕薄短小, 가볍고, 얇고, 작은 특성을 이르는 말)한 것을 만들어야 한다. [출처, "우리는 왜 반도체를 해야 하는가" 삼성 운명 바꾼 그날]

1982년 실리콘밸리 공장 방문 후 반도체 사업결심과 발표

- **"미래의 먹거리 쌀은 반도체산업"이다**

  1982년 미국 실리콘밸리에서 IBM, 제너럴일렉트릭, 휴렛팩커드 등의 반도체 공장을 둘러본 이 회장은 반도체가 미래의 핵심산업으로 빠르게 부상하리라는 것을 직감하면서부터 반도체 개발을 통한 하이테크산업으로 변신을 도모해야 한다는 믿음을 갖게 되었다.

귀국 후 "반도체 개발로 나라의 백년대계를 결심"한다. 선진국들의 보호무역주의 강화로 한국이 저가제품, 대량수출이란 기존 무역방식은 이제는 한계에 다가와서 이를 극복하기 위해서는 첨단기술 개발밖에 없다고 판단한다. "이때부터 이병철 회장은 임원단 회의에서 반도체 사업이 자신의 마지막 사업이자 삼성의 대들보가 될 사업"이라고 언급했다.

- 이병철 회장은 1983년 73세 나이에 반도체 사업진출 발표

"1983년 2월 도쿄 선언을 통해 삼성그룹의 역사의 변곡점이 될 반도체 사업진출에 운명의 결단"을 내린다. 누가 뭐래도 삼성은 반도체 사업을 할 것이다. 중앙일보 지면에 삼성이 왜 "반도체 사업을 해야하는가"라는 제목의 글이 실린다.

- 반도체 시장 동향조사 및 5,400억 시설투자계획

미국에서 돌아오자마자 반도체 관련 신규 사업 기획안을 만들라고 지시한다. 삼성은 1982년 반도체 공장 부지선정 작업에 착수하고 시장조사와 인재확보에 나섰다. IBM에서 근무한 재미 한국인 과학자들을 차례로 영입해 반도체, 컴퓨터 사업팀을 꾸렸다. 출장팀은 미국의 반도체 시장 동향조사 및 장, 단기 사업계획서를 만들어 수시로 호암에게 보고했다.

출장팀은 향후 5년간 시설투자 4,400억 원, 연구개발비 1,000억 원. 총 "5,400억 원"을 투자하면 첨단기억소자와 마이크로프로세서를 연간 1억 개 이상 생산할 수 있다는 내용의 보고서를 올렸다. [출처, 삼성

7개월을 기다린 끝에 기획안을 손에 쥐었다. 기술진은 기술개발만 적기에 이루어진다면 이익은 천문학적 수준에 이를 것이라는 의견도 덧붙였다. 이병철은 반도체 중 메모리 분야는 일본이 미국보다 앞선다는 대목에 밑줄을 그었다.

일본이 하면 우리도 할 수 있다고 판단한 이 회장은 메모리 위주로 반도체 사업을 추진하기로 했다. 마침내 천문학적이 금액이 투자되는 반도체 사업에 투자하게 된다.

- 반도체 사업을 한다고 하자 미국과 일본은 평가 절하했다

  도쿄 선언 발표 직후 인텔은 삼성을 과대망상중 환자라고 비웃었고, 일본 여론 역시 부정적이었고, 모두가 불가능하다고 삼성을 평가절하했다. 당시 삼성은 한국반도체㈜공장을 인수한 부천공장에서 가전제품용 고밀도 집적회로를 겨우 만들던 때였다.

1983년 마침내 양질의 64K D램을 개발하는 데 성공했다

이병철은 실리콘밸리 방문 이후 시분초(時分秒)를 다투는 과정이 이어졌다. 실리콘밸리에 현지법인을 설립해 한국과 미국에서 동시에 메모리반도체 연구개발을 진행했다. 개발팀은 마이크론사로부터 받은 64K D램을 부품을 40일 만에 조립공정에 성공해 자신감을 얻어 공정 개발에 박차를 가한다.

"1983년 11월 7일, 삼성전자 반도체 개발팀은 드디어 양질의 64K D

램을 개발하는 데 성공했다." 미국, 일본에 이어 세계 세 번째였으며 도쿄 선언 이후 9개월 만에 해냈다.

10년 이상 뒤진 한국의 반도체 기술 수준을 4년 정도로 좁히는 성과이기도 했다. 이후 삼성은 승승장구를 거듭하며 세계 1위 반도체 기업으로 우뚝 서는 "반도체 신화"를 써 내려갔다.

이병철 회장은 인재제일주의 사람을 소중히 여긴다

1957년 1월 삼성은 민간 기업 최초로 공개채용제도를 도입해 27명의 사원을 채용했다. 그는 기업의 성패는 80%가 인재에 달려 있다고 하여 인재 제일을 강조했다. 정작 사람의 잘못을 덮어두고 미온적인 경영으로 회사와 본인의 장래를 망치고 혼란케 하는 것은 오직 사람에게 있다고 늘 강조한다.

이병철은 3남 이건희 회장을 왜 후계자로 삼았을까?

이병철 회장의 자서전인 "호암자전(湖巖自傳)"에서 사업을 일으키는 것은 결코 쉬운 것이 아니다. 자신이 한평생을 바쳐 이룩한 삼성을 누구에게 계승시켜야 할지 오래도록 생각해 왔다. 후계자 선정에는 "덕망과 관리능력이 중요"하다고 해 후계자 선정에 얼마나 고민했는지 알 수 있는 대목이다.

왜 장남 이맹희, 2남 이창희 두 형을 배제하고 3남 이건희 회장을 후계자로 삼았을까. 장남 맹희에게 경영을 맡겨 보았으나, 6개월도 채 못되어 맡겼던 기업체는 물론 그룹 전체가 혼란에 빠지고 말았다. 특히, "1966년 한국비료 사카린 밀수사건과 1969년 청와대 투서 사건은 이병철의 눈 밖에 벗어났다."

2남 창희는 많은 회사와 복잡한 조직보다는 알차게 경영하고 싶다는 본인의 희망이 있다고 회고한다. 3남 건희는 형들과 달리 뭐를 해도 성과를 내어 이건희를 일찌감치 실질적인 "삼성 경영의 장자"로 삼았다고 한다. [출처, 호암 자전 자서전에서 발췌]

이병철 회장이 남긴 어록

- 운둔근(運鈍根) 사람은 능력 하나로 성공하는 것은 아니다.

  운을 타야 하고, 때를 만나야 하고, 사람을 잘 만나야 한다. 그러나 운을 잘 타고 나가려면 운이 다가오기를 기다리는 둔한 맛이 있어야 하고, 운이 트일 때까지 버텨내는 끈기와 근성이 있어야 한다.

- 경청(傾聽)과 목계(木鷄). 경청은 귀를 기울여 듣는 것이다.

  목계는 싸움닭의 최고인 나무 닭의 경지이다. 시비를 걸어와도, 공격해도 꿈쩍 않는 자세이다.

- 말 배우는데 2년, 말하지 않는 법을 배우는 데 60년 걸린다.

- 힘들어도 웃어라. 절대자도 웃는 사람을 좋아한다.

- 기도하고 행동하라. 기도와 행동은 앞바퀴와 뒷바퀴이다.

- 있을 때 겸손해라. 그리고 없을 때도 당당해라.

- 세상에 우연은 없다. 한번 맺은 인연을 소중히 하라.

- 남이 잘됨을 축복하라. 그 축복이 나를 향해 돌아온다.

- 못난 사람을 관찰해보면 세 부류가 있다.

  어려운 일은 싫고 쉬운 것과 권위만 찾아 남을 부리는 사람.

- 이야기를 해도 못 알아듣는 사람. 알아듣긴 해도 실천하지 않는 사
  람이다.

- 보보시도장(步步是道場) 한걸음이 수행이고 진리이다.

기업인이 사람이 갖추어야 할 자세를 언급했다

- 나라의 보국이 내 인생의 신념이다.

- 나라가 만사의 기본이다.

- 신용을 얻기는 어렵지만 잃기는 쉽다.

- 게으름은 자기의 파멸이다.

- 자연은 속일 수가 없다.

- 10년 뒤를 대비하라.

- 실패라는 생각이 가장 위험한 것이다.

- 의심하면 사람을 고용하지 말라.

- 결심한 이후에는 과감히 실행하라.

  [출처, 호암 자전 "무한탐구와 무한정신"의 태도]

맺음말

이병철 회장은 "기업은 결코 영원한 존재가 아니다. 변화의 도전을
게을리하면 기업은 쇠퇴하며, 일단 쇠퇴하기 시작하면 재건하는 것은

지난(至難, 지극히 고되고 어렵다는 뜻) 하다."고 경고했다. 「판단은 신중하게, 결정은 신속하게 메모광이 되어라」 말을 했다. 인재 제일을 강조하면서 "거짓이나 꾸밈은 개인, 국가, 사회에도 대환(大患)"이다. 언제나 정직할 것을 주문했다.

이 회장은 기업은 공익(共益)을 먼저 생각하고 정직하게 사업하는 자세가 중요하다며 제품을 만드는 사람, 파는 사람, 사는 사람이 모두 서로 덕을 보는 "공존공영(共存共榮)의 원칙을 엄수"해야 기업은 발전한다고 했다.

이병철 회장은 기업 경영은 경청으로부터 출발한다. 그의 결단으로 미래의 대들보 하이테크산업 반도체 강국 대한민국의 밀알이 되었다. 1987년 78세의 나이로 숨을 거두었다. 삼성그룹은 2대 회장은 3남 이건희에게 상속되었다.

선대회장보다 40배 성장을 일궈낸 책벌레 이건희(1942~2020년) 회장

이건희 회장은 1942년 대구에서 이병철 회장의 3남 5녀 중 일곱 번째이자 막내아들로 태어났다. 초등학교에 입학했지만 6·25 전쟁과 부친의 사업 때문에 마산, 대구, 부산으로 학교를 5번 옮겼다.

서울로 올라온 이건희 회장은 서울사대부고를 졸업하고, 연세대학교 상과대학을 다니다가 중퇴 후 와세다 대학교에서 상학(商學)을 전공했다. 유학하고 삼성에 입사하여 후계자 수업을 받은 후 한국 반도체산업에 일생을 살아왔다.

이 회장이 취임한 1987년 삼성의 연 매출은 10조 원으로 현대, 대우 그룹에 밀리는 재계 3위였다. 그러나, 그가 경영하면서부터 삼성의 연 매출액은 2018년 386조 원을 넘기면서 39배 늘어났고, 이익은 2천억 원에서 72조 원으로 359배, 시가총액은 1조 원에서 396조 원으로 396배 증가해 한국 재계 1위에 오르게 되었다.

2014년부터는 심장마비 와병으로 2020년 향년 79세로 타계했다. 이 회장이 안치된 곳은 삼성반도체 신화를 일군 상징성과 삼성전자가 반도체 사업을 시작한 수원사업장과 불과 10km 떨어져 있다.

자신이 흥미가 있으면 그 분야에 몰입하는 기질과 습관

- 혼자됨을 즐겼던 은둔의 소년 이건희

  초등학교 때는 외톨이였고 혼자됨을 즐겼던 은둔의 소년이었다. 둘째 형과도 아홉 살이나 났던 만큼 혼자 생각하는 시간이 많아 외로움을 달래기 위해 개 기르기가 취미가 되었다.

- 영화광

  어렸을 때부터 3년 동안 영화만 1,300여 편을 봤다. 영화를 통해 경영의 사고를 키웠다. 풍부한 감성의 소년 이면에는 흥미를 지닌 분야에 몰입하는 마니아적 기질과 습관을 지닌 집념의 소유자였다.

- 고등학교 시절 레슬링 및 럭비 선수 출신이었다

  고등학교 때 레슬링부에 들어가 전국대회에 입상하기도 했고, 럭비 선수도 했다. 그의 에세이 집 "생각 좀 하며 세상을 보자."에서 럭비는 시작하면 눈비가 와도 중지하지 않는다는 글이 있다.

- 소년 시절부터 무한탐구(無限探究)에 대한 열정

  무슨 물건이든 손에 잡히면 뜯어보아야만 직성이 풀리는 성격이다. 자동차에 심취해 분해, 조립하는 과정을 되풀이하면서 자동차 구조를 읽혔으며 전자제품도 수없이 가져다 분해했다. "몰입하는 성향"은 삼성을 세계 최고기업의 반열에 끌어올리는 원동력이 되었다.

선친으로부터 일찌감치 삼성그룹 2대 회장으로 굳어졌다

한국비료 "사카린 밀수사건"이 삼성의 후계구도를 송두리째 뒤흔들어 놓는다. 이병철 회장은 한국비료 지분 51%를 국가에 헌납했다. 이 사건을 책임을 지고 잠시 이병철은 경계에서 은퇴한다. 부친은 후계자 선정과정에서 삼성은 업종과 분야에 납품업체가 많고 무슨 잘못이라도 생긴다면 종업원도 많을 뿐 아니라 국가적으로도 큰 문제가 된다.

부친은 "건희는 취미와 생각이 많아 기업 경영에 있어 열심히 참여하여 공부"하는 것이 보였고, 형들과는 대조적으로 자신의 마음에 들 정도로 업무성과를 내면서 일찌감치 후계자로 굳어졌다고 회고했다. [출처, 호암 자전에서 발췌]

삼성그룹 2대 회장 이병철 회장의 취임사

이건희 회장은 1987년 45세 나이에 삼성그룹 2대 회장으로 취임했다. 취임사에서 50년 전 선친께서 창업의 터전을 닦으신 위대한 업적에 본인은 창업자의 유지를 받들어 이 자리에 섰지만, 책임과 사명감을 통감하지 않을 수 없습니다.

- 취임사에서 삼성의 기업운영 방침을 강조했다
  - 조직을 우선하고 책임 경영을 하겠다.
  - 공존, 공영의 원칙을 철저히 지켜 사업보국을 이루겠다.
  - 삼성을 세계적인 초일류기업으로 성장시킬 것이다.
  - 첨단기술개발과 신경영 기법을 추진해 나갈 것이다.
  - 인재를 더욱 아끼고 키우는데 모든 힘을 기울이겠다.
  - 인사에 있어 학연, 지연, 혈연을 철저히 배제하겠다.

반도체산업에 평생을 바친 이건희 회장

- 부친의 설득으로 반도체 사업진출
  유학을 마치고 돌아온 그는 비서실에서 2년간 근무하면서 선친이 일구어 놓은 삼성그룹의 큰 그림을 보면서 삼성이 큰 도약을 위해서는 부가가치가 높은 사업을 구상하게 된다.
  자원이 부족한 한국이 선진국과 경쟁하려면 하이테크산업에서 주도권을 확보해야 한다고 본 그는 눈에 띈 사업이 반도체였으며, 반도체 관련 서적을 많이 읽었다.

때마침 부천에 있는 집적회로를 만들던 한국반도체㈜가 파산 위기에 직면했을 때 삼성이 인수하자고 부친께 건의했으나 고개를 저었다. 임원진은 TV 하나 제대로 만들지 못하는 상황에서 "기술 집약형 반도체"를 만든다는 것은 무모해 모두가 반대했지만, 그의 결심은 확고했다.

1982년 부친을 모시고 미국 실리콘 밸리에 있는 반도체 공장 생산시설을 안내했다. 반도체 공장을 둘러본 부친은 충격을 받은 듯 늦었다는 말을 되풀이했다. 반도체 사업을 해야 한다고 피력했던 이건희의 설득은 마침내 받아들여졌다. 반도체가 "산업의 쌀"이 될 것이라 본 이건희의 안목은 틀리지 않았다.

이건희는 실리콘밸리를 50여 차례 드나들며 반도체 기술이전을 받아오려고 반도체 사업진출 초기 전문인력과 기술을 확보하기 위해 미국과 일본을 오가며 반도체 기술자를 만났다.

수원에 5,400억을 투자해 공장과 연구소를 지었다. 이를 계기로 밤낮을 가리지 않고 기술개발 연구로 글로벌 반도체 시장에서 1위를 차지하게 되었다.

- 이건희 회장은 반도체 사업에 일생을 살아왔다

이 회장은 세계의 수많은 반도체 전문가를 만나 의견을 듣고 반도체 관련 책을 섭렵한다. 반도체 사업에 일생을 살아왔다 해도 과언이 아니다. 그는 훗날 업(業)의 개념은 시대와 상황에 따라 달라진다. 누가 먼저 정확하게 변화하는 업의 개념을 잡느냐가 기회 선점의 관건

이라고 말해 "빨리가 아니라 먼저가 핵심"이라고 말했다,

- 이건희는 모르면 30번이라도 찾아가 배웠다

대충 겉핥기가 아닌 눈에 불을 켠 반도체 공부를 했다. 부회장 시절인 40대일 때도 내 나이 또래든 내 나이보다 조금 많든 적든 간에 반도체 전문가를 선생님으로 모셨다. 강의도 12시간, 20시간씩 받으면서 자신보다 지식이 앞선 사람한테 배울 때는 "삼고초려(三顧草廬, 인재를 맞아들이기 위해 참을성 있게 노력하는 마음)"의 정신으로 머리를 숙이며 3번, 4번, 안 될 땐 30번이라도 밤낮을 가리지 않고 찾아가서 배워야 한다고 말했다. [출처, 삼성 新 경영 121쪽]

- 반도체에 미친 "지독한 야행성(夜行性) 공부" 벌레

그의 침실을 직접 가본 당시 비서실장은 책장은 물론 바닥에까지 반도체 관련 각종 책과 자료들이 널려 있었고 침대 모서리에는 미국, 일본에서 보내온 엄청난 영상 자료들이 있었다고 증언했다.

새벽까지 빼놓지 않고 반도체 관련 책들과 영상을 보았다는 것이다.

삼성 사장을 모 임원은 독서는 낮보다 밤이 제격이신지 야행성 체질의 상징적 존재가 있다면 이건희 회장이 꼽힌다고 한다.

이건희 회장의 절박감과 위기의식

한국의 경영자 중에서 이건희만큼 기발(奇拔)한 발상으로 성취를 이뤄냈을까? 이건희 회장 쓴 책 "생각 좀 하며 세상을 보자."에는 절박감

내용의 구절이 있다.

삼성이 이대로 가다가는 사업 한두 개를 잃는 것이 아니라 삼성 전체가 사그라들 것 같은 절박한 심정이었다. 심각한 위기의식을 느낀 이건희 회장은 밤잠을 설쳐 하루에 4시간 넘게 자본 적이 없어 한때 체중이 10kg 이상 줄었다고 회고한다.

• **자만을 경계하고 장래 위기 극복을 위한 비상경영 선포**

자신의 관점과 철학에서 내공(內功)이 오랫동안 쌓아오지 않았다면, 신경영 추진은 중간에 흐지부지되거나 좌초되었다.

삼성의 글로벌 위상을 확인하기 위해 1993년 미국을 방문했다. 미국의 대표적인 전자제품 양판점인 "Best Buy"를 돌아보다가 진열대 구석에서 먼지를 뒤집어쓰고 있는 삼성 제품을 발견했다.

화(禍)가 난 이 회장은 이렇게 해서 삼성 제품을 쓸 수 있겠는가. 당장 반환하라고 지시했다. "위기를 인식하지 못하고 자만과 착각 때문에 망하는 것"이라고 질타했다.

• **이건희 회장의 미래의 두려움은 평생 화두였다**

2002년 삼성 임원단 회의에서 "10년 후 무엇을 먹고살 것인가"를 생각하면 식은땀이 난다며 10년 위기론을 강조했다.

초일류 삼성이 되려면 "마하 경영"을 제시했다. 제트기가 음속(마하)을 돌파하려면 재료공학, 기초물리 등 설계도부터 엔진, 소재, 부품을 다 바꿔야 하고, 체질과 구조적인 현실 안주를 경계했다.

이건희 회장이 늘 강조한 말씀

- 정신 재무장을 늘 강조했다

  "잘 나가던 일류기업이 한 번 패배해서 이류기업이 되고 나면 다시 일류로 올라서기는 여간 어려운 일이 아니다. 패배 자체의 타격보다 패배의식이 스며들었기 때문이라고 했다.

  대공황이 닥쳐도 망하는 기업은 많지 않다. 오히려 위기를 위기로 인식하지 못하고 자만과 착각에 빠지기 때문에 기업이 망하는 것이라고 질타했다.

- 오직 1등만이 살아남는다, 제품 불량은 암으로 규정했다

  100만 개 중 하나가 불량이어도 전체가 불량이다. 임원진 회의에서 암초기에 발견해서 처방하게 되면, 완치가 가능하지만, 제품 불량을 그대로 두면 기업을 죽게 만든다고 했다.

- 제품의 품질 경영을 늘 강조했다

  1995년 무선전화기 불량품 15만대 전부를 새 제품으로 교환해 주거나 회수할 것을 지시했다. 회수된 제품은 공장 전 임직원들 앞에서 소각되어 발생한 손실은 150억 원에 달했다. 5가지 모델 중 4가지는 생산을 중단했다. 대신 신제품을 개발하여 3년 뒤 무선전화기의 시장점유율은 1위로 올라 "Any call 신화"가 탄생했다.

- 위기 극복의 미래 "실패를 두려워하지 말라"

기업 경영에서 실패 경험만큼 귀중한 자산은 없다. "준비 부족, 안이한 생각, 경솔한 행동 등이 실패의 3요소"라 했다. 실패는 그대로 두면 독이 되지만, 원인과 분석을 철저히 하여 교훈을 찾아내면 오히려 최고의 보약이 된다고 했다.

- 자만을 경계해라

한국이 OECD 회원국에 가입한 1996년도 전후 삼성은 연평균 17%의 성장률을 기록했다. 그는 반도체가 팔려서 이익이 난다 하니까 자기가 있는 위치가 어디인지도 모르고 자만에 빠져 있다. 10년 내 삼성을 대표하는 사업과 제품은 대부분 사라질 것이라 경고했다.

- 겸손한 자세와 신용이 중요하다

"자만과 오만"을 경고했다 고객에게 한 번 신용을 잃게 되면 아무리 좋은 품질, 싼 가격으로도 고객의 발길을 되돌려 놓기 어렵다.

- 승진할수록 "창의력이 생기려면 책"을 읽어야 한다

"이건희의 서재"라는 책을 쓴 안상현 작가는 경영가라기보다 철학가, 사상가에 가까운 분이라 한다. 어눌하고 말이 없지만, 독서를 통해 얻은 지식으로 관찰력을 채우고 얻은 지혜를 실무에 적용하는 경영인이라 했다. 작가는 책에서 깊은 통찰력이 생긴다고 한다.

1993년 독일 프랑크푸르트 신경영 선언

- "마누라와 자식 빼고 다 바꿔"야 한다

  그동안 쌓여온 문제점을 해결하기 위해 1993년 독일 프랑크푸르트 신경영 선언이다. 국제화 시대에 마누라와 자식 빼고 다 바꿔야 한다고 말했다. 2년 뒤 1995년 중국 베이징 간담회에서 "정치는 4류, 관료 조직은 3류, 기업은 2류"란 유명한 발언을 남겼다.

- 3년 동안 원가절감 30% 절감과 위기경영 도입

  이 회장은 장래 위기에 대비하기 위해 비상경영 체제에 돌입했다. 1997년 경영 전 분야에 걸쳐 3년 동안 30% 원가절감과 한계 사업을 정리하고 차세대 사업에 집중하는 경영 체제전환을 지시했다. 1년 후 IMF 외환위기가 오자 허리띠를 졸라맨 삼성은 외환위기 속에서도 급변하는 세계 시장을 선점하는 기회를 만들어 냈다.

이건희 회장의 업적

- IT 강국의 초석 마련

  삼성전자는 1992년 64M D램과 1994년 256M D램을 세계 최초로 개발해 기술 주도권을 확보하면서부터 반도체의 성공에 이어 애니콜 신화가 탄생했다.

  삼성은 후발주자였지만, 소니와 산요를 꺾고 애플과 어깨를 나란히 하는 세계적인 IT 기업으로 올라섰다. 2023년 용량이 50만 배 증가한 32기가 비트(Gb) D램을 개발하는 데 성공했다. 12나노미터(10억 분의 1미터)급 D램은 단일 칩 기준 역대 최대 용량이다.

- 인재 제일의 삼성, "학력 위주에서 실력 위주로"

회장에 취임하면서부터 학연, 지연, 혈연, 성별, 직종에 따른 불합리한 인사를 금지했으며, "삼성은 학력이 아니고 실력이 곧 능력이다는 신상필벌(信賞必罰)의 원칙에 따라 승진 인사"를 단행했다.

- 협력업체는 상생과 동반성장 기업이다

삼성은 "중소기업과 공존공생(共生共存)을 선언"하여 생산 이전이 가능한 품목을 선정해 단계적으로 중소기업에 넘겼다. 1993년 신경영 선언 당시 삼성의 발전을 위해, 크게는 대한민국 경제 성장을 위해 협력업체 육성을 강조했다. 삼성에서는 거래처, 납품업체라는 말이 사라졌고, "협력업체"라는 표현을 사용하기 시작했다.

- 미래를 향한 국가와 사회공헌

국가발전과 인류사회에 공헌한다는 사명감으로 삼성문화재단·삼성복지재단·삼성사회봉사단·삼성 의료재단 등 사회공헌 활동을 해 왔으며, 국가의 일이라면 발 벗고 나서 동계올림픽도 유치했다.

이건희 회장 명언 모음 발췌

- 위기는 기회보다 훨씬 먼저 온다. 잘나갈 때일수록 위기는 이미 시

작되고 있다. 개인의 인생도 마찬가지다.

- 가장 불쌍한 인생은 배운 대로만 사는 인생이다.
- 남 잘됨을 축복하라. 그 축복이 메아리처럼 나를 향해 온다.
- 돈은 거짓말을 하지 않는다. 돈 앞에서 진실하라.
- 들어온 떡만 먹으려 말라. 떡이 없으면 나가서 떡을 만들라.
- 마음 무게를 가볍게 하라. 마음이 무거우면 세상이 무겁다.

맺음말

혜안과 결단력이 탁월하여 한국 반도체산업에 평생을 바치신 분이다. 변화에 적응하지 못하면 뒤처지는 정도가 아니라 망할 수 있다. "1등이 될 수 없다면 문을 닫을 각오를 하라, 마누라와 자식 빼고 다 바꿔야 한다."는 유명한 일화를 남겼다.

21세기를 넘나들며 최단시간에 20종의 글로벌 1위 제품을 만들어 낸 불굴의 의지력과 잠자던 반도체산업을 육성시킨 사상가에 가까운 경영인이다. 삼성의 위기감이 닥치자 한해 10kg 체중이 줄었다. 전 직원에게 "자만과 오만"을 경고했다. "10년 내 삼성을 대표하는 사업과 제품은 대부분 사라질" 것이라 경고하면서 "오직 세계 최고의 1등 제품"만이 살아남는다는 교훈을 주었다.

삼성을 글로벌 정보기술의 최강자로 키워낸 고도의 통찰력과 혁신은 그가 타계한 뒤에도 곳곳에 녹아 있다. "그는 삼성을 이끌면서 이 세상에 공짜도 없고, 거저 되는 것도 없다고 말했다." 당신들은 최선을 다했겠지만, 나는 삼성을 위해 목숨을 걸었다고 회고한다.

성공은 수많은 실패 뒤에 숨어 있다

창업가가 성공한 이면에는 복잡하고 다양한 어려운 상황이 누구나 있게 마련이다. 자신의 온갖 역경을 겪고도 꿈을 향해 손을 뻗는 소망과 움직임에는 "성공과 실패의 두려움"은 항상 내재(內在)되어 있기 때문이다.

애플의 스티브 잡스, 전기자동차의 일런 머스크 등 수많은 외국기업뿐만 아니라 국내 대기업, 중견기업, 중소기업, 그 밖에 TV에 나오는 소상공인의 성공 가도는 도전과 열정으로 사업을 성장시킨 분들이다. 성공은 서로 생각이 다를지 몰라도 세상을 더 나은 것을 만들고자 하는 노력의 열정과 아이디어, 몸짓에서부터 출발한다.

성공하는 것보다 도전하는 것이 더 값지다

어떠한 흥분도 없이 밍밍한 삶을 살아도 괜찮다는 생각을 지닌 사람에게는 도전하고 희생하기를 강요하지 않는다. 그 이유는 도전의 두려움에 있어 도전하기를 거부하기 때문이다. 피곤해서도, 무능해서도, 나이 때문도 아니다. 두려움 때문에 멈칫하는 것이다.

필자의 현장에는 70세 나이에도 일하는 사람도 있고, 60세가 넘은 나이에도 자격증을 취득한 사람을 고용해서 함께 일한다. 공통점은 나이가 있음에도 사회 경험이 많아 젊은 사람들보다 책임감 있게 일을 더 잘한다는 것이다.

사람은 어쩌면 원하는 것을 쫓는 일이 성취하는 것보다 덜 중요하다고 생각할지도 모른다. 일상의 식사는 감칠맛을 부여하는 소금(小金, 금과 버금가는 인체에 소중한 것이 소금이다)이 들어가야 맛이 우려 난다. 감칠맛이 없는 삶이란 그냥 대충대충 사는 것이다. 소금처럼 감칠맛이 없고, 밍밍하게 살아간다는 인간의 본질이 아닌 듯싶다.

성공을 위한 에디슨의 명언

"성공의 반대말은 실패가 아니라 도전하지 않는 것이다." 도전은 쉽고 편안한 길이 아니라 위험을 무릅쓰고 모험과 비슷한 말이다. 미국의 발명가 "토머스 에디슨"(1847~1931년)은 특허 건수가 1,000개 넘었다.

발명가보다는 도전자라는 별명이 더 어울리는 과학자이다. 에디슨은 수천 번의 실험을 통해 1879년 백열전구를 발명한 그는 "나는 단 한 번도 실패한 적이 없다. 단지 수천 번의 과정을 거쳐 전구를 발명했을 뿐이다."라고 말했다.

"실패는 성공의 어머니"라는 명언을 남긴 에디슨이 자신의 발명에 단 한 번의 실패도 없었다고 당당하게 말한 것은 실패를 성공을 향한 도전의 과정으로 생각하는 긍정적 사고가 있었기 때문이다.

에디슨이 남긴 명언으로 "천재는 99%의 부단한 노력과 1%의 영감으로 이루어진다." 노력을 아무리 하여도 영감이 없으면 안 되는 것이다. 운동은 근육이 커지는 것처럼 머리를 쓰면 두뇌의 힘도 강해지는 것이다.

천재 과학자 에디슨의 명언은 감동적이고, 위로가 되는 주옥같은 말들이다. 천재적인 사람도 위대한 사람도 알고 보면 평범한 우리와 다를 바 없다. 다만 다른 점이 있다면 어려움을 만났을 때 멈추지 않고 한 걸음 더 내디뎠기 때문이다.

"실패는 성공으로 가는 길 성공은 실패 뒤에 숨어 있다"

실패란 혼란의 의미이고, 그 자체가 혼란이다. 이런 혼란을 통해 우리는 실패를 배우게 되는 것이고, 누구에게나 겪는 소중하고 값진 교훈이다. 실제로 큰 실패 뒤에 큰 성공을 일궈낸 위인들이 많다. 실패를 겪어보지 못하고 성공의 반열에 오른 인물은 많지 않다. 실패를 엄청난 성공으로 거둔 7인의 이야기를 소개해 본다. [출처, 성공은 수많은 실패 뒤에 숨어 있다]

- 『해리 포터』의 작가 롤링

  조앤 롤링(1965년~)은 영국 작가이자 자선가로도 활동하고 있다. 대학 졸업 후 결혼생활은 얼마 되지 않아 파탄이 났고 직장도 없어 영국 사회에서 더할 수 없는 가난한 사람이 되었다. 나는 실패한 나 자신을 그대로 받아들이고 내가 가진 모든 열정을 쏟기 시작했다며 "실패가 자신의 삶에 원동력이 되어 삶을 다시 튼튼히 키울 수가 있었다 한다".

- 자신이 세운 애플에서 쫓겨난 스티브 잡스

  스티브 잡스(1955~2011년 10월)는 미국 애플의 최고 경영자이다. 자신이 만든 회사에서 밀려나는 수모 속에서도 애니메이션 회사 픽사를 세워 소프트웨어와 콘텐츠에 새롭게 눈을 떴다고 한다. 그 후 무선

전화기, 노트북 등 전자부품을 만들면서 난관이 닥쳐도 신념을 끝까지 잃지 않았다.

- 상대성 이론의 창시자 아인슈타인

아인슈타인(1879~1955년) 인생은 실패의 연속이었다. 9살 때까지 말을 더듬는 지진아(遲進兒) 취급을 당했고, 독일 중등교육에서도 적응하지 못해 학교를 그만두고 독학으로 취리히공대에 지원했으나 낙방했다.

다음 해 수학 성적을 인정받아 취리히공대에 진학했다. 대학 졸업 후 직장을 구하지 못해 가정교사와 임시교사로 전전하다가 특허사무소의 심사관으로 채용됐다.

심사관으로 재직하면서 물리학 연구를 포기하지 않아 26살에 물리학의 근간을 흔드는 공간, 질량, 시간, 에너지에 대한 개념을 완전히 바꾸는 논문 4편을 발표하여 "상대성 이론"이라는 큰 업적을 남겼다.

- 실패학 박사라고 말한 미국 링컨 대통령

미 북서부 변방 지역의 가난한 집에서 태어난 링컨(1809~1865년)은 독학으로 변호사 시험에 합격했다. 젊은 시절 사업실패로 거액의 빚을 졌고 선거에 출마해서는 번번이 낙선하다 제16대 대통령이 되었다. 남북전쟁 시련 속에서도 미국을 지켜낸 대통령이다.

어릴 때는 모친과 누나의 죽음을 목격했고, 청년일 때는 약혼녀와 두 아들의 죽음을 경험했다. 실패와 역경, 슬픔으로 뒤덮인 삶이었지만 늘 희망을 잃지 않았다. 링컨은 성공에는 별다른 비밀이 없다.

"성공은 철저한 준비와 노력, 실패에서 배우는 교훈의 결과"이다.

• 세계적인 영화감독이자 제작자인 미국의 스티븐 스필버그

스티븐 스필버그(1946년~)는 고등학교 때 성적이 나빠 서던 캘리포니아대학 입학을 3번이나 거절당했다. 영화 제작사 유니버설 스트디오 회사의 눈에 띄어 감독의 길로 들어섰다. 학창시절의 나쁜 성적은 그 사람의 삶을 말해 주는 것은 아니다. 그의 영화는 40여 년간 많은 주제와 장르를 다뤘다. 타임지는 그를 "20세기의 가장 중요한 인물 100인"에 올렸다.

• 남아프리카의 역사를 바꾼 넬슨 만델라 대통령

넬슨 만델라(1918~2013년)는 남아프리카 공화국의 평등선거에서 뽑힌 최초의 흑인 대통령이다. 대통령으로 당선되기 전에 아프리카 민족 지도자로서 남아공 백인 정권의 인종차별에 맞서 30년 투쟁을 하다가 투옥되었다.

만델라는 투옥 기간 이후 남아프리카 공화국의 역사를 바꾼 인물이 되었다. 그는 "두려움과 용기는 공존하지만, 용기는 선물"이라는 명언을 남겼다.

• 많은 사망자를 내면서 화약류를 발명한 알프래드 노벨

노벨(1883~1896년)은 화약 발명가, 과학자, 사업가이다. 젊은 나이에 프랑스 파리로 유학을 떠나 화학과 폭발물 기술을 습득했다. 유학 기간에 자신의 운명을 바꾸는 악마의 물질. 다이너마이트 원료인 니

트로-글리세린이 폭발성 물질이라는 것을 알게 되었다.

고국에 들어와 30살 나이에 니트로-글리세린을 이용한 액체폭약 개발로 광산 및 토목공사 현장에 사용되었다. 그러나 잦은 폭발사고와 실험 도중 공장이 전소되면서 동생과 공장 직원 5명이 사망했고, 광산 및 건설 현장에서도 폭발로 사고가 끊이지 않았다.

노벨의 실수로 니트로-글리세린이 들어있는 병이 바닥에 떨어졌으나, 다행히 폭발은 일어나지 않아 목숨을 건졌다. 그 원인을 분석하던 노벨은 바닥에 깔린 "규조토 광물의 구멍(氣孔) 내로 니트로-글리세린이 스며들어 안정화"된다는 사실을 우연히 알게 되면서부터 연구를 거듭한 끝에 안전한 반고체폭약인 다이너마이트 폭약을 개발하게 되었다. 이것이 화약제조와 훗날 "노벨상의 기원"이 되었다.

도전, 실패, 성공은 어떨까?

- **실패는 자긍심을 부여한다**

  실패는 눈을 뜨는 과정에서 인간을 두뇌 능력으로 비교하기 시작하면서부터 부정적인 의미가 가미된 것이다. 역경을 겪고도 꿈을 향해 손을 뻗는 작은 움직임은 아주 소중한 것이다. 그 이유는 세상을 더 나은 곳으로 만들고자 하는 노력의 몸짓이기 때문이다. [출처, 웰니스, 원드플 마인드, 2017년]

- **시간이 없다는 것은 변명이다**

  에디슨은 세상에서 가장 어리석은 변명은 "시간이 없어서"라는 말이 있다. 우리는 흔히 이런 말을 자주 듣는다. 그 말의 뜻은 인생은 시간이 곧 금이기에 잃어버린 시간은 다시 찾을 수 없고 오늘 할 일을 내일로 미루지 말라는 것이다.

작고한 현대 정주영 회장, 삼성 이병철 회장 그 외 수많은 창업가는 "시간이 없다는 것은 변명이라 질타"했다. 성공한 사람은 배운 학식보다는 사업하면서 기발한 영감과 혜안, 직감의 아이디어를 찾아내어 일해 기업을 일궈 냈다.

모든 성공의 뒤에 얼마나 많은 실패가 있는지를 알려면 실리콘 밸리를 보면 알게 된다. 애플, 구글 등 첨단산업의 산실인 그곳에서는 "아침에 깨어보니 유명해진" 성공사례들이 계속 이어진다. 하지만 성공사례보다는 그 몇 배로 많은 실패의 과정을 이미 거쳤다.

누군가 혁신적 상품이나 아이디어로 성공을 거두면 경쟁자들은 우르르 뛰어든다. 그러나, 모두 뛰어들면 무너진다. 실패를 성공에 이르는 징검다리로 여기지 않으면 버틸 수가 없기 때문이다. "엄청난 실패를 불사하는 사람만이 엄청난 성취"를 할 수 있다고 로버트 케네디는 말했다. [출처, 권정희, 한국일보 논설위원, 2015년]

실패의 축적이 중요한 이유

성공은 한순간으로 소위 "대박"이 터지는 게 아니다. 성공은 여러 번의 실패가 축적된 끝에 찾아오는 결과물이다. "실패를 효과적이고 안전하게 경험하기 위해 독서"를 택한다. 독서는 실패의 경험에 아주 유용하다고 한다. [출처, 김무환 포스텍 총장, 2020년]

미국의 스티브 잡스를 비롯해 토머스 에디슨, 빌 게이츠, 일본의 손정의, 중국의 마윈, 그 외 혁신적인 인물은 수많은 실패를 거듭해 위대한 성공을 이뤘다. 실패의 경험을 축적하여 축적된 경험을 바탕으로 새로운 아이디어를 발전시키면서 성공으로 이어진다.

실패한 거듭한 후 재기하여 성공했을 때에는 생동감, 자유와 자긍심을 부여한다. 실패는 성장의 동력이요, "포기하지 않는 삶은 성공의 지름길"이라는 메시지를 전하고 있다. 그러나 보통 사람은 혹시 망하면 어떻게 될까? 두려움 때문에 사업 도전은 어려운 것이다.

미국 경제 전문지 포브스는 돈 잘 버는 5가지 습관을 정리했다

- 낙관론이 승리한다.
- 적은 돈을 모아 크게 불려라.
- 오늘이 마지막 인생처럼 살아라.
- 책을 읽어 내공을 쌓아라.
- 부자가 될 만한 일은 주저치 말고 실행하라는 제언이 있다.

인생 명언 [출처, 성공은 넘어지는 것이 아니라 일어나는 것이다]

• 실패는 성장의 기회이다

실패는 좌절과 실망을 안겨주지만, 동시에 배움과 성장의 기회를 가져 준다. 성공한 사람들 한 번도 실패하지 않은 사람이 아니라 실패를 극복한 사람들이다.

- 넘어짐은 끝이 아니다, 다시 일어나는 힘은 태도에서 나온다

  인생에서 넘어지는 것은 피할 수 없는 일이다. 중요한 것은 우리가 그것을 어떻게 받아들이고 극복하느냐에 있다. 넘어진 후 다시 일어나는 것은 단순히 의지력이 아니라, 긍정적인 태도와 신념에서 출발한다.

- 누구나 실패할 수 있다, 실패의 교훈은 성공의 디딤돌이다

  실패에 좌절하지 않고 다시 도전하는 태도가 인생의 미래를 바꾼다. 역경을 딛고 일어난 사람은 우리 주변에 많다.

어느 기업에 다음과 같은 《시험문제》가 출제되었다

여러분이 실패한 원인과 그 원인으로 인해 어떤 결과가 초래되는지 설명하라.

맺음말

"성공에는 수많은 시행착오를 겪으면서 성공을 이루어 낸 귀중한 산물이다." 우리 주변에 수많은 시행착오를 거치면서 내공에 쌓인 노력과 열정이 조합되어 성공을 이끈 기업인, 직장인, 길거리 노점상, 식당 및 채소재배 주인 등 수없이 많다.

이분들의 공통점은 결핍한 삶 속에서 성공을 이끈 사람들이다. 성공한 사람은 실패와 역경, 슬픔으로 뒤덮인 삶이지만, 늘 희망을 잃지 않

았다. 누구나 할 것 없이 가난, 시험, 취직, 결혼, 사업, 승진, 금전, 명예, 어쩔 수 없는 조기퇴직 등 세월의 난고(難苦)에 크고 작은 실패를 겪으면서 성공을 이뤄 냈다.

어쩌면 원하는 것을 쫓는 일이 실제로 성취하는 것보다 덜 중요하다고 생각할지도 모른다. 그 이유는 성공하는 것보다 도전하는 것이 어렵고 더 값지기 때문이다.

우리는 주변에서 실패해도 좌절하지 않고, 정한 수 한 그릇의 절박한 심정으로 도전해 사업을 일구어 성공 가도를 달리는 사람들이 많다. 이분들을 유심히 관찰하게 되면 "성공 가도의 길"을 찾을 수 있지 않을까 생각해 본다.

제7장

부(富)를 이룬 검소한 창업가는 공존(共存) 정신을 지니고 있다

세계적인 갑부의 검소한 삶과 공존(共存) 철학

과거에 가난했거나, 불우하게 살았거나, 한 차례 몰락했다가 재기에 성공한 창업가는 부지런하고 검소하게 사는 것이 몸에 배어 있다. 소상공인, 중소기업, 중견기업, 대기업이 "오랫동안 유지되는 비결과 공존(公存)" 철학으로 이어온 그들의 공통점은 무엇일까?

세계적인 부자들의 절약과 기부 [출처, 부자들의 습관]

- 190조 재산, 워런 버핏(1930년~현재)

  버핏은 대학에 진학하고 싶지 않았으나, 부친의 강요로 와튼 금융산업학교에 진학했다. 졸업 후 신문, 대여사업, 소작농을 통해 5,000달러 이상 모은 것을 계기로 사업을 일구었다. 버핏은 엄청난 재력을 소유하고 있음에도 지금도 검소한 생활을 하는 것으로 유명하다. 워런 버핏은 부자가 된 근원은 절약에 있다. 버핏은 "돈이 없어 어려웠던 창업 초장기를 잊지 못해 교외에 살면서 햄버거를 먹는 검소한 생활"을 즐긴다. 버핏은 2023년에 6조 원의 주식 기부 등 그동안 총 66조 원을 기부했다.

- 68조 재산, 이케아 가구 창업자 캄프라드(1926~2017년)

  1926년 스웨덴 농촌 마을의 어려운 가정에서 자랐다. 그는 17세 나이에 펜과 지갑 등을 판매하다가 작은 공장에서 조립용 가구를 만들면서 세계적인 가구 기업으로 성장했다. 이케아 가구는 세계 시장뿐만 아니라 한국에서도 판매되고 있다.

근검절약이 몸에 밴 그는 평소 "대중교통과 지하철을 이용하며 주말에는 15년 된 구닥다리 승용차를 몰고 다니고, 비행기를 탈 때는 제일 싼 이코노미석만 고집"한다. 동네 슈퍼에서 주말 할인 행사가 있을 때까지 기다린다고 한다.

- 24조 재산, 인도 IT 재벌 아짐 프렘지(1945년~현재)

인도의 "빌 게이츠"로 불리는 프렘지는 정보기술(IT)기업인이다. 그는 1966년 부친으로부터 식용유 제조기업을 물려받아 이를 계기로 세계적인 기업으로 발전시켰다. 정경유착으로 성장한 인도의 많은 대기업과 달리 정부에 뇌물이나 정치 자금을 일절 주지 않는 것으로 유명하다.

몰고 다니는 차는 소형차이고, 비행기는 이코노미석, 숙소는 게스트하우스이다. 아들 결혼식 피로연에 일회용 종이 접시를 사용해 화제가 되기도 했다. 그는 "성공은 많은 사람의 도움이 있어 가능했다며 성공할수록 고마움과 책임의식"을 가져야 한다고 했다.

- 212조 재산, 빌 게이츠(1955년~현재)

하버드대 법학과에 입학했으나, 수학과로 전과하여 공부하다 돌연 중퇴 후 컴퓨터 프로그래밍 베이직(Basic)에서 아이디어를 얻어 컴퓨터와 인연을 맺어 Microsoft를 설립한 창업주이다. 프렘지는 "사업가이자 자선가이다." 자녀에게 1,000만 달러의 유산을 물려주고 나머지는 모두 기부할 계획이라고 밝혔다. 은퇴 후 총 93조 원을 기부했으며, 죽으면 전 재산 99%를 사회에 기부하겠다고 밝혔다.

「빌 게이츠의 명언」에는 이런 말이 있다

- 큰일이든 작은 일이든 시작을 했으면 끝마칠 때까지 충실하여라.
- 오늘 일을 내일로 절대로 미루지 말라.
- 작고 하찮은 일부터 시작해야 한다.
- 실수는 누구나 한 번쯤이 아니라 수십 번, 수백 번도 할 수 있다. 하지만 같은 실수를 반복한다는 것은 미개한 사람이다.

실리콘밸리 젊은 부자 검소한 생활과 공익에 의미 있는 삶

자수성가해 억만장자가 되었음에도 부(富)의 과시 수단인 고급 차나 호화저택 등을 거부하고 검소하게 사는 성공한 젊은 사업가들이 적지 않다. 실리콘밸리에서 인터넷 회사를 창업, "20~30대에 억만장자가 된 젊은 기업가들은 물질보다 정신을 중시하는 생활방식을 고수하며 공익 활동"에 적극적으로 나서 화제다. [출처, 실리콘밸리의 속 깊은 젊은 억만장자]

청년 갑부들이 과소비를 피하는 이유는 단기간에 재산의 증가에 적응하는데 많은 시간이 걸리고 자신의 부가 언제까지 계속 지속할지 두려워하기 때문이다. [출처, 뉴욕대 경제학과 에드워드 울프 교수]

• 220조 재산, 페이스북 창업자 저커버그(1984년~현재)

미국의 프로그래머 및 인터넷 사업가이며 현재 메타(Meta)의 경영자이다. 2024년 그의 재산은 약 2,000억 달러에 달하여 세계 최상위 부자 중 한 명으로 자리 잡고 있다.

2015년 자신이 가지고 있는 페이스북 주식 99%를 평생 기부하겠다고 발표하여 소득에 비례하는 사회적 환원을 실천하고 있는 기업인이다. 승용차는 3,000만 원대이고, 자신의 결혼식에 청첩장 안 돌리고, 음식은 동네 식당에서 먹었다.

• 금융 기업 인튜이트의 경영자 아론 패처(1996~현재)

아론 패처는 아버지로부터 버림을 받아 부모의 얼굴도 모른 채 자랐다. 대학에서 컴퓨터공학 및 전기 공학을 전공했다.

그는 사업에서 돈을 벌어드려 재산이 억만장자임에도 실리콘밸리 내 56㎡ 크기의 방 1개짜리 소형 아파트, 오래된 소파와 TV 세트가 전부이다.

자동차는 1996년산 포드차를 몰다 주행거리가 24만㎞를 넘자 2만 9,000달러(3,060만 원)짜리로 교체했다. 신발은 물려받은 39년 된 갈색 구두이며 평소 12달러짜리 이발소를 이용한다. 그는 많은 물질은 행복에 비례하지 않는다고 해 자선단체를 만들고 생전에 모든 재산을 사회에 내놓겠다고 약속했다.

• 소셜네트워크 소프트웨어 창업자인 더스틴(1984년~현재)

재산이 억만장자이지만, 대형 저택을 마다하고 80만 달러짜리 아파트에 살고 있으며, 자전거로 출·퇴근하고, 비행기도 일반석을 이용한다. 하지만 자신이 만든 자선단체에 기부하는 돈은 아끼지 않고 생전에 자신의 부를 모두 사회에 내놓겠다고 약속했다.

· 드롭박스의 창업자 휴스턴(1983년~현재)

휴스턴은 대학 수능에서 SAT 시험(학업 능력을 객관적으로 평가하기 위한
시험)에 만점을 받고 MIT 공과대학에서 컴퓨터공학을 전공했다. 대
학 시절부터 그의 관심사는 온통 창업에 쏠려있었다.

졸업 후 실패를 거듭한 끝에 2007년에 USB를 휴대하는 번거로움을
해소하기 위해 드롭박스를 창업했다. "최고급 승용차를 몰고" 다니
는 것보다 자유롭고 독립적으로 대중들을 위해 무엇인가를 만들어
내는 것이 훨씬 중요하다고 강조했다. [출처, 부자들의 습관]

맺음말

돈이 있는 졸부(猝富)는 갑질, 임금착취, 횡령, 분식회계, 기타 등 부정
으로 재산 불리기에 바빠 사회인의 존경하고는 거리가 멀어 문제가 발
생 시 비호로 결탁한다.

그러나 세계적인 갑부들은 재산이 몇 수십조~백조 원의 재산이 있어
도 의외로 검소하고 절약 정신이 투철해 부(富)의 일정 부분을 사회에
환원해 공존의 철학을 몸소 실천한다는 것이다.

유한양행 유일한 회장과 경주 최부잣집은
재산 대부분을 사회에 환원했다

유한양행 창업자 유일한 회장

노블레스 오블리주(부와 권력, 명성은 사회에 대한 책임과 함께 해야 한다는 의미) 실천기업 유한양행의 창업자 유일한(1895~1971년) 회장은 소유와 경영을 분리해 기업경영을 했다. 자신이 이룬 전 재산을 사회에 환원했고, 유한공고와 유한전문대학을 설립했다.

부친은 평양에서 재봉틀 장사로 자수성가했다. 부친으로부터 기독교의 검소한 삶을 배우며 자란 유 회장은 기업은 윤리경영에 원칙을 두어 "기업의 이윤은 사회에 환원"돼야 한다는 신념을 늘 가지고 있었다.

- 기업이 돈을 버는 곳에만 몰두하면 수전노이다

  그는 개인보다는 민족, 국가, 사회에 대한 헌신은 평생의 신념이었다. 사람은 죽으면서 돈을 남기고, 명성을 남기기도 한다. 그러나 유 회장은 "애국, 애족의 정신을 기업경영의 기본 이념"으로 삼았다. 기업이 돈을 버는 데서만 머문다면 "수전노"(守錢奴, 돈을 모을 줄만 알고 쓰는 데는 몹시 인색한 사람)와 다를 바가 없다고 말했다. [출처, 유일한 평전]

- 한국에서 처음 시행된 유한양행의 "사원지주제" 실시

  유한양행은 1962년 제약업계 최초로 주식을 공개해 소유와 경영을 분리했다. 유한양행이 주식을 공개한 것은 자본의 확충을 위해서가

아니라 "기업은 개인(나)의 것이 아니라 사회의 것", 사원의 것이라는
데 뜻을 두어 주식 일부를 사원들에게 공로주로 나눠 주었다. 이것
이 한국에서 처음으로 시행된 "사원지주제"이다.

• 가족 세습 경영의 폐단을 끊었다

1969년에 전문 경영인에게 회사경영을 맡기면서부터 가족 세습 경
영의 폐단을 완전히 끊었다. 유한양행 부사장까지 지낸 아들은 경영
에는 관여하지 않았다. 자식을 대학까지 가르쳤으니 혼자 살아가라
고 했다. 또한, 부인과 딸에게 재산을 물려준다고는 하지 않았다. 자
신 소유 회사 주식 14만 941주를 한국사회 및 교육신탁기금에 기증
했다.

• 유일한 회장 "유언장"에 이런 내용이 있다

- 손녀에게 대학까지의 학자금으로 1만 달러를 준다.

- 딸에게 유한공고 안에 묘소와 주변 땅 5천 평을 물려준다.

- 5천 평 땅에는 유한동산으로 가꿔 줄 것.

- 주변에 울타리를 치지 말 것.

- 거기서 마음껏 뛰노는 학생들의 모습을 보고 싶다고 했다.

300년간 부의 본질을 깨달은 경주 최 부자

근대 사회에서 부의 본질을 깨달은 사람은 경주 최 부자이다. 사방
백리(百里) 안에 굶어 죽는 사람이 없게 하라는 원칙을 두어 "한국판 노

블레스 오블리주를 실천한 가문이다."

최부잣집의 역사는 16세기 초반 최진립(1568~1637년, 조선 시대 경기 수사, 전라 수사, 공주 영장 등을 역임한 무신. 병자호란 때 용인에서 순절했다) 장군이 경주에 터를 잡으면서 시작되어 이후 300년 이상 부를 이어오며 9명의 진사와 12대 만석꾼을 배출했다. 최부잣집은 300년간 가훈을 지켜가며 평생을 살았고, 거지들에게 돈을 나누어 주고 밥을 먹여 주는 좋은 선행으로 노블레스 오블리주를 몸소 실천했다.

재산이 많으면 지키는 것 자체가 어려운 일이다

재산이 많다는 것은 관리해야 할 것도, 신경을 써야 할 것도 많다. 최부잣집은 대(代)를 이어 부를 지키는 일이 그만큼 어렵다는 일을 해냈다. 임금이 바뀌면 멸문지화(滅門之禍, 가문이 완전히 멸망하여 없어지는 큰 재앙을 의미)를 당하기도 하던 조선 시대. 사방 100리 안에 굶어 죽는 사람이 없게 하는 "나눔 정신"의 실천이다.

경주 최부잣집은 조선 최고의 적선지가(積善之家, 선한 일을 쌓은 집안)가 되었다. "적선지가 필유여경(積善之家 必有餘慶)"이란 말이 있다. "덕을 쌓은 집안에 복"이 있듯, 부를 베풀수록 나날이 번성했다.

부를 베풀고, 민심을 얻고, 그 민심이 더 큰 부를 불러들이는 부의 선순환. 그것이 바로 최부잣집 300년 동안 부의 비밀이다. [출처, 존경받는 부자의 비밀, 경주 최부잣집 300년 이야기]

300년 이상 부자가 된 최 부자 집의 비결

• 소작료는 50%만 받았다

부친 최진립으로부터 재산을 물려받은 아들 최동량(1598~1664년)은
산과 큰 땅을 산 후, 농사를 짓기 시작했으며 3대 아들 최국선도 아
버지 옆에서 도왔다.

최동량은 지나가는 사람들이 땅을 사용하고자 하면 소작료를 수확
한 곡식의 50%만 받고 중간 관리자인 마름(지주로부터 소작지의 관리를
위임받은 관리인)도 두지 않았다. 그 이유는 중간에서 소작료를 빼돌렸
기 때문이다. 이런 방식으로 일꾼을 모아 큰 땅을 일구었다.

소작인들의 노동 의욕이 올라가 거름을 쓰는 시비법과 모내기를 하
는 이앙법으로 농사를 지으면서 쌀의 수확량이 두 배로 늘어 최 부
자의 부는 계속 증가하게 되었다.

• 가난한 사람의 배려

최동량이 세상을 떠나자 최국선에게 최부잣집의 3대째 자리를 내준
다. 3대 최국선부터는 가난한 사람들에게 나눔이 본격적으로 시작
되었다. 어느 불교 승려가 "재물은 거름과 같습니다. 재물을 나누면
세상을 이롭게 하지만, 움켜쥐면 썩습니다."라고 말씀하는 것을 듣
고 나눔을 실천했다.

최국선이 대를 이었을 땐 최부잣집은 이미 조선 최고의 부자였다.
그는 1671년 헌종 때에 흉년이 들어 농민들이 쌀을 빌려 간 것을 못
갚게 되자 안타까워하며, 아들(최의기)이 보는 앞에서 담보문서를 모

두 불살랐다.

최국선은 죽을 쑤어 거지들에게 나눠주었으며, 춘삼월 백성들이 곡식이 떨어지자 100석의 쌀을 이웃에게 나눠주었다. 최국선 대(代)부터 소작 수입의 1/3을 빈민구제로 쓰는 풍습이 생기면서 최부잣집은 조선 시대 중반부터 나눔 정신을 몸소 실천했다. [출처, 경주 최 부자 집의 나눔 실천]

독립운동 자금과 대학교 기부

12대 마지막 최준(1884~1970년)은 일제강점기에 독립자금 마련을 위해 백산 무역회사를 설립해 안희제(독립 운동가)가 임시정부 재정부장을 맡아 독립운동 자금줄 역할을 했다.

해방 후 경주에 있는 집과 함께 전 재산을 영남대학교를 설립하는데 기부했으며, 경주에 계림학숙을 세워 가문의 부(富)를 학교와 사회에 환원했다.

쇠퇴와 종말

최부잣집은 19세기 조정의 부패와 일본에 의해 나라가 혼란스러워지자 덩달아 무너져 갔다. 이로써 최부잣집은 12대의 역사를 이어오다 막을 내렸다.

최부잣집 육훈(六訓) [출처, 전통문화와 역사, 신현배 칼럼니스트]

- 과거를 보되 진사 이상의 벼슬은 하지 말라.

- 1년에 1만 섬 이상 재산을 모으지 말라.

- 흉년에는 남의 논밭을 사지 말라.

- 집에 온 손님은 융숭하게 대접하라.

- 사방 100리 안에 굶어 죽는 사람이 없게 하라.

- 가문에 시집온 며느리들은 3년 동안 무명옷을 입도록 하라.

절약은 부의 씨앗이다, "부자는 하루아침에 이뤄지지 않는다"

사람들은 일확천금을 꿈꿔 한탕으로 많은 돈을 벌려고 한다. 부자는 하루아침에 이뤄지지 않는다. 부(富)란 절약을 생활 속에 실천해 종잣돈(Seed money)을 만든 뒤 꾸준히 불려 나가는 기나긴 인고(忍苦)와 노력의 과정이다. 그 과정을 참고 절약한 자만이 부(富)를 이룰 수가 있다.

아름드리나무가 씨앗에서 잉태되듯이 작은 절약이 비바람 속에서도 싹이 트고 꽃을 피워 차근차근 커다란 부를 만든다. 여러 권의 책에 나오는 부자들의 공존의 삶의 단면을 보면 부자는 절약원칙을 지켜 검소한 이면에는 베풀어가면서 더불어 살아간다는 것이다.

재력가의 검소한 생활 이면에는
공익, 공영, 공존이 함께하고 있다

재력가들의 삶의 단면을 살펴본다. 엄청난 부를 일군 자수성가형 부자들은 어떻게 그 많은 돈을 모았을까? 무슨 옷을 입으며 어떤 차를 탈까? 평소 씀씀이는 어떨까? 궁금하지 않을 수가 없다. "평범한 사람들은 상상하지 못할 정도로 화려한 삶을 누릴 것 같은 느낌"이다. 자본주의 사회에서 큰 부를 이룬 사람들은 늘 호기심의 대상이다.

절약은 미래의 행복을 위해 현재의 욕구를 자제한다

절약은 현재의 욕구를 자제한다는 점에서 투자와 마찬가지이다. 현재의 욕망을 충족시키고 비참한 미래를 사느냐, 밝은 미래를 위해 현재의 욕망을 참느냐는 것은 각자의 판단에 달려 있다.

만족이란 것은 겸손한 태도에서 출발한다. "돈의 흐름은 기회를 향한다."라는 글귀가 있다. 절약하는 사고는 만원을 절약하면 만원을 번 것이다. 빗대는 말이지만, 기업도 경제적으로 힘든 상황이 올 때 극복하려면 충분한 현금을 보유하고 있어야 이익창출을 위해 설비투자를 하고 기업을 운영한다. [출처, 돈의 흐름은 기회를 향한다]

부자들은 청빈하게 생활하면서 이익은 사회환원이다

일반 서민들에게 검소한 삶이란 장날에 가서 저렴한 필수품들을 구매하여 단순히 집에서 밥해 먹고 산다. "갑부와 억만장자는 화려할 것 같지만 놀랍게도 아주 검소하고 절약"한다는 것이다.

전설적인 투자가 "워런 버핏은 억만장자임에도 고생하고 자라서 그런지 구내식당에서 직원들과 점심을 먹고, 커피 한 잔을 마시고 오후 업무"를 한다. 이들 "억만장자의 공통점은 자신의 재산을 절반 이상 또는 그 이상 사회에 기부"했다.

세계의 갑부들은 기부 활동은 어떨까?

세계의 갑부들은 놀랍게도 자신과 가족이 살만큼 돈만 남기고 그가 평생 모은 돈을 대부분 기부한다는 것에 놀란다. 노블레스 오블리주를 실천하는 사람들의 특징은 절약에 뛰어나고, 쓸데없는 지출을 금기하고 충동구매와 과소비를 싫어하고, 정직하게 세금을 낸다.

실화이다. 기초소재 기업 태경 그룹 창업자 故 김영환 회장

필자는 졸업 후 경북 문경 봉명광산에서 5년간 근무하다가 충북 단양에 있는 태경 비케이(구 백광소재)에서 7년간 근무했다. 광산에서 석회석을 채굴하여 석회제조를 하는 수직계열화한 기업이다.

현재 태경 그룹은 10개 정도의 계열사가 있으며, 대부분 소재 산업 위주의 제조기업이다. 지금은 외동딸인 김해련 회장이 물려받아 연 매출액이 1조 원에 이르는 재무구조가 튼튼한 중견기업이다.

창업자 故 김영환 회장님은 경남 김해의 빈농 집에서 태어나 경남 상고와 서울대 경제학과를 고학으로 겨우 졸업했다. 회장님이 현장에 오실 때는 늘 해진 옷을 입고 오신다.

회장님의 늘 하시는 말씀은 제조업이 살아야 국가의 미래와 발전이 있으시다고 강조하시고, 자원 없는 나라에서 산업발전을 하려면 기술자가 나라를 살려야 한다고 늘 말씀하신다.

애국정신이 투철하시고, 늘 공존을 강조해온 분이시다. 기업 사훈도 "共存, 共榮, 共益"이다. 필자는 작고한 참다운 기업인 김영환 회장님을 지금도 존경한다.

회장님은 자신이 걸어온 가정형편 때문인지 당시 중소기업임에도 사원아파트와 계열사 임직원 자녀 모두 대학 졸업할 때까지 100% 전액 장학금을 주었고, 중소기업을 창업 후 흑자에 돌아서자 가정형편이 어려운 학생에게만 장학금을 주는 송원장학회도 있다.

건강치 않은 기업인 또는 사람들의 특징은 어떨까?

• 한마디로 "천민자본주의 병폐"를 보여 준다

자기 물건이 엄연히 있는데도 자기 물건을 사용하지 않고 남의 물건을 빌려서 쓰거나, 남의 것은 아끼지 않거나, 돈을 벌기 위해서 각종 수단과 방법을 가리지 않는다.

그들은 돈을 벌기 위해서 수단과 방법을 가리지 않고, "돈을 왕창왕창 모으면서 정작 자기 돈은 쓰지 않고 모으기만 하고" 남들한테 한 푼조차도 잘 쓰지 않고, 탈세가 습관화되어 있다.

부자에게 더 많은 세금이 부과돼야 한다고 주장하는 미국의 부호들과는 달리 한국의 일부 기업들은 온갖 편법을 통해 상속세를 줄이고 2, 3세에게 재산을 물려주려고 한다. 오직 자신의 무소불위로 부로 획득한 "갑질로 여론의 지탄받거나 각종 불법과 범죄행위"로 법정에 선 이들 부자의 단면의 모습이다.

• 사회적인 공감에도 거부감을 보인다

반사회적인 성향이 있는 사람은 사회적인 공감에도 거부감을 보인다. 1년치 퇴직금을 주지 않으려고 임금을 착취하고, 불법으로 이윤을 늘리는 것은 욕망의 민낯이다.

이들은 국가나 사회의 기부 권장에도 거부감을 보이거나 난색으로 일관해 국세청과 소속 공무원을 싫어한다. 오직 내 돈이라는 인식에 사로잡혀 본인 돈에만 집착한다.

그들에게는 우이독경(소귀에 경 읽기라는 뜻을 가진 사자성어, 아무리 가르치고 해도 말귀를 알아 듣지 못한다)일 뿐이다. 자기보다 가난하고 힘들게 살아가는 이들을 보고도 대놓고 무시하거나 동정심도 가지지도 않는다.

심지어 못 살아서 "자업자득"이라는 등 대놓고 막말을 해 돈 없고 힘 없는 자에게 냉소적인 태도를 보이거나, 남을 깔보거나 우습게 여겨 일체 남을 도와주거나 정을 주지도 않는다.

죽으면 다 소용없는 게 돈이다

돈은 살아가는 데 있어서 사회적으로 엮일 수밖에 없는 구조이다. 그러나 자기 자신만의 문제로 넘길 수 있겠지만 결국 남들에게도 악영향을 줄 수 있다. 아무리 "큰 부(富)를 축적했다 할지라도, 죽음으로 하얀 옷에 누운 자의 손에는 한 푼의 돈도 쥐어져 있지 않다." [출처, 노블레스 오블리주 실천]

돈이란 살아가는 데 필요하지만, 저 세상으로 돈을 가지고 가지 못한다는 사실을 잘 알고 있지만, 대부분의 삶에서는 이론에 불과하다. 유산을 놓고 싸움질하는 것은 부모의 책임이 더 크다. 싸울 수밖에 없는 구조를 만들어 놓고 세상을 떠났다고 해도 과언이 아니다.

실화이다. "검소하게 생활하고 절약"해야 한다

건설업체 소장이 나인데 말한다. 우리 회사 대표는 엄청난 돈이 있어도 절약 정신이 몸에 밴 분이라 그런지 복사할 때는 이면지를 꼭 사용해야 한다. "그때 나는 이렇게 말했다. 당신이 만약 경영을 책임지고 있는 대표라면 그렇게 할 것이다."

어떤 현장사무실에는 점심시간 한 사람도 없는데 사무실과 화장실에도 전기와 에어컨을 켜 놓고 있다. 모두 자기 돈이 아니어서 그런지 회사 돈이 줄줄 새고 있다.

전기를 생산하려면 화력, LNG, 원자력, 태양열, 풍력발전소 가동을 위해 석유, 가스, 우라늄, 희토류 자원을 수입해서 발전소를 가동하고 있다. 국가, 기업의 돈은 개인의 돈과 종속되어 있어 모두가 절약해야 한다.

기업이 크든 작든 간에 대표는 부지런하고 검소했기 때문에 성공했다. 그 기업의 직원들은 자신도 모르게 회사경영자의 검소함이 몸에 배어 성실한 사람이 되었는지도 모른다.

맺음말

한국 경제를 든든하게 받쳐 온 "산업의 허리" 중소, 중견기업, 대기업이 튼튼해야 산업구조의 생태계가 안정되고 나라 경제가 강해질 수 있다. 이들 기업의 창업가는 다양한 분야에서 최선을 다해 기업을 일굴 중견만리(中堅萬里, 경력과 나이가 쌓인 자신의 삶에서 최선을 다한다는 뜻) 정신 그 자체다.

부자들 사이에서도 경제적 자유가 충분함에도 나이 수명이 길어서 돈을 잘 안 쓴다고 한다. TV에 보니 어느 풀빵 장사가 어릴 때 가난을 잊지 못해 매달 기부한다. 아끼기만 하기보다는 좋은 곳에 쓰면 마음이 유연해지고 편하다고 한다.

당연한 얘기지만 절약하면 최소한 부자가 될 확률은 높다. 부유한 사람들의 재산을 형성하는 과정은 사치와 필수적인 지출을 식별하는 공감 능력의 수준이 뛰어나 부자가 되었다는 사실이다. 그들의 생활 사고방식은 "근검절약과 동시 사회환원이라는 아름다운 마음"이 자리를 잡고 있다.

한국의 창업가뿐만 아니라 외국의 수많은 "기업의 성공한 비결과 공존의 철학"은 무엇일까? 창업자가 모두 검소하고 부지런히 일해서 벌인 들인 부를 다 함께하는 공존의 실천 철학이 있었기에 국민이 더불어 다함께 산다는 것이다.

제8장

흥청망청(興淸亡淸)하다가는 나라·기업·가정도 거덜 난다

빚이 많으면 국가·기업·국민은 어떻게 될까?

어릴 적 초등학교 산수에는 "몇 개의 물건을 사면 총금액이 얼마인가?"라는 산수 문제들이 있다. 고학년에는 물건의 값을 준 후 거스름돈을 계산하는 문제들이 더 많이 나온다. 이처럼 우리는 어릴 때부터 돈을 벌고 쓰는 것을 배웠다.

이 세상 모두가 돈에 대해 나름대로 추구하는 바가 있다. "개처럼 벌어서 정승처럼 절약해서 쓰라는 말"은 결국 부자가 된다는 중국인들의 희망이 담겨 있는 내용이다.

돈은 이 세상을 살아가는 데 있어서 필수이다. 잘사는 사람이나, 못사는 사람이나, 부국이나, 빈국이나 하는 것은 돈의 지배력으로 인해 경제력의 크기와 연관되어 있기 때문이다.

국가부채는 2025년 기준 1인당 2,542만 원으로 심각하다

국가채무는 국가가 진 빚을 뜻한다. KBS Cover Story "빚더미 많은 대한민국" 시사 프로그램에서 경제학자들은 한결같이 국가 채무속도가 너무 빨리 늘어서 심각하다고 한다. "세입보다 세출이 많으면 국가이던, 기업이던, 가정이던 어디서 빌려와야 한다." 이것이 모두 빚이고 갚아야 한다.

2025년 기준 정부·기업·가계 부채를 모두 합한 부채 규모는 6,301조 원이다. 전체 부채 규모는 경제협력개발기구(OECD) 회원국 중 8위 수준으로 뛰어올랐다. 이중 정부가 갚아야 할 국가부채(정부 + 지방정부채무)의 채무잔액은 1,302조 원으로 역대 최대치를 기록했다. 국가채무 1,302조 원을 주민등록 인구수 51,117,378명을 고려할 때 1인당 국가채무는 2,540만 원씩 빚더미를 떠안고 있는 셈이다. GDP 대비 부채율(정부 부채 기준)은 49.1%에 해당하는 수치다. [출처, 2025년 한국은행]

정부 자료에 의하면 부채 증가 원인은 정부 지출이 세입보다 커서 부채가 증가하고 있다. 경제성장 둔화로 연금·의료·복지 등 필수 지출이 늘어나면서 정부재정 부담이 커지면서 GDP 성장 속도보다 채무증가 속도가 빨라지고 있다는 게 문제이다.

국가채무는 나라가 당장 갚아야 할 빚으로 정부가 돈을 빌리면서 갚기로 한 날짜와 금액이 정해진 채무를 말한다. 일반 가정에 빗대면 은행에서 대출받고 갚기로 약속한 돈과 똑같다.

국가 부채는 한국만 역주행하고 있다

부채 순위도 역대 최고지만, GDP 대비 총부채 비율이 높아진 나라는 OECD 회원국 중 한국뿐이라는 점이 더 문제이다. 자원 빈국인 한국은 산업 구조상 원자재를 수입해와 오직 수출밖에 없음에도 경제 규모대비 빚의 규모와 크기가 팽창 일로에 있다.

표면적으로 드러난 것 외에 "숨어 있는 빚까지" 합하면 더 늘어나 공무원연금, 군인연금 등의 연금충당부채와 공공기관 채무까지 더하면 "국가부채는 해마다 100조 이상씩 증가하게 되어 나랏빚이 과속 질주" 하고 있다.

정부는 국민으로부터 세금을 걷어 인프라, 국방, 치안, 복지 등 공공 서비스를 제공하는 데 쓰여 정부가 돈이 모자란 경우 외국에서 돈을 빌려 쓰는데 이게 모두 국가채무가 된다.

• 국가부채는 돌고 돌아 국민 삶 짓누른다

경제성장의 둔화로 정부는 국민으로부터 세금을 걷어 인프라, 국방, 복지 등 공공 서비스를 제공하는 데 쓰이는데 나라가 돈이 모자란 경우 외국으로부터 돈을 빌려 쓰는데 이게 모두 국가채무이다.

나라 "부채가 늘어나면 세금 더 걷어 가계에 부담을 주게 되고, 화폐 발행이 증가하게 되면 돈의 가치도 떨어져 국가와 기업 신용도에도 악영향"을 미친다.

"정부·기업·가계 부채가 위험 수위"라며 부채가 빠른 속도로 늘어나 "연착륙같이 한가한 얘기를 할 때가 아니다.라며 이자도 못 내고 빚을 감당할 수 없는 수준으로 가기 전에 부채 축소 노력이 필요하다. [출처, 한성대 경제학 김상봉 교수]

또한, 정부는 부채가 늘지 않도록 관리가 절대적으로 필요한 상황이라고 했다. 결국은 국가·기업·개인이던 채무를 갚지 않고서는 "국민 삶 자체를 짓누른다는 것을 명심"해야 한다. [출처, 한국경제연구원 임동원 연구위원]

• 나랏돈은 현세대가 쓰지만, 빚은 미래 세대가 갚아야 한다

국가가 경제발전을 이루려면 경제가 꾸준히 성장하고 기업이 장사를 잘하고, 정부가 작아져야 한다. 기업이 잘되고, 경제가 잘 돌아가면 국세 수입도 늘어나 고용과 일자리가 창출되어 실업급여로 지출

되는 재원도 적어지게 마련이다.

작금에 이르려 한국은 많은 국채를 안고 있음에도 정부는 국민연금, 건강보험, 교원연금, 기타 연금 등 개혁이 시급함에도 서로 남의 탓만 아우성치고 있다. 나랏돈은 현재의 세대가 쓰지만, 그 빚은 오롯이 훗날 미래 세대가 갚아야 한다.

2026년 한국의 경제성장 성장률은 모건스탠리 보고서에 따르면 1.9%로 예측했다. 경제 성장둔화로 잠재 성장률도 1~2% 내외이다. 수출이 안 되고 내수 경기가 위축될 경우 나라 살림은 점점 어려워져 그 피해는 고스란히 현세대와 후손이 떠안게 될 경우를 생각해 보았습니까?

당장 달콤하게 쓸 수 있는 돈 같지만, 절대 공짜가 아니다. 세계 어느 나라이든 "곳간을 비우기만 하고 채우지 않는 나라는 망하게 되어 있는 절대 진리의 법칙"이다.

나라가 망하는 이유는 세계 여러 나라를 보면 알 수 있다

국가의 멸망 원인은 선심성 포퓰리즘 정책 이외에도 대체로 국론분열·리더 부재·강대국의 침략·독재정권 등이 국가 경쟁력 상실로 귀결 된다. 과거 로마 제국의 몰락 원인도 사치, 노예제도, 과도한 세금으로 꼽는다. 세계 지도에서 빨강색 및 진 노란색이 표시된 나라는 절대 권력자의 부정부패와 선심성 정책 때문에 망한 나라이다.

《시험문제》를 출제해 본다

빚이 많으면 어떻게 될까? 아는 대로 설명하라.

맺음말

세계는 자국 산업을 보호하기 위해 관세정책을 우선하고 있어 수출로 하나로 먹고사는 한국은 걱정이 이만저만이 아니다. 수출이 안 되고 내수 경기가 위축될 경우 나라와 기업, 가정도 타격이 불가피하고 그 피해는 고스란히 후손들이 떠안게 된다는 것이다.

세상은 변화하는데 변화의 물결에 혁신하지 않고 과도한 부채에 수출, 내수경제마저 불황이면 어는 시점에 이르려 부채는 결국 자금경색으로 나타나 겁 잡을 수도 없이 무너진다. 한국은 IMF 때 나라 곳간이 돈이 없이 금모이기 운동과 국민 세금으로 충당했다.

정부는 현실과 동떨어진 엉터리 수요예측으로 지방공항이 매년 적자에 허덕이고 있다. 전국 어는 지방이나 마찬가지로 한계수명이 많이 남았음에도 보드 블럭을 수시로 교체하고, 운동기구도 관리소홀로 풀만 무성하게 방치된 것을 누구나 많이 보았다. 이런 경우는 전국 지자체에도 수없이 많을 것이다.

왜 그럴까 내 것(돈)이 아니기 때문이다. 자신의 그릇된 사고와 입지를 위해 선심성 예산 편성은 국민 세금이고 후손이 갚아야 할 빚이다. 정부와 기업, 가정도 불필요한 지출을 막고 불요불급(不要不急, 필요(必要)하지도 않고 급(急)하지도 않음)한 혈세 예산을 줄여 허리띠를 졸라매고 나라 살림을 해야 한다.

1등 기업도 "거만 · 관료주의 · 자만" 병에 걸리면 속절없이 망한다

세계 1등 기업도 "거만 · 관료주의 · 자만" 3가지 때문에 망한다

기업은 무엇 때문에 쇠퇴하게 될까? 코닥(Kodak)이나 노키아(Nokia), GM처럼 한때 전 세계 시장을 지배하던 1위 기업이 망하게 되는 가장 큰 요소는 무엇일까? 버핏은 기업의 흥망성쇠(興亡盛衰, 흥하고, 망하고, 성하고, 쇠한다는 뜻)는 "거만 · 관료주의 · 자만" 3가지를 기업의 암 덩어리이고 기업 쇠퇴의 지름길이라 했다.

버핏은 한때 1등 기업이었던 GM, IBM, US 스틸 등이 모두 이 3가지 암에 걸려 망했으며, 이들 기업 외에도 많은 기업이 "현실 안주" 때문에 무너졌다.

기업이 1등의 자리에 올랐을 땐 누구도 감히 무너뜨리지 못할 것 같이 보이지만, 제아무리 건실한 재무구조를 갖추고 막강한 이익창출 능력이 있다고 해도 3가지 암에 걸리면 속절없이 무너져진다. 그렇지 않기 위해서는 상층부의 정신건강이 필요하고, 결단력 있는 CEO만이 "기업 쇠퇴의 암 덩어리"를 도려낼 수 있다.

왜 회사가 망하는가, 망하는 기업은 어떤 특징이 있을까?

세상의 변화는 항상 존재하며 지금도 변하고 있다. 이러한 변화에 먼저 인지하고 대처하면 흥(興)하게 될 가능성이 있지만, 변화를 인지하지 못하거나 위기를 알고도 악착같이 대비책을 세우지 않으면 망(亡)하게 되어 있다. [출처, 홍석환 매일경제 경영지원본부 칼럼니스트]

- 첫째, 경쟁력 있는 사업 구조를 이끄는 "리더의 부재"이다

  기업이 변화를 인지했음에도 선제적 조치를 하지 못할 때 회사는 멍들고 망하게 된다. 변화하는 환경에서 기존 사업의 강점을 중심으로 기회 요인을 찾고, 새로운 시장, 새로운 사업을 만들어야 한다. 자신의 역할을 모르는 리더와 그 조직은 회사를 망하게 한다.

- 둘째, 닫힌 소통과 "패배 의식이 가득한 조직 문화"

  망하는 회사는 소통 자체가 단절되어 있다. 현장의 소리가 경영층에 전달되지 않는 것과 CEO의 지시가 현장에 제대로 전달되지 않는다는 것이다. 기업 경영자는 조직과 구성원에게 조직 문화를 이끌어가야 한다. 망하는 회사는 목표와 열정, 자부심, 즐거움, 성장은 어디에서도 찾아볼 수 없다.

- 셋째, 한 방향으로 정렬되지 않은 "이기주의 팽배"

  기업발전을 위해서는 조직과 구성원을 한 방향으로 정렬시켜야 한다. 망하는 회사는 이기주의가 팽배하여 회사의 성장은 뒷전이고 어

떻게 하면 더 자신의 것으로 할 것인가, 또는 자신에게 어떤 이익이 있는지에만 골몰한다.

- 넷째, 부정부패이다

회사는 자신의 이익을 위한 영달(榮達)의 수단이 아니다. 뇌물을 주는 자와 받은 자는 회사에 크나큰 손실을 입힌다.

맺음말

좀처럼 쓰러지지 않을 것 같은 기업이 속절없이 망하는 이유는 "리더의 부재, 거만, 자만" 병에 걸리는 경우와 기업이 현재 그런대로 이익창출이 난다고 해도 "이기적인 문화와 부정부패"가 만연해 있으면 기업은 서서히 쇠퇴하기 마련이다. 기업경영 칼럼니스트는 한결같이 경고하고 있다.

망하는 기업과 가게는 그 이유가 있다

기업과 가게가 왜 망하는지는 여러 가지 이유가 있을 것이다. 사업을 시작하는 것은 어렵고 도전적인 경험이지만, 모든 사업주가 성공한다는 것은 그 어디에도 없다. 자금력이나 시장 판로, 인력 구성 등이 항상 발목을 잡는다는 것이다.

기업이 망하는 것은 반성부터 해야 한다

- 사업은 고객을 확보해야 수익이 창출되는 되는 것이다

  사업은 자선사업이 아니다. 고객 확보를 하지 못했는데 능력이 있었다고 말하는 건 어불성설이다. 수익이 없는 사업은 언젠가는 문을 닫게 마련이다.

- 초기조건은 잘못된 선정, 과열경쟁, 시장규모이다

  잘못된 아이템을 선정했거나, 과열 시장에 뛰어들었거나, 인력·자금력·전문성을 고려하지 않고 넘보지 말아야 할 분야를 선택한 것 등의 문제다. 이는 유능한 사장과 직원들이 아무리 노력해도 성공하기는 어렵다. 망하지 않기 위해서는 사전 준비를 철저히 해야 한다.

- 전문성과 조직장의 문제 해결 능력이 부족했다

  사업주는 종업원보다 전문성이 더 요구되며 문제 해결 능력도 있어야 한다. 특히, 중소기업의 경우 자금력이 탄탄하지 않아 대표의 자질과 경영능력, 무리한 사업확장, 조직관리의 패착, 급변하는 환경변화 준비 등의 문제점에 항상 노출되어 있다.

기업은 조직장의 역할이 중요하다 [출처, 홍석환 칼럼니스트]

기업이 망하지 않으려면 경영자부터 조직을 부여받고 있는 임원과 조직장(팀장)이다. 이순신 장군은 강한 장수 밑에 약한 병사는 없다는

글이 있다. 이는 조직장의 역할이 얼마나 중요한지 일깨워 주는 교훈이다. 조직장은 회사를 성장, 발전시키며 지속적인 성과를 얻기 위해서는 3가지 역량이 뛰어나야 한다.

- 본인의 올바른 가치관 역할과 얻고자 바가 분명해야 한다.
- 조직장이 전문성이 있어야 휘둘리지 않고 올바른 의사결정을 내릴 수가 있다.
- 진정성을 갖고 공감을 이끄는 소통능력이다. 일을 함께하기 위해서는 조직장의 말 한마디, 행동 하나하나가 중요하다.

기업이 망하는 이유는 많은 문제점에서 출발한다

잘되는 기업은 드물지만, 갑자기 망하는 기업은 많다. 창업 선대가 기업을 일구어 그 많은 재산(유산)을 물려주었음에도 불과 20년 만에 망해 버린 기업을 흔히 볼 수 있어 우리에게 많은 교훈을 제시해 주고 있다. "성공은 수많은 시행착오를 겪으면서 얻어낸 귀중한 산물"이다.

"뱁새가 황새 따라가다가 가랑이 찢어진다는" 속담이 있듯이 기업이 부채를 갚을 능력이 부족함에도 사업확장과 경영의 오판으로 망해 버린 경우가 비일비재하다. 많은 대출까지 받아 이자까지 상환하지 못해 파탄이 나는 경우는 어제오늘의 일이 아니다.

• 사람 문제

사장이, 종업원이 무능하면 회사는 소모적으로 연명하다가 어느 순간에 문을 닫게 된다. 특히, 중소기업에서는 비일비재하다. 올바른 경영자는 유능한 사람을 놓치지 않는다.

- "목표가 없다"
  목표가 없다면 생존하는 기업이 없다. 자신이 생각만 해도 가슴을 뛰게 하는 열정과 노력만 있다면 무엇이든 목표를 이룰 수가 있다. [출처, 故 현대그룹 창업자 정주영 회장 말]

- "조직의 체계"가 없으면 조직도 무너지고 성장이 멈춘다
  상하 위계질서와 체계가 없으면 회사는 점차 문을 닫게 된다. 기업이 성장하지 못하고 매년 현상유지를 한다는 것은 이미 도태되고 있으며 머지않아 존폐위기에 직면하고 만다.

- 회사는 "개인의 영달(榮達)"이 아니다
  높은 직위에 있으면 많은 사람을 만나게 되어 음흉스럽게 자신의 영달을 위해 회사를 이용하는 경우다. 부정부패의 비리를 저질러 회사에 손해를 입히는 암적인 존재이다. 뛰어난 능력자라 할지라도 이런 사람은 과감히 도려내야 한다.

- "대표가 사업장을 자주 비울 때"
  대표는 자기 사업이다. 자리를 비우게 되면 경영수지분석과 직원의 근무 태만을 알 수가 없어 잘못하면 한 방에 망한다.

- **"주요 인사가 사장의 측근"일 때**

  가족과 측근이 많아지면 유능한 직원은 미리 포기하고 나간다. 머리
  만 크고, 허리도, 다리도 없는 마치 이상한 동물로 채워져 결국 죽고
  만다. [출처, 동방 불패의 전략이란 무엇인가]

대기업이 망하는 이유 [출처, 홍석환, 한경닷컴 칼럼니스트]

한국의 대기업은 근대화 자본주의 꽃을 피우며 수많은 기업이 명멸
(明滅)해 왔다. "성공한 기업은 창의적 자질과 시대적 필요성, 기업의 운
등(運登)"이 작용하여 굴지의 대기업으로 성장하였다. 반면에 망하는 기
업은 주저앉거나 기운(起運)이 다해 30대 그룹의 반열에 들었다가 쓰러
져 갔다.

- **"부채가 많다는 것이다"**

  대기업으로 성장해 가는 과정이 천편일률적(千篇一律的)이다. 기업이
  성장하기 위해서는 이윤추구이다. 이윤이 발생하는 씨앗자금으로
  다른 기업을 인수하여 계열사를 늘려 그룹 몸집을 키워 가지만, 반
  면에 엄청난 부채를 안고 가는 것이다.

  기업 부채가 많으면 망하게 되어 있다. 대우, 쌍용 등 한국의 거대
  기업이 쓰러지고, 세계 초일류기업 미국의 제너럴 일렉트릭과 일본
  의 도시바와 쏘니 등 많이 기업이 망했다.

  왜 수많은 기업이 왜 망했을까? 여기에는 정확한 답이 있다.

  인수한 계열사 중 몇 곳이 문제가 생겨서 자금난이 발생하면, 이는

계열사 간 거미줄처럼 얽혀있는 연대보증으로 인해 경기가 어려우면 그룹 전체의 자금난으로 번져 한계에 치달았을 때 비싸게 주고 산 계열사를 되파는 방식으로는 도저히 해결할 수 없게 되는 경우가 많다.

어느 시점에 이르러 인수할 기업이 없게 되면 애물단지로 전락해 최저가에 거래되는 덤핑물건이 되기 때문이다.

기업경영이 어려우면 "분식회계(紛飾會計)"를 조작해서 겉으로 멀쩡한 기업일지는 몰라도 내부적으로 썩어가게 되는 운명에 다다른 기업인 셈이다. 거대 기업의 부도로 막대한 돈을 빌려준 운행도 많은 빚을 떠안게 되고, 고용자는 거리로 내몰리게 된다.

- **"자체 몸집이 거대"하기 때문이다**

  기업이 경기가 좋지 않거나, 원자재, 인건비 상승, 판로감소 등 여러 이유로 기업이 부실해지면 생산을 축소하거나 심하면 중단까지 해야 한다. 그러나 대기업은 당장 생산중단을 할 수가 없다.

  대규모 생산시설과 수많은 근로자를 고용하고 있는 대기업은 적자가 나더라도 생산을 유지하면서 버틴다. 마치 물리학의 관성의 법칙처럼 "거대한 질량을 가진 물체가 멈추지 않기 위해서는 막대한 에너지와 시간"이 필요해 또 다른 차원의 위기를 초래한다.

자영업자는 왜 망하는가?(음식점을 사례로)

많은 음식점이 생겼다가 많이 사라지는 것은 어제, 오늘의 일이 아니다. 중소벤처기업부 자료에 따르면, 자영업 창업자는 5년 후 망하는 가게는 66%, 평균 생존율은 22.8%로 나타났다. 폐업률은 OECD 3위이다. 미국의 경우 1년 안에 60% 음식점이 망하거나 주인이 바뀌고, 80%의 음식점은 5년 안에 망한다고 한다. [출처, 미국 오하이오 주립대학교의 연구진]

"자영업자의 위기"는 저소득 자영업자가 빠르게 불어나는 것은 상당수가 임금근로자에서 밀려나 창업을 택하는 생계형이다. 특히 내수 부진이 이어지는 상황에서 2차 Baby Boom(1965~1974년생) 세대들의 은퇴가 본격화하면서 소상공인과 자영업자의 위기는 한층 가속화되고 있다.

자영업자의 몰락은 내수 침체, 고물가, 고금리 등의 복합적인 요인으로 폐업하는 자영업자들이 늘어나고 있다. 자영업자의 가장 큰 어려움은 "원자재비 상승, 인건비 부담 이외에도 매출 감소 때문이다.

• **자영업자가 왜 망하는지 그 이유를 요약해 보았다** [출처, KBS 1TV, 내 고향 전국맛집을 보면서 느낀 점]

- 음식점 주인이 일하지 않는 경우

  주인이 함께하면 개선해야 하는 점들도 보이고, 직원들이 열심히 일할 수 있도록 동기 부여를 제공해 준다.

- 성실하고 친절한 종업원을 채용치 않을 경우

  맛도 뛰어나야 하지만, 주위 곳곳이 청결해야 하고 고객 서비스와 친절이 우선이다. 그래야 손님이 다시 찾는다.

- 안 좋은 위치

  음식점 위치가 좋을수록 많은 고객을 확보할 수 있는 확률이 높다.

보이지 않는 위치, 주차 공간 등이 없으면 안 좋은 위치이다.

- "식재료가 우선"이다

맛을 내려면 좋은 식재료가 우선이다. 부실한 식재료에서 좋은 맛을 내기란 어려운 것이다.

장사가 잘되는 음식점은 어떨까?

가게주인은 특별한 맛을 내기 위해 사장이 직접 농사를 짓거나 아니면 전국 팔도에서 생산된 엄선된 것만 골라 "최고의 품질로 맛"을 낸다는 것이다.

선친으로부터 가게를 유산으로 받아 더 많은 공부와 시행착오를 거듭해 가게는 더욱 번창했다는 것이다. 또한, 잘되는 가게의 공통점은 맛도 뛰어나지만, 청결과 정리정돈이 잘 되어 있고 친절한 종업원의 안내로 줄을 서서 손님을 받고 있다.

《시험문제》를 출제해 본다

기업과 가게가 왜 몰락하는지 아는 대로 설명하라.

맺음말

동서고금을 막론하고 창업가 선대는 수많은 난관에서도 기업과 가게를 일궈 후계자에게 물려주었다. 그러나 후계자의 경영수업은 마치 설익은 과일처럼 제대로 되지 않아 자신의 안이(安易)와 판단으로 그 많은 재산을 공중 분해해 값진 교훈을 안겨다 준다.

기업은 조직장의 역할이 중요하다. 기업이 망하지 않으려면 최고 경영자부터 조직을 부여받은 사람은 임원과 조직장(팀장)이다. "사업주와 리더가 성공하려면 변화하는 환경에 적응하는 능력과 많은 경험과 실패 통해 배우는 직관이 필요하다고 일갈하고 있다."

기업경영의 어려움은 관련 산업 경기가 좋지 않아 적자가 계속될 경우 자금난으로 번지게 된다. 생산성과 판매가 떨어져 기업이 적자임에도 노조는 띠를 두르고 농성을 할 것인가? 아니면 원만한 교섭을 통해 서로가 공존하는 지혜는 전적으로 노사에 달려 있다 할 것이다.

고용창출에 일등 공신인 기업은 대외적으로 많은 난관에 봉착해 있다. 이익이 나면 설비투자와 기술개발, 사회공헌도 할 수 있다. 그러기 위해서는 사업주와 종사원 모두가 혼연일체가 되어야 하고, 변화하는 환경에 대처하여야 기업이 성장한다.

장사도 공부다. 시장 동향과 변화를 무시하고, 비즈니스가 진화하는 고객의 요구와 선호도에 대응하지 못할 때 실패할 확률이 높다. 기업이 크던 적는 간에 종사원 전체의 삶의 질과 연관되어 있다.

부패의 민낯 부정부패는 없어야 한다

"부정부패(不正腐敗)"란 불법적이고 부당한 방법으로 직위 등의 이용해서 영향력을 음흉하게 행사하여 거래처의 금전적인 이득을 얻는 일탈 행위이다. 즉, "바르지 못하고 타락함"을 뜻하는 말이다. 줄여서 "부패"라 한다. 부정부패는 자기 자신이 이익을 위해서 개인의 윤리적 결단력이 미흡한 상태에서 일어나는 것이 대부분이다.

부정부패의 온상

한국경제의 도약을 가로막는 가장 큰 걸림돌이 부정부패이다. 나라와 기업경영을 살리기 위해선 "비리의 뿌리 온상 덩어리"를 제거하여야 한다. 번성하던 국가와 기업도 부정부패 병에 걸리면 속절없이 망하게 됨을 우리는 일찍이 역사에서 많이 보아왔다.

조선 말기 정조임금이 갑자기 승하하자 그 이후 헌종·순종·철종 때 63년간 외척세력의 "세도(勢道)정치"로 인해 나라가 엉망진창인 이유는 세도가가 벼슬자리를 재물을 모으는 수단으로 삼아 탐관오리가 득실거렸기 때문이다. 결국. 그 피해는 하층부인 백성들에게 고스란히 피해로 돌아갔다.

중국 역사에는 많은 나라가 생기고 멸망하는 공통점은 상층부가 부패했기 때문이다. 왕조와 나라가 멸망하게 되는 근본 원인으로 반란의 빌미가 위에서부터 주어진다며 상층부의 부패를 꼽았다. 우리 옛말에 "윗물이 맑아야 아랫물도 맑아 부패는 생기지 않는다는 것이다." [출처, 상명대 중국어 문학과 조관희 교수]

"망징편(亡徵篇)"에 나라가 망하는 5가지 징후와 공직자 청렴

중국 전국시대 말기의 사상가인 "한비자"가 쓴 책의 "망징편(亡徵篇)" 내용에는 나라가 망하는 5가지 징후를 다음과 같이 소개하고 있다. [출처, 나라가 망하는 5가지 징조]

- 나라는 작은데 부자의 땅은 넓고, 임금의 권력은 가벼운데 신하의 세도(勢道)가 심하면 나라는 망한다.
- 법령을 완비하지 않고 꾀로써 일을 처리하거나, 나라를 황폐한 채로 버려두고 동맹국의 도움만 믿고 있으면 망한다.
- 신하들이 이익과 변론을 일삼으며, 상인들이 재물을 다른 나라에 쌓아놓을 때 백성들이 곤궁하면 나라는 망한다.
- 임금과 신하가 궁전과 정원을 꾸미고, 수레와 의복, 가구들을 호사스럽게 재화를 낭비하면 나라는 망한다.
- 높은 벼슬자리에 한 사람만을 요직에 앉히면 나라는 망한다.

망징편에는 신하들이 부당한 방법으로 사욕을 채우는 행위에 대해서는 나라의 법을 통해 엄격하게 차단해야 한다고 했다. 예나 지금이나 나라가 흥하려면 공직자의 역할과 공직에 임하는 자세가 무엇보다 중요하다. 국가권익위원회 자료에 따르면 한국은 엘리트 카르텔 부패가 가장 심하다고 한다.

정약용 선생의 6가지 명언 중에 청렴한 강조한 것이 3가지이다

- 나라를 망하게 하는 것은 외침(外侵)이 아니라. 공직자의 부정부패
  에 의한 민심의 이반(離反)이다.
- 백성을 사랑하는 근본은 "재물 절약과 청렴"만이 백성을 다스릴 수
  가 있다. 백성을 다스리는 목민관부터 청렴해야 한다.
- 백성을 통솔하는 방법에는 오직 위엄과 신의뿐이다.
  위엄은 청렴한 데서 생기고, 신의는 충성에서 나온다. 청렴과 충성
  하기만 하면 능히 백성을 복종시킬 수 있다.

부정부패 방지와 제도적 장치 마련

부정부패의 원인은 다양하고 복잡하다. 부정부패 방지와 제도적 장
치 마련은 공직자와 공공기관의 청렴성 확보, 투명성 강화, 강력한 법
적·제도적 장치의 도입을 핵심으로 한다.

궁극적인 부패근절은 제도 개선과 엄정한 법 집행, 국민의 적극적
인 참여와 감시를 통해 신뢰받는 공정(共正)사회를 구축함으로써 가능
하다.

부정부패는 나라, 기업, 사회를 병들게 한다

부패는 사회의 기본 질서를 파괴하는 일탈 행위이다. 부패로 인해 나
라와 기업의 돈이 새어나가는 것은 자신의 지위를 이용한 위정자들이

있기 때문이다.

전문가들은 공통적인 이유가 "부정부패와 부자들의 탈세"라 한다. 부정부패는 문민정부에 들어오면서부터 많이 개선되었지만, 아직도 일부는 우리 사회의 고질적인 관행으로 자리 잡고 있어 사회질서를 어지럽혀 서민의 삶에 의욕을 떨어뜨리는 결정적 요인으로 작용하고 있다.

《시험문제》를 출제해 본다

부정부패의 원인과 근절책을 설명하라.

맺음말

우리 사회는 투명한 사회로 변화하고 있다. 부정한 방법으로 돈의 일탈에 대해서는 지위 고하를 막론하고 자유로울 수 없다. 부정부패의 근원은 "자신의 지위나 권력을 이용해 사회질서"를 망가트린다.

부정한 돈과 연관되어 아직도 일부 공직자와 기업 내의 부정부패가 언론의 도마에 오르내리고 있다. 부정부패의 일탈로 빗어진 정치인과 지방단체장, 기업인, 기타 특정인이 감옥에 가 있어 마음마저 슬픈 현실이다.

과소비는 병이다, 계속하면 곳간이 거덜 난다

실화임을 밝혀 둔다

후배는 국가공무원으로 재직하다가 2025년 초에 정년퇴직했다. 두 부부 모두 공무원이다. 남편은 어릴 적 가정형편 때문에 자라서 그런지 생활력이 강하고 검소하다. 반면에 제수씨는 부잣집에서 고생치 않고 자랐다.

우리는 이들 부부와 가끔 저녁 식사를 한다. 그런데 어찌 된 일인지 저녁 식사 오기 전에 부부가 싸웠는지 안색이 좋지 않고 뭔가 모르게 둘 다 불만이 가득 차 보였다. 30년 이상 가까이 지냈지만, 이런 상황은 처음 보아 우리 부부를 당황하게 만든다.

갑자기 후배가 식당에서 운다. 제수씨는 식당으로 나가 끝내 들어오지 않았다. 형님. 저요 결혼해서 집사람과 자식들만 보고 알뜰하게 생활하면서 지금까지 살아왔습니다. 오늘은 자괴감이 들어 미칠 지경입니다. 눈물이 글썽이면서 자신이 너무 초라하고 한심하단다.

형님 저가요 결혼해서도 집사람의 대출금을 여러 번 해결해 주었고, 카드도 제 것으로 했습니다. 5일 전 대출금을 또 냈다는 것이다. 이러다간 환장을 하겠습니다. 집사람이 30년간 공무원 했는데 본인 저축은 얼마 되지 않는다고 한다.

식당에 나와서 조용한 장소로 옮겼다. "형님. 저 옷은 몽땅해도 100벌 정도지만, 집사람 옷은 어림잡아 500벌이 돼 너무 많아 버렸는데 또 채워 놓았다고 한다."

정신과 병원에 가서 치료를 받아 봐. 나는 동생에게 "옛말에 부자는 알뜰하고 검소"하다. 과소비가 심하면 남인데 손가락 질 받을 수도 있다고 말해 주었다.

자존감이 낮은 사람이 과소비한다

과소비에 대한 심리학자의 분석 결과가 새삼 화제를 모으고 있다. 소비의 4가지 유형은 "없어서, 망가져서, 더 좋아 보여서, 그냥"으로 분류된다. 과소비란 물건을 이미 가지고 있어도 내가 이걸 가지면 멋있어질 것이란 생각을 하게 되어 비슷한 걸 사고 또 산다는 것이다.

"과소비 이유"는 낮아진 자존감을 회복하기 위해서 소비를 하게 된다. 소비로 자존감은 회복이 되지만, 다시 낮아진 자존감 때문에 더 많은 소비를 하게 되고 결국은 낮은 자존감이 과소비를 불러온다. [출처, 서울대학교 심리학과 곽금주 교수]

과소비는 우울하거나 화가 나거나 불안할 때 주로 이루어진다. 자존감이 낮아지면 소비로 채우려고 한다. 기분이 안 좋아서 자신을 부풀리는 것, 겉보기에 좋게 만들어야 한다는 것이다. [출처, 임상 심리학자, 올리비아 멜란]

• 과소비는 이런 경우이다
  - 월 소득 대비 지출 비율이 과도하게 높은 경우
  - 필수적이지 않은 물품에 대한 과도한 지출
  - 빚을 내서 소비하는 습관

- 장기적인 재정적 목표를 해치는 지출

- 필요하지 않은 물건을 반복적으로 구매하는 충동적 구매

- 재정적 부담을 느끼면서도 소비를 멈추지 못하는 현상

건강한 소비습관 나의 "과소비 지수"는 얼마일까?

자신이 열심히 일해서 번 돈을 알면서도 일하면서 받은 스트레스를 푸는 데 고스란히 쓰고 있지 않나요? 쌓인 스트레스를 "충동구매"로 인해 고민 중인 분이라면, 자신의 소비 패턴에 문제가 있는 건 아닌지 한 번쯤 점검해 보는 게 어떨까 한다.

우리는 매달 얼마를 버는지는 정확히 알고 있지만, 어디에 얼마나 쓰고 있는지는 속속들이 알 수가 없고 가늠할 수도 없다. IBK 기업은행의 자신의 소비습관을 파악할 수 있는 "소비 지수" 계산법과 알뜰한 소비 습관을 기르는 몇 가지 팁을 요약해 보았다.

나의 소비습관. "과소비 지수"를 확인하는 방법이 있다. 과소비 지수란 매달 수입에서 저축액을 뺀 재정 상태를 확인해보는 것이다. [출처, 과소비 지수, 금감원 금융교육센터]

과소비 지수가 1이면 심각한 과소비, 0.7~0.9는 과소비, 0.6은 적정 소비, 0.5 이하는 알뜰 소비이다. 쉽게 정리하면 수입을 100% 봤을 때 70% 이상 지출이면 과소비에 해당한다.

예를 들어 나의 월급이 500만 원이고 매달 350만 원 저축한 경우 나의 과소비 지수는 0.7이 되고, 50%를 저축한다면 이상적인 소비 지수이다.

반면 저축을 전혀 하지 않는 경우는 과소비 지수가 1이 된다. 과소비 지수가 1이 나온다는 것은 저축을 전혀 하지 않는다는 뜻이므로 재정 상태가 심각한 단계로 보아도 무방하다.

부모님의 울타리 안에서 100% 지원받으며 용돈만 쓰고 내 월급을 고스란히 모으는 사람 아니고서는 거의 불가능한 일이다. [출처, 전중진. 2024년 심리상담사, 경제금융 전문가]

개인적인 성향, 환경 등 변수가 있으므로 절대적인 과소비 여부를 판단할 수는 없지만, 만약 자신의 과소비 지수가 높다면 자신의 소비습관을 돌아볼 필요는 있다는 것이다. 자산이 많을수록, 부자일수록 충동구매와 같은 과소비를 하지 않는다. [출처, IBK 기업은행]

과소비를 줄이는 방법

- "과소비는 습관이다. 충동구매를 줄이자"
  필요한 물품에 대한 구매 목록을 작성하고 적정한 한도를 설정하는 것이 습관화되어 있지 않으면 소비 비중이 계속 높아질 수 있다. "지금 당장 필요하지 않은 것은 사지 말자." 충동구매다. 절약해도 물가는 오른다.

- "꼭 필요한 물건만 구매하자"
  사려는 물건이 필요한 물건인지 따져 보는 것이 우선이다. 사고 싶은 물건이 진짜 필요한지, 집에 대체할 물건은 없는지, 지금 사면 얼마 동안 쓸 수 있나 등 물건의 가치를 냉정하게 생각해야 한다.

- 약간의 불편함까지 돈으로 해결하려 하지 말자

  돈으로 해결하지 못하는 것이 없는 세상이지만, 굳이 돈을 더 쓸 이유가 없다면, 쓰지 않는 것이 곧 돈을 버는 일이고 성숙한 자신의 내면을 다져가는 것이다.

- 옷장 및 신발장 정리 정돈하면서 사진 찍어 두기

  사람의 취향은 크게 변하지 않기에 옷장에 비슷한 옷들이 많을 것이다. 기억하지 못해 또 사는 반복된 일은 누구나 있다. 한 번씩 물건을 정리하고 사진 찍는 것을 실천하자.

- 소비 대신에 다른 활동에 집중해 보자

  운동과 산책, 등산, 여가활동을 통해 건전한 마음을 얻으면 과소비를 줄일 수 있다.

- 가계부 쓰기(수입 규모와 지출을 생각하자)

  수입에 대비해 지출 예산을 세우는 것이 우선이다. 미래가 불안하다면 가계부(가계수입과 지출금액을 기록하는 장부)를 쓰자. 쌓이는 돈은 우리의 내면을 단단하게 해 준다.

《시험문제》를 출제해 본다

과소비의 원인은 무엇이며, 과소비를 줄이는 방법은 없을까?(자신의 가정경제를 중심으로 설명하라)

맺음말

똑같은 월급을 받아도 저축을 많이 하는 사람과 저축을 하지 못하는 사람이 있다. 여러 원인이 있겠지만, 심리학자들은 스트레스를 풀기 위해 충동적인 지출을 하는 사람이 많다고 한다. 필요 이상 충동적인 과소비는 병이고 중독이다.

소비를 줄이지 못하면 번 만큼 더 쓰게 된다. 전문가들은 자식은 부모로부터 모든 것을 보고, 배우고, 자랐기에 "부모가 과소비 경향이 있으면 자식들도 과소비 경향이 있다고 한다."

자신의 분수를 지키라는 안분지족(安分知足, 평안한 마음으로 자지 분수를 지키라는 뜻)의 글귀도 있다. 자신의 분수와 소득을 무시하고 과소비를 하다 보면 재정 파탄에 이르게 된다. 가정경제 살림도 수입보다 소비지출이 많으면 굶주리기 마련이다. 전문가들은 한결같이 가계부 쓰기를 권장하고 있다.

수입보다 지출 통이 커서 망한 다음 후회해 본들 아무 소용이 없다. 물건을 보면 볼수록 가지고 싶은 견물생심이 인산의 본능이나. 나의 과소비 지수가 어디에 해당하는지 살펴보아야 한다. 저축을 많이 해야 국가도 부강해지고 가정도 부유해지지 않을까 생각해 본다.

증세 없는 복지는 있을 수가 없다, 복지 때문에 나라가 멍든다

몰락한 국가들의 공통점, 포퓰리즘이 경제를 무너뜨린다

- 포퓰리즘의 가장 무서운 속성은 단기(短期) 인기의 유혹이다

  포플리즘(선심성 정책)의 핵심은 민중들의 지지와 인기를 얻기 위해 무상복지, 최저임금 인상, 공공요금 억제 등에 무리수를 두는 것이다. 단기적으로 인기를 얻지만, 장기적으로는 국가 재정을 망가뜨리고 기업의 생산성이 저하되어 결국 국민의 삶의 질을 악화시키는 원인에서부터 출발한다.

- 공짜에 익숙한 사회가 되면 국민은 스스로 판단을 잃는다

  선심성 정책은 "국민을 위한 것"이라는 명분을 내세운다. 그러나 문제는 무상이 반복되고 일상화되면서 "받는 데만" 익숙해진다.

- 선심성 정책이 만드는 "가짜 민심과 가짜 합의"

  많은 정치인은 선거철이 다가오면 지지층을 결집하기 위해 현금성 공짜 공약, 세금감면, 특정 계층 지원 같은 정책을 앞세운다. 선심성 정책은 한국뿐만 아니라 세계 여러 나라 들도 똑같다. 이는 국민의 "당장 필요"를 자극하는 방식이며, "미래나 공공의 지속 가능성"은 고려되지 않는다. 이른바 가짜 합의다.

- 국가 재정을 파괴하는 "조용한 폭탄"

  국민이 "얼마 받는가?"에 집중하게 되면 그 집중에 길들어진다는 사실이다. 단기적인 지원금이 반복되면 사회는 점점 생산보다 분배에 집착하기 마련이다. 결국은 국가 재정을 파괴하는 "조용한 폭탄"이 되어 "진짜 도움이 필요한 사람은 오히려 정책 사각지대"에 놓일 수 있다.

- 정치는 국민 수준을 넘지 못한다 "깨어 있는 시민의 눈높이"

  선심성 정책의 확산을 막기 위한 것은 정치인의 양심 이전에 국민의 인식 전환이 우선이다. 재정의 부채 공간을 누가 어디에서 채워야 할 것인가 물어야 한다. [출처, 포퓰리즘에 길들여진 사회, 우리가 치르게 될 진짜 대가는 무엇인가 내용 요약, 남규량 2025년 7월]

  - "이 정책의 재원은 어디서 나오는가?"
  - "누구에게 어떤 영향을 주는가?"
  - "지속 가능한 구조인가?"
  - "진짜 도움이 필요한 사람에게 가는가?" 하는 문제다.

무상복지를 위해 부패 권력으로 일관하다 몰락한 나라

[출처, 한때는 잘사는 나라가 몰락하게 된 배경]

선진국의 길목에서 독재와 부패로 추락한 "필리핀", 석유자원을 담보로 모든 것에 무상복지 정책을 써다가 망한 미인이 많은 나라 "베네수엘라", 젖과 꿀이 흐르는 땅이라고 불렸던 "아르헨티나", 무상복지와 부패로 경제가 파탄 난 "브라질", 대서양 카리브해 섬나라 카스트로의 공산주의 장기집권과 부패로 몰락한 "쿠바", 과도한 복지와 부정부패, 탈세로 경제가 어려운진 "그리스" 나라 등이 있다. 그 외 독재와 부패로 망한 세계 여러 나라가 있다.

이들 6개 나라의 공통점은 한때는 남부럽지 않게 잘사는 부국이었으나, 현재는 심각한 경제 위기, 빈곤, 정치 혼란 속에 놓여 있다. 나라가 망한 원인은 대통령이 많은 부분에 걸쳐 무상복지를 해 주겠다는 말에 국민이 현혹되었기 때문이다.

몰락한 나라들은 경기 하락 때문만이 아니다. 근본적인 원인은 바로 선심성 정책의 남용에 있다. "국민을 위한 정책"이라는 명분 아래 시행된 포퓰리즘은 오히려 경제 체질을 악화시켜 국가 시스템을 무너뜨리는 장기적 독으로 작용하고 있다. [출처, 포퓰리즘이 경제를 무너뜨린다. 몰락한 국가의 공통점]

무상복지 민낯에는 권력의 부정부패가 만연해 있다는 것이고, 강하고 배부른 자는 더 많은 권력을 갖기 위해 정치투쟁을 벌였다는 사실이다. 굶주리고 빼앗긴 자들은 벼랑 끝에 몰려 죽기 살기로 내란이나 민중봉기를 일으켰다. 또 다른 공통점은 가진 자와 못 가진 자의 빈부 차이가 너무 크고 위정자들이 그 차이와 차별을 줄이려 하지 않았다는 것이다. [출처, 아산정책연구원, 지식연구센터 장지향 박사]

• 석유 자원 매장량 세계 1위 베네수엘라
원유 매장량 세계 1위였던 베네수엘라가 경제가 파탄이 난 것은 사회주의 정권의 무상복지 망령 때문이다. 1999년 집권한 차베스 대통령은 원유 생산 시설과 수익금을 국유화했다. 자신의 인기 영합을 위해 오일 달러를 국유화해 무상교육, 무상의료, 식료품 무료 배급, 토지 무상 분배 등 복지에 흥청망청 쏟아부었다.

차베스 정부는 국가 경제발전의 기초가 되는 제조업 산업을 육성하지 않고 반시장적 가격 통제를 지속해 결국은 몰락이라는 나라로 변해 버렸다.

남미 부국에서 10년 만에 최빈국으로 전락한 베네수엘라는 2025년 물가상승률은 600%에 이를 전망이다. 살인적인 인플레이션으로 화폐는 휴지나 다름없게 됐다. [출처, 2025년 10월 석유 부국의 몰락, 베네수엘라 초인플레션 현실화]

생필품과 식량 부족으로 전체 국민 몸무게가 11kg이나 줄어들었고 생활고에 조국을 등지는 젊은이들이 급증하는 등 생지옥 나라로 변했다. 전기 공급은 주간에 일부 재개 후 새벽에는 또 정전되고, 통신망 91% 마비, 일자리도 없다.

"시장경세를 무시한 신심싱 징책이 낳은 최대 비극"이다. 아무리 석유 매장량이 많더라도 흥청망청해 인기영합주의로 무너진 베네수엘라의 비극을 우리는 반면교사로 삼아야 하겠다.

- 브라질

1980년대 이전까지만 해도 풍부한 지하자원과 넓은 국토, 많은 인구를 보유한 브라질이 세계 12위권의 경제 강국으로 자리 잡았다. 자원 대국임에도 몰락하게 된 주요 원인은 정치 지도자들의 부패와 비효율적인 정책 집행으로 정치 불안, 부패 권력, 자원 의존적인 경제 구조 등 재정적자가 눈덩이처럼 늘어나 현재까지도 어려운 경제 상황에 직면하고 있다.

- 필리핀

필리핀은 1960년대까지만 해도 동아시아에서 일본에 이어 부유한 나라였다. 그러나 현재 필리핀은 아시아에서 경제적으로 뒤처진 나라이다. 특정 계층이 경제력을 독점하면서부터 자본이 시장으로 순환되지 않고 소수 가문 내부에서만 돌게 되면서 지나친 민족주의적 경제 정책 실패, 토지 개혁 실패 등 부패와 기득권 세력, 정치 권력의 대물림이 반복 작용하여 못사는 나라로 추락했다.

- 쿠바

쿠바를 49년간 통치해 왔던 피델 카스트로 국가평의회 의장의 퇴진은 "공산국가 이념의 시대"가 몰락했음을 돌아보게 한다. 집권 초 무상복지를 강조한 사회주의 체제는 배급제, 외화 부족, 국제 고립으로 이어져 경제 자립 기반을 잃었다. 민주주의를 기초로 하지 않고 국민의 생활을 윤택하게 만들지 못한다면, 결국 공산주의 지도노선은 모든 이상이 헛것이 되고 말았다.

복지논쟁과 국가 장래

인류의 복지 바람이 분 역사는 1942년 2차 세계대전 후 영국에서 구빈(救貧)을 위해 말장난에서 탄생(유래)하였다 전해진다. 우리나라에 불고 있는 무상복지 바람은 그렇게 새로운 것도 이상한 것도 아니다. 최근 우리 국민에게 무상복지 바람이 강하게 불고 있다.

• 복지 국가들을 살펴보자

인간의 삶의 목표가 행복의 추구에 있고 인류사회의 공동목표가 복지국가의 건설을 실현하는 것은 모두가 바라는 것이다. 복지 국가들을 살펴보자. 스웨덴, 핀란드, 노르웨이, 호주, 뉴질랜드, 캐나다 국가들은 국토면적이 크고, 인구도 많지 않다.

이들 나라는 생산성과 국민 소득이 높아 GDP 대비 45~50% 이상을 세금으로 낸다. 이들 나라의 공통점은 받는 만큼 세금을 많이 내어 건강보험, 연금, 육아 지원, 실업급여 등 포괄적인 복지제도를 실행한다. 무상복지가 아니고 세금 내는 만큼 복지를 한다는 것이다.

• 복지논쟁의 본질과 방향이 중요하다

복지에 관한 어떤 정책이 좋은 정책인지, 나쁜 정책인지, 정책이 성공할지, 실패할지를 사전에 예단하는 것은 쉽지 않다. 복지문제의 본질은 국가부채에 비해 곳간을 계속 비우면서 채우지 않고 무상복지를 한다는 것이다.

복지를 많이 하면 좋은 것으로 인식되지만, 설령 올바른 판단이라 할지라도 완전히 방향 착오에 빠져 전혀 엉뚱한 결과를 초래하게 된다고 학자들은 말하고 있어 걱정이다. 한국의 모든 정당이 무상복지를 경쟁적으로 제시하고 있고, 일부 지식인들이 부화뇌동(附和雷同,

자신의 주관 없이 남의 의견에 따라 행동하는 것을 의미)하고 있다.

세계에서 무상복지를 외치다 망한 나라들을 보면 역사에서 교훈을 얻지 못하는 나라들은 국민의 삶이 비참해진다는 것이다. [출처, 최광, 한국외국어대 경제학 교수 · 前 보건복지부 장관]

과도한 복지 때문에 나라가 멍든다

복지에 쓰여야 할 국세 수입이 감소하면 재원을 마련하지 못해 복지 때문에 나라가 망한다는 분들이 많다. 이 말이 성립되려면 실제로 지구 상에 복지 때문에 망한 나라를 보면 알 수가 있다. 복지는 경제성장과 연결되어 있어 증세 없는 복지는 있을 수 없다. [출처, 경기도의원, 김보라]

선거철만 되면 정치인은 단기 지지율과 일시적 만족을 얻기 위해 국민에게 가짜 합의를 만들어 낸다. 결과적으로 헛되고 실현 불가능한 공약을 남발하고 있다. 공약에는 재원이 필요한데 재원조달 방법을 물으면 그 답을 제시하지 못한다. "公約이 아니라 空約"이라 표현해도 다를 게 없다.

필자는 복지정책을 감성적 사고로 재단하려 한다면 국민의 세금만 낭비되고 큰 대가를 치를 뿐이고 손에 쥐는 것이 없다는 것이다. 복지의 문제를 바로잡으려면 복지의 진정한 모습이 무엇인지부터 재확인할 필요가 있다.

맺음말

한국이 오늘날 10위 안에 드는 경제 대국이지만, 국민 앞에 놓인 과제는 국가부채와 연금개혁 문제가 시급한 현안으로 떠오르고 있다. 경제학자들은 부채가 많은 한국이 후손을 위해서도 성급하고 과도한 복지는 국가 경제를 위험하게 만든다고 경고하고 있다.

지난 60여 년간 우리 사회는 보수와 진보 간의 사상과 이념 논쟁이 계속되어왔다. 세계 어느 나라든 바탕 경제가 튼튼하지 못한데 선심성 정책을 쓰다간 나라 곳간이 거덜 난다는 진리를 아시나요? 권력을 획득하고 그 권력을 유지하려는 국민의 인기에 영합하는 정치형태는 결국은 나라가 그 선택에 따라 명멸(明滅)하게 된다.

사각지대에 있는 영세국민은 무상복지와 지원이 필요하다. 특히, 인구 출생률이 세계 최저인 점을 고려하면 이들 젊은 세대들에 대한 복지정책보다 고용 일자리가 우선이다. 그러나 과도한 복지는 직업을 갖지 않게 만드는 요인으로 작용해 직업이 없는 자에게는 국민 세금이 들어가게 마련이다. "후손에게 빚을 안겨 줄 것인가. 그러다간 큰 재앙을 초래한다."

돈의 속성, "돈"을 무시하는 자 "돈"으로 망한다

"돈 + 지랄" 순수 우리말로 국어사전에도 등록된 표준어다. 그 뜻은 분수와 상황에 맞지 않게 돈을 함부로 쓰는 짓을 속되게 이르는 말이다. 말 그대로 돈 갖고 지랄하는 것이다. 쉽게 표현하면 돈으로 장난치는 것이고 돈을 무시하는 것이다.

필자는 건설 현장에 일하면서 "그것이 얼마 한다고" 돈 가치에 대한 무개념의 사람들을 간혹 볼 수가 있다. 적은 돈을 무시하면 큰 부자는 못 된다. 비록 적은 돈이라 할지라도 돈을 소중히 여길 때 비로소 돈의 "중력성(돈이 돈을 끌어당기는 힘)"을 이해할 필요가 있다. 부자는 언제나 적은 돈을 존중하는 습관에서부터 출발한다.

돈이란 열심히 벌어 시간이 쌓이고 쌓여 적은 것들이 모여 비로소 큰 것이 된다는 진리 불변의 법칙이다. 스노우 폭스, 김승호 회장이 쓴 《돈의 속성》이란 책에서 언급했듯 내가 적은 돈을 하찮게 여기면 돈 또한 나를 하찮게 여긴다는 말이 있다.

돈의 속성 [출처, 돈의 속성, 힘, 한계를 넘다 내용 요약]

돈의 속성은 우리에게 신비스럽고 두려운 존재 관계이다. 한마디로 말하면 "돈은 탐욕과 공포, 희망과 절망을 동시에 불러일으킨다." 하지만 돈의 본질적인 속성을 이해할 때 우리는 돈 앞에서 흔들리지 않고, 현명한 삶의 선택을 하여야 한다.

많은 사람이 성인이 되어도 어른이 되어도 돈으로부터 자유로워지지 못하고, 돈에 얽매인 삶을 살게 되는 것은 누구나 똑같다. 돈이란, 하고 싶은 것을 할 수 있게 해 주고, 삶에 여유를 가져다주고, 가정에 행복과 평안을 가져 준다. 돈을 무시하는 자는 결국 돈 때문에 무시당하게 될 것이다.

"돈을 단순히 편리한 수단으로만 함부로 대한다면, 돈은 우리 곁을 떠나가기 마련"이다. "반대로 돈의 가치를 존중하고 태도를 지닐 때 돈은 우리 곁에 머물며 큰 가치를 창출할 기회를 선사"한다. 중요한 것은 우리가 돈의 주인이 되어 주는가 있다.

돈이 스스로 증식하는 힘은 복리의 마법과 같은 꾸준한 관리와 인내, 돈에 대한 깊은 신뢰에서부터 출발한다. 단기적인 이익에 우선하다 보면 잘못된 판단에 빠지기 쉽다. 돈을 존중하는 사람만이 지속 가능한 부(富)를 이룰 수 있다.

복리의 마법은 어떨까? 원금에서 발생한 이자에도 다시 이자를 붙여, 시간이 지날수록 자산이 기하급수적으로 늘어나는 돈을 말한다. 과학자 아인슈타인(1879~1955년, 독일 태생의 상대성이론 창시자이자 물리학자)이 "복리는 우주에서 가장 강력한 힘"이라고 말한 이유도 여기에 있다.

예를 들어, 1,000만 원을 연 5% 복리로 투자한다면,

- 10년 후에는 약 1,629만 원이 되고,
- 30년 후에는 무려 약 4,300만 원으로 불어나게 된다.

사람들은 돈에 대해 어떻게 생각할까?

• 돈은 자신의 저금통장이다, 매우 소중하다

돈은 자본주의 사회에서 재화의 수단이다. 돈이 없다면 아무것도 할 수 없다. 사람이 가난해지면 스스로 괴로울 뿐 아니라 의리도 없어지고 인정도 메마를 수밖에 없다.

결국은 돈이 없어 거짓말을 하게 되고 인격적으로도 신용을 잃게 되

며 품성마저 떨어지게 된다. 그래서 돈은 매우 귀중한 것이며 그 소중한 돈을 전적으로 부정하는 것은 바람직하지 않다. [출처, 일본 혼다 세이로쿠]

존 템플턴(1912~2008년, 미국에서 태어난 영국의 투자가, 미국 예일대학 수석으로 졸업한 천재)은 이런 말을 했다. 우리에게는 많은 친구가 있지만, 지금 당장 필요할 때 언제라도 도와줄 좋은 친구는 "저금통장"이라고 말했다. 한국에서는 2002년 《열정》이라는 제목으로 존 템플턴 책이 번역, 출간되었다.

• 평등주의자들은 돈에 대해서 한탄뿐이다

평등주의자들은 돈에 대해서 부자들의 세상이라 나와는 거리가 멀다고 느끼면서 산다. 하지만, 부자가 되고 싶다면 돈이 나에게 자유를 준다는 사실을 인정하는 것이 첫 번째이다. "돈 많이 버는 사람들을 시기하고 질투할 것이 아니라, 어떻게 하면 그들처럼 부자가 될 수 있는지 연구"해야 한다.

"부자들이 하는 행동을 따라 하면 그들과 똑같이는 아니어도 어느 정도 따라갈 수 있다." 돈을 무시하는 자는 결국 돈 때문에 무시당하게 될 것이다. [출처, 저자 김수영 책 "월급쟁이 부자는 없다" 중 일부 내용 발췌 요약]

또한, 가난한 사람은 돈을 많이 벌어 부자가 되고 싶으면서도 한편으로는 돈을 "악"으로 치부하곤 한다. 돈이 없는 사람은 돈 많은 사람을 나쁜 놈들이라고 표현하면서도 상대적으로 자신도 가난하게 살면서도 돈은 많이 갖길 원하는 이중적인 잣대의 모순을 함께 지니고 있다.

자본주의 사회에서 돈은 필수이다

돈은 자본주의 사회에서 돈이 많을수록 생계가 보장되는 것은 부정할 수 없는 사실이기에 돈이 있어야 얻을 수 있는 것도 많다. 자선사업, 기부, 봉사, 취미 생활 같은 것도 돈이 많을수록 선택의 폭이 넓어지게 마련이다. 이를 방증하듯 먹고, 자고, 입고, 놀고, 서비스를 받고, 사람을 고용하는 것도 다 돈이 있어야 가능한 것이다.

"세간에도 돈이 없으면 더더욱 얻지 못하는 것 아닌가."는 이 존재한다. 같은 상황에서 돈을 더 많이 갖는 것을 싫어하는 사람은 드물다. 돈을 더 벌고자 함에는 시간과 노력이 필요할 것이다.

우리는 돈을 무시하거나, 반대로 맹목적으로 신격화하는 것보다는 "돈의 속성을 이해하고 존중하려는 순간 비로소 돈의 노예가 아닌 돈의 진정한 주인"이 될 수 있다. [출처, 돈의 이해]

우리가 매일 마시는 물도 가뭄이 들면 샘물이 바짝 말라 하천에도 물이 없어 어디에서 물을 가지고 와야 작물도 죽지 않는다는 돈의 교훈을 제시해 주고 있다.

부자가 되고 싶다면 돈의 올바른 가치관을 지녀야 한다

부자가 되고 싶다면 가장 먼저 돈에 관한 올바르고 건강한 가치관을 지녀야 한다. "돈에 대한 올바른 인식과 가치를 지닌 사람만이 건강한 부를 쌓을 수 있다." 자본주의 사회에서 풍요로운 생활을 영위하려면 필요한 것이 돈이다.

- "살아가는데 돈이 왜 소중한지"
- "왜 그토록 피땀 흘려 일하며 돈을 벌고 있는지"
- "돈이 있으면 무엇을 할 수 있는지" 등

학교에서는 돈에 대해 가르치지는 않는다. 부모는 자식에게 어릴 때부터 "왜 돈을 벌어야 하고, 어떻게 돈을 써야 하며, 어떤 방법으로 돈을 불려야 하는지 등 돈의 중요성"에 대한 교육이 필요하다.

돈의 문제점, 지상 결과주의, 한탕주의 범죄 발생

• 돈의 문제점

돈은 단순한 종이가 아니다. 돈은 자본사회에서 교환과 가치, 신용 등 복잡한 문제점으로 작용한다. 돈으로 인해 생기는 것은 남녀 간의 사랑, 모성애와 부성애, 가족과 친구, 기타 수많이 것 등이 돈에 얽매이게 마련이다.

오늘날 돈으로 매력을 어필하는 황금만능주의 시대가 되어 버렸다. 사람들은 성실성, 정직성, 신뢰성, 인성 등이 몽땅 배제한 채로 상대방의 돈만 바라보고 사랑을 찾는 것은 어리석은 것일지 모르나 자본사회에서는 그렇지 않다.

"돈의 황금만능주의"는 인류가 차별 없이 그 혜택을 누릴 수 있게 되지 않는 이상 영원한 숙제이다. 국가 전체가 혼란에 빠져 기존의 화폐가 무용지물이 된다 한들 또 다른 대체 화폐가 생겨 쓰일 것이고, 그 대체 화폐를 가진 사람이 주도권을 가지며 살 것이다.

- 건강한 돈과는 대조적인 지상 결과주의와 황금만능주의

  돈에 지나친 욕심이 있는 사람은 수단과 방법을 가리지 않고 돈만 많이 벌면 된다는 "지상 결과주의"를 추구한다. 이들 추구하는 사람은 오직 돈이 목적이기에 말 바꾸기, 거짓말, 민폐 등을 아무렇지도 않게 저지른다.

  황금만능주의가 만연하면 무엇을 하든, 범죄행위를 하든 거액의 돈을 빠르게 많이 벌 수만 있으면 그만이라는 인식이 팽배해 이들에게는 "도덕적 가치 등이 없어 돈으로 모든 것을 재단하는 천민(賤民)자본주의"(사회적, 도덕적 책임보다는 오직 물질적 이익에만 집착하는 자본주의 형태)의 사람일 것이다.

혜안과 직관력이 뛰어나야 문제를 해결한다

인간의 직감

직관력이 뛰어난 사람의 특징은 무엇일까? 애플의 창업자 스티브 잡스는 인간의 직관력은 지능보다 강력하다고 한다. 아인슈타인도 진정으로 가치 있는 인간의 유일한 것은 직감이라 했다. "인간의 직감은 혜안과 판단을 고려하여 결정을 내린다." 마치 오래된 식당 주인이 음식의 간을 맞추는 데 거의 직감으로 한다는 것과 똑같은 이야기이다.

인간의 직감은 수많은 경험과 삶을 통해 목표를 인도하는 등대(燈臺)

와 같아 스스로 의사결정을 내릴 수 있는 선천적인 능력을 지니고 있다. 그러나 모든 사람이 자신 내면의 혜안과 직감력을 동시에 자신이 직접 연결하는 방법을 안다는 것은 결코 쉬운 일이 아니다.

직감력을 연구한 학자들은 우리가 내리는 결정의 많은 부분은 논리적인 판단보다는 직감에 많이 의존하지만, 사람마다 직감과 직관력이 달라 일일이 물어볼 수도 없는 노릇이다.

오랜 기간 기업을 경영한 사람은 의사결정은 경청을 통해 직감으로 기업경영을 한다. 과연 일반인보다 더 나은 의사결정을 내릴 수 있는 걸까? 또는 자신의 본능과 혜안을 따르기 때문에 더 성공하는 걸까? 이 질문에는 분명히 여러 가지 답이 있다는 것이다.

인생을 바꾸는 직관의 힘은 어떻게 발휘되는가?

독일 직관력 전문가인 밀러-카인츠 박사가 알려주는 결정적 순간에 인간은 직관력을 발휘하는 능력이 있다고 한다. 일반적으로 직장인이 퇴사해 창업할 때 나는 왜 선택과 결정의 순간에 항상 망설여지는가? 내 선택에 확신하기 위해서는 어떻게 해야 할까? 고민이 많을 수밖에 없다.

어떤 사람은 옳은 결정을 하여 쉽게 적용하여 성공하는 반면에 어떤 사람은 열심히 노력하고도 잘못된 결정 때문에 실패를 맛보게 된다. 성공한 자들은 다 같지는 않겠지만 "직관의 힘"에 의해 결정한다고 한다.
[출처, 인생을 바꾸는 직관의 힘]

밀러-카인츠 박사는 우리가 선택과 결정을 자유롭기 위해서는 직관적 지능을 계발해야 하고, 직관과 감정을 아우르는 것은 장기적인 안목과 시각을 가져와 준다고 한다. 직관의 책에는 직관의 중요성과 직관적 지능을 계발하는 방법, 결정적인 순간에 직관력을 활용하는 법, 성공적인 삶을 완성해가는 과정 등을 구체적으로 제시해 주고 있다.

직관력이 발휘하면 인간 근원적인 내면의 에너지를 활용할 수 있게 되고, 그 결과 통찰력과 결정에 대한 확신을 얻게 되며, 여기서 더 나아가 "직관적 지능은 성공적인 인생의 안내자"이다. 직관과 혜안이 있는 사람은 삶의 과제에 옳은 결정을 함으로써 행복과 물질적인 성공을 넘어 궁극적인 목표를 찾아 더 나은 것을 얻는다.

직관력이 뛰어난 사람들은 보통 사람과 무엇이 다를까?

우리는 직관력이 강한 사람을 존경하고, 그들의 자신감과 미친 영향력에 많은 사람은 감탄하곤 한다. 직관력이 강한 사람들의 내면의 에너지는 어떠할까?

• "내면의 목소리"를 듣는다

직관적인 사람들은 자신의 본능을 무시하지 않는다. 그들은 경청하고, 의사결정을 위한 중요한 자원으로 여기기 때문에 내적인 목소리를 경청하고 난 후 자신이 의사를 결정한다.

일반인과 차이점은 다른 사람들이 "내면의 목소리"가 이상하다고 생각하건 상관치 않는다. 이들은 자신에게 큰 기회를 얻을 수도 있고, 자신만의 자산이 될 수도 있기 때문이다.

- 혼자서 "내면의 시간"을 보낸다

혼자 있으면서 자신의 단순한 감정 아니라 귀를 기울러 내면의 세계
에서 에너지를 느낀다. 왜냐하면, 직관력을 가진 사람은 정신적으로
덜 방황하기 때문이다.

- 주위의 모든 것을 알아챈다

이미 자신과 연결하는 방법을 배웠기 때문에 다른 사람들과도 깊이
연결할 수 있다. 실제로 직관적인 사람들은 다른 사람들이 느끼는
못하는 것을 이해하는 특별한 능력을 지니고 있다. 다른 사람들이
말하기 전에 무엇을 말하고 싶은지 어느 정도 감을 채고, 어는 정도
알고 있다는 것이다.

- 매우 "창조적이고 독창적"이다

위대한 예술가와 과학자들은 매우 독창적이기 때문에 직관력이 뛰
어난 사람들이 많다. 그들은 본능에서 영감을 얻어 기존의 방식과는
다른 방법으로 일을 하도록 유도한다. 자신이 질문을 던져 놀라운
대답을 생각해 내어 창의력과 독창성을 발휘한다.

- 자신의 직감에 창조적인 직감력을 연결한다

과학자들은 인간의 직감이 두 번째 뇌(뇌와 위장 시스템 사이에는 인간을
지배하는 초고속도로)에 있다는 것을 발견했다. 이것은 창자의 벽을 덮
는 수많은 "뉴런(신경계를 구성하는 세포)이라는 신경세포" 때문이다. [출
처, 보스턴 대학, 라이스 대학, 조지 메이슨 대학의 연구진]

인간의 본능은 의사결정 과정에서 논리적인 사고보다는 창조적인 직감력이 있다. 직관적인 사람들은 남들이 어떻게 생각하건, 기대하건. 이에 많이 신경을 쓰지 않는다. 그들은 자신만의 내면에 쌓여 있는 안내자(자신)를 신뢰하기 때문이다. [출처, 원더플 마인드, 직관력이 뛰어난 사람들의 특징]

일상 속에서 직관력을 키우는 6가지 방법

직관력은 우리가 어떤 상황에서 미래를 예측하고 판단하는 능력이다. 일상 속에서 직관력을 키우는 6가지 방법이 있다.

- **명상(瞑想)과 마인드 풀니스의 조합**
  명상과 마인드 풀니스(매 순간순간에 알아차림의 의미를 내포한다는 뜻)는 직관력을 키우는 효과적인 방법이다. 명상은 우리의 마음을 조용하게 만들어 주고, 집중할 수 있는 능력을 키워 준다.

- **자기 성찰과 다양한 관점을 고려하라**
  인간은 신이 아닌 이상 실수를 하거나 잘못된 판단을 내릴 때가 있다. 이러한 상황에서 "자기 성찰"을 통해 행동과 생각에 대해 돌아보고 반성한다. 시각으로 문제를 바라보고 판단하지 않고 다른 사람의 의견을 듣고 다양한 관점에서 이해한다는 것이다.

- 일상 속에서 상상력 발휘하기

  상상력을 발휘하면 문제를 다른 각도에서 바라볼 수 있고, 창의적인 아이디어를 얻을 수 있다. 상상력을 발휘하는 방법은 다양한 경험을 즐기고, 새로운 도전에 긍정의 힘이 있어야 한다.

- 독서와 학습

  독서는 지식과 아이디어를 얻을 수 있고, 다른 사람들의 경험과 지혜를 배울 수가 있어 "문제 해결 능력"에 많은 도움을 준다. 기업에서 인문학책을 자주 읽어 보라는 이유도 여기에 있다. 작고한 삼성 이건희 회장은 반복되는 독서를 통해 기발한 아이디어와 상상력을 얻어 기업경영을 했다고 전해진다.

- 실패 · 위험의 두려움을 극복하라

  도전하는 사람은 실패와 위험을 경험하면서 많은 것을 배운다. 미국의 발명가 토마스 에디슨은 실패를 두려워해서는 아무것도 할 수 없다고 했다. 유능한 지도자는 실패 경험을 통해 문제를 인식하고 해결한다.

맺음말

작고한 현대그룹 창업자 정주영 회장은 재계에서 유달리 매 순간 직관력이 뛰어 낫다고 한다. 그 일례로 서산만 간척지, 사우디 주베일 항만공사, 소양강 다목적 사력댐 건설과정에서 직관과 혜안으로 원가절감과 공기를 앞당겼다.

사회에서나 직장에서나 우리에게 같은 일을 주어도 "직관력과 혜안"이 뛰어난 사람을 주변에서 볼 수가 있다. 그들은 문제 해결 능력이 유달리 다르다. 그렇다면 천재성을 타고났을까, 대답은 아니다. 왜 그럴까?

유능한 경영인과 책임을 맡은 관리자는 많은 경험, 실패, 위험을 통해 배우면서 직관력을 키우게 되었다는 것이다. 직관력이 있는 사람은 평소 자신에게 주어지고 불어닥친 해결능력과 방법을 배워 어떤 일을 주어도 기간에 맞추어 또는 기간을 앞당겨 업무를 수행하고 만다는 것이다.

리더가 무능하고 철학이 없으면 그 피해는 어디로 갈까?

오늘날 한국이 반세기에 걸쳐서 눈부시게 발전하기까지는 선대 창업가의 혜안과 불굴의 집념. 가난에서 탈피하고자 하는 우리 조상의 근면과 성실함이 있어서 가능했다.

나라발전의 부국강병 요체는 리더는 헌신하고 책임지는 자리이다. 책임지지 않는 사회, 보이지 않는 "리더의 부재는 결국 멍들고 다 망한다는 역사의 진리와 교훈을 일깨워 주었다."

도성을 버리고 도망간 무책임한 리더 선조와 인조임금

선조임금 때 율곡 이이는 일본 왜군의 조선 침입에 대비해 10만 병력 양성설을 주장하였으니, 선조는 끝내 부국강병에 힘을 기울이지 않아 임진왜란으로 그 결과는 참혹해 수많은 백성이 죽었고 국토는 쑥대밭이 되었다.

글만 읽다 관직에 진출한 관료들은 형식과 명분을 중시하며 당쟁을 일삼다가 끝내 임진왜란과 병자호란이라는 국가 존망 위기를 두 번이나 겪었다.

선조와 인조임금은 안위로 일관해 국방력을 키우지 않아 일본 왜군과 청나라가 침입해 오자 도성을 버리고 도망쳐 버린 한심한 작태는 나라 제왕으로서 용납되지 않는 임금이다.

리더는 위선(僞善)하는 자리가 아니고, 실천하는 자리이다

정상적인 리더는 골치 아프고 답을 찾기 어려운 일에는 실천과 관리에 집중한다. 책임자가 부하에게 "정상 관리"에 매달려 있는 것은 당연하지 않겠는가?

우리 국민이 안고 있는 대표적인 것이 연금개혁이다. 정부의 결단이 계속 미뤄지게 되면 그 피해는 미래의 후손에게 크나큰 짐이 된다는 것은 삼척동자도 다 아는 사실이다. 오늘날 젊은이보다 노령인구가 점점 많아지는 시대가 되어 한시 바쁜 연급 제도 개혁이 강구되어야 한다.

리더는 "의무와 책임"을 함께하는 자리이다

자신의 자리에서 날아오르는 것은 그 비상의 아름다움만큼 정직하고 성실한 헌신이 요구된다. 훌륭한 리더는 자신의 몫보다 더 많은 책임을 지게 된다면 자신의 몫보다 더 적은 대가를 얻는다. 국가, 기업, 가정의 책임자는 위기를 극복하기 위해서는 무엇을 어떻게 할 것인가보다 무엇을 어떻게 일관성 있게 끌고 나가느냐가 더 중요하다. 해결할 사안은 추상적 문제가 아니라 구체적인 문제 해결에 전념해야 한다.

리더의 역할은 무엇인지 요약해 보았다

리더의 역할이 무엇인지 질문하면 다들 명확하지는 않겠지만, 상황과 현실에 대해 어떻게든 말을 할 것이다. "리더의 역할은 목표 달성을 위해 구성원들의 성장과 몰입"을 이끌어 가는 것이다.

- **첫째, 명확한 방향을 제시해야 한다**
  무엇 때문에, 왜 해야 하는지를 구성원들이 이해할 수 있도록 해야 한다. 이것이 없다면 열심히 일해도 성과로 이어지기 어렵다.

- **둘째, 리더는 의사결정의 판단과 책임지는 자리이다**
  리더는 책임지는 자리여서 수많은 상황에서 올바른 판단을 내려야 한다. 때로는 그 결정이 틀릴 수도 있다. 하지만 결정을 미루는 것보다는 빠르게 판단하고, 그 결과에 대해 책임지는 것이 더 중요하다.

조직 구성원은 리더의 모습을 통해 더 큰 도전을 할 수 있는 용기를 얻는다.

- 셋째, 구성원의 성장을 지원해야 하고 서로가 도와야 한다
구성원이 역량을 최대한 발휘할 수 있는 환경을 만들고, 더 큰 도전을 할 수 있도록 하는 구성원의 성장이 곧 조직의 성장이다.

- 넷째, 조직 소통과 문화를 형성하는 것이다
리더가 보여 주는 태도와 행동은 바로 조직의 문화가 된다. 말로만 하는 소통은 오히려 신뢰를 깨트릴 수 있다.

- 다섯째, 리더는 깨끗해야 한다
리더는 개인의 영달을 위한 자리가 아니다. 조직의 수장이 깨끗하면 아래 조직에서 일어나는 비리를 알아낸다.

망하는 리더와 조직의 특징

망해 가는 리더와 조직의 특징은 많은 것이 허술하다는 것이다. 행복한 가정은 다양한 이유로 행복하지만, 불행한 가정은 거의 비슷한 이유로 불행하다는 것이다. 망하는 조직의 특징을 요약하면 다음과 같다. [출처, 김영호, 칼럼니스트]

- 많은 회의를 해도 집약적인 결과를 도출하지 못한다.

- 신사업을 고민하는 최고 경영자와 사람이 없다.

- 최고 경영자(CEO)의 대외활동이나 사교가 잦아진다. 그래서 사장은
  항상 바쁘고 직원은 한가해진다.

- 장기적인 전략보다는 발등에 떨어진 불만 끄기에도 벅차다.

- 오해와 변명이 일상이 된다.

- 문제가 생기는 대도 그대로 방치된다.

- 남의 말을 듣지 않고, 자기 말이 최고라 착각한다.

- 리더는 책임을 회피하고, 실무자급에게 책임을 전가한다.

- 징계, 인사 조치 등 강제적인 힘을 이용해 협박을 즐긴다.

- 결국은 실력 있는 직원과 괜찮은 사람이 이직하게 된다.

리더의 5가지 원칙 중에 첫째도 둘째도 "신뢰"이다

- 첫째, 가치와 원칙을 명확히 하라.

- 둘째, 비전으로 가슴을 뛰게 하라.

- 셋째, 새롭게 도전하면 문제 해결 능력과 동기 부여를 준다.

- 넷째, 스스로 행동하게 만들어라.

- 다섯째, 열정이 우러나게 유연성을 가져라.

좋은 리더가 갖추어야 할 덕목

리더의 능력이 부족할 때 어떤 문제가 생기는가? 조직의 팀원들이 자신의 의견을 주저하거나 숨기는 경향이 생길 수 있어 결과적으로 팀 내

불합리한 의사소통으로 협업(協業)이 저하될 수 있다.

또한, 리더가 필요한 지침이나 지원을 제공하지 못할 경우, 팀원들은 혼란을 가져와 업무에 대한 이해도나 열정이 감소할 수 있다. 훌륭한 리더의 덕목은 뚜렷한 비전 제시, 일에 대한 열정, 혁신과 열린 마음 등 공감 능력을 갖추어야 한다.

무능한 리더가 있으면 망한다는 데에는 이견이 없다

망하는 조직의 원인은 굳이 전문가를 만나 말을 듣거나, 경영 서적을 찾아 읽지 않아도 된다. "몰라 못하는 것이 아니라 알면서도 안 하는 것이다." 절대 잊지 말아야 할 점은 망하지 않기 위해서는 경영자와 리더가 지속성장을 위한 정신건강이 맑아야 한다.

한국은 관료주의 기본 속성 때문에 무능한 상사가 있기 마련이다. "피터의 법칙"에 따르면, 관료주의 직원의 조직에서는 자신이 최대한 무능력해질 때까지 승진한다. 상사가 될수록 무능해지는 것은 경직된 관료주의 사회일수록 심각하다고 일갈하고 있다. [출처, 미국 경영학 박사, 로렌스 피터]

리더의 "정신건강"이 건강하고, 영리한 기업은 망하지 않는다

무능력한 리더는 조직의 헌신보다는 자신의 영달과 안위에 집착하는 것이다. 나라든 기업이든 이런 유형의 사람을 써다가는 부하들도 오염되어 정신건강이 무너져 속절없이 망한다.

우리의 몸이 육체와 정신이 함께 하듯 리더는 건강한 몸과 마음, 정신을 지녀야 한다. 어찌 보면 아침에 일터로 가서 인사하는 모습에서도 건강성이 가늠되지 않는가 싶다.

찡그리는 사람, 밝게 웃는 사람, 무덤덤한 사람 등 하루를 시작하는 마음가짐이 이럴진대 책임져야 할 리더의 정신건강이 이렇다면 불을 보듯 뻔하다. 리더들의 올바른 "정신건강"은 어떤 의식적 스트레스가 왔을 때 객관적 판단력이나 분별력을 지니고 있다. 리더의 역할은 국가와 사회 번영, 국민의 안녕과 질서를 지휘하는 자리이다.

맺음말

칼럼니스트는 그저 편한 온건주의는 미덕이 아니고 해악이라 했다. 국가와 사회는 온건주의 여론에 의해 발전하지 않는다. 리더는 국가와 사회, 기업의 정의 실현을 하기 위해서는 더 나은 삶, 더 나은 세계를 위해 있는 자리이다.

기업이 다년간 적자의 폭풍이 몰아칠 때 버텨내는 힘은 경영자의 판단도 중요하지만, 쓰러져 가는 기업을 살린다는 각오로 리더는 맡은 바 임무에 책임을 다해야 기업은 회생할 것이다.

전 세계 국가 수는 통계자료마다 차이가 있지만, 세계 195개 국가 중 한국의 국토면적은 100,412km^{2}로 106위에 해당하는 작은 나라이고 자원마저 없다.

리더는 작은 땅덩어리 한국이 잘살기 위해서는 지혜롭고 슬기롭게 대처하여야 하고, 무엇보다 경제성장이 우선임을 고민하지 않을 수가 없다.

샤를 드골 전 프랑스 대통령은 "국가는 어제의 유산과 오늘의 이익과 내일의 희망을 동시에 책임지는 존재라고 했다." 우리의 미래는 국민의 선택에 달려 있다. 그렇게 하지 않으려면 각계각층의 지도자는 물론 기업 경영인, 조직의 리더는 냉철한 지혜를 함께 모아야 할 것이다.

제9장

누구든 법과 사회질서를 지켜야 나라가 바로 선다

국민 모두는 법과 사회질서를 지켜야 한다

법질서는 법에 따라 사회가 일률적으로 규율(規律)되고 있는 개개의 법규가 체계화된 것을 의미하며 만약 법질서가 없다면 사회정의를 실현할 수도 없다. 사회질서유지는 범죄를 예방하고, 사회 구성원의 안전과 보호를 하기 위함이다. [출처, 공정과 원칙, 사회적 정의 구현]

사람은 서로 다른 개성을 가진 사람들과 살아가면서 이해가 부족하여 많은 다툼이 생기기 마련이다. 개인이 억울하게 피해를 보았다 하여 그 일을 스스로 해결하려고 한다면 힘센 자가 지배하는 무질서한 사회가 되어 버린다.

불법·위법·범법행위는 없어야 한다

법 없이도 살 수 있다는 말이 있다. 너무나 착해서 법이 필요 없는 사람이라는 뜻이지만, 사실 법이 없다면 착하고 힘없는 자를 보호할 길이 없다.

영국의 철학자이자 정치학자인 홉스는 "만인의 만인에 대한 투쟁"이라고 설파했듯이 법이 없다면 인간사회는 오로지 약육강식의 법칙에 지배받게 된다. 법은 강자가 가진 힘의 논리를 약자가 제어할 수 있는 강력한 수단이다.

한 명을 살해하든 열 명을 살해하든 똑같이 위법이다. 그러나 불법은 한 명을 살해한 것보다 열 명을 살해한 것이 죄질이 중하게 처벌되고 고의에 의한 불법인지, 과실에 의한 불법인지에 따라 양형 규정이 달라

진다. [출처, 아들을 위한 인문학]

범법(犯法)이 막연히 법을 어기는 행위를 가리키는 데 비해 위법은 적법하지 못한 상태를 가리키고, 불법은 합법이 아닌 상태로 특정 법을 위반한 상태를 가리킨다.

만약에 법이 없다면 어떻게 될까?

법이 없으면 뭐든 내 마음대로 해도 되고 벌금을 안 내어도 된다. "법이 없다면 죄도 없다는 죄형법정주의 이론"이다.

만약 각종 법이 없다면 공장 쓰레기를 몰래 산에다 버렸을 것이고, 얼마 뒤에 지하수가 오염되어 물고기가 병들어 죽게 되고, 한편으로는 지금 살아가고 집 전세를 누가 명의 도용해서 가로챌지도 모르고, 어느 날 갑자기 해고를 당해 길거리에 나앉게 될지도 모른다. 법은 서로 편하고 행복하게 살기 위해 국민이 지켜야 할 의무이자 도리이다. [출처, 4월 25일, 법의 날]

법이 강제규범이 되는 이유는 무엇일까?

사회질서는 각종 규범(規範)에 따라 유지되고 있으며 법과 도덕이라는 2가지 규범 체계가 있다. "법은 사람의 행위를 규율"하는 것이고 "도덕은 사람의 양심"에 따라 구별된다.

우리 사회는 각계각층의 사람이 있고, 각자가 가진 생각은 사뭇 달리 나타난다는 특징이 있어 함께 사회를 이루기 위해서는 강제규범이 필

요하다. [출처, 사회복지법 개론 2015, 신창식]

법이 있어야 하는 이유

전 세계 수많은 나라에는 그들만의 문명이 존재한다. 굳이 공통점을 찾으라고 한다면 각각의 법이나 규범들이 존재한다는 점이다. 빈민국 가에서도 그들 나름대로 규칙이 있다. 물론 합리적인 방법으로 문제를 해결할 수도 있지만, 중요한 것은 구성원들이 어떤 규칙이나 법을 인정하면서 거기에 맞춰서 살아간다는 것이다.

법은 의견충돌이 발생할 때 이해관계를 적절히 조절하고 "사회질서를 유지하기 위해서는 공권력이라는 강한 법이 존재한다." 흔히 법대로 하자라는 말을 자주 듣게 되는데 그러한 말을 보더라도 구성원 개개인이 법에 의지하고, 법에 따라 공명정대하게 문제를 해결하려고 한다.

법은 합법적인 국가권력에 의해 제정된 것이므로 사회 구성원은 법을 준수할 의무가 있는 것이다. 우리는 서로 다른 생각과 행동방식을 지닌 사람과 모여 함께 살아가는 데 있어서 구성원들 간에 크고 작은 갈등과 다툼이 발생하기 마련이다. 우리 사회가 점차 복잡해지고 거대해지면서 법의 중요성이 커지고 있다. [출처, 법제 실무강좌, 저자 박윤흔]

법은 다른 사회 규범과 비교하면 어떤 특성이 있을까?

도덕을 예로 들어 보자. 지하철에서 연세가 많으신 어르신께 자리를 양보하는 것은 아름다운 미풍양속인 도덕이다. 그러나 이를 지키지 않

   어른과 후손에게 전하는 글

았다고 하여 강제적으로 처벌할 수 없다. 그 이유는 도덕은 스스로 양심에 따라 자율적으로 지키는 규범이기 때문이다.

법은 사회 구성원들이 규정된 법을 지키도록 함으로써 정의로운 사회를 실현하게 된다. 남을 속여서 이득을 챙기는 사기, 폭력을 휘둘러 남을 다치게 하는 행위는 국가의 제정 법률에 근거하여 처벌을 받게 된다.

법과 질서의 일상생활 연관성

일상생활에 발생하는 각종 다툼과 분쟁 발생 시 법은 객관적이고 공정한 판단 기준을 제시해 준다. 사회 구성원은 법이 명확하게 제시해 놓은 기준에 따라 해야 할 행동과 하지 말아야 할 행동 등 다양한 관계 속에서 크고 작은 분쟁을 예방할 수 있다.

"사회가 있는 곳에 법이 있다."라는 말처럼 사회에는 모든 법이 존재한다. 우리가 길을 건널 때 신호 지키기뿐만 아니라 많은 정보보호 등은 모두 법에 규정되어 있다. 오늘날 시민사회가 생활의 질서 속에서 형성되는 것임을 생각할 때 법질서의 인식과 생활화는 중요한 과제가 아닐 수 없다 하겠다.

법을 지키려는 마음

사람은 공동체 속에서 살아가기에 사회적 제약이 따른다. 교통질서를 지켜야 하고, 오물을 함부로 버리지 말아야 하고, 불량식품을 만들지 말아야 하고, 강물에 중금속을 방류하지 말아야 하는 등 각종 법규를 지켜야 할 것들이 너무나 많다.

"법은 우리가 살아가는데 행동 양식을 결정해 주는 신호등과 같은 역할"을 해 주고, 분쟁이 발생하면 이를 해결해 주는 잣대의 역할을 해 주는 것이다. 운전하는 사람들이 혼잡한 도로에서 나 혼자 이익을 위하여 무리하게 서로 끼어들기를 하면 교통체증은 더욱 심해지고 결국은 누구도 차량의 홍수 속에서 빠져나갈 수 없게 된다.

만약 법이 없다면 우리 사회는 힘세고 목소리 큰 사람이 마음대로 하는 "정글의 법칙이 지배하는 황량한 사회"가 된다. 철학자 소크라테스의 가르침은 법을 지키려는 마음은 어린이도, 어른도 모두 똑같다고 했다. [출처, 법제처 경제법제국 법제관]

법 원칙을 잘 지키는 사람은 주변에서 "신뢰할 수 있는 사람", "정직한 사람"으로 평가받을 수 있다. 반면에 규칙을 어기는 사람은 편법과 도덕적, 윤리적 기준을 벗어나는 행동에 예민하게 반응한다.

법에 관한 명언들은 기본 원칙과 정의의 중요성을 강조한다

- 법은 "국가의 기초이며, 정의의 기둥"이다.
- 법은 정의를 이루기 위해 존재한다.
- 정의는 강자의 이익이 아니라 모든 사람에게 적용된다.
- 법은 공정함이요 누구든 평등하게 해야 한다.
- 법을 아는 것이 자유의 첫걸음이다.
- 법을 두려워하지 않는 사람은 법을 어긴다.

우리는 살아가는 데 있어서 국민 모두 법과 사회질서를 지켜야 한다. 법은 국가의 기초이며, 국가와 사회의 기본 틀을 형성하며, 정의를 실현하는 데 역할을 하고 개인의 권리를 보호하는 중요한 도구이다. 자식을 올바르게 선도하는 것은 부모의 책임이다. 부모 뱃속에서 태어나 올바른 인생길 마음으로 살아가면 법의 테두리는 사회도 한층 밝아질 것이다.

"법은 우리가 살아가는데 행동 양식을 결정해 주는 신호등과 같은 역할"을 해 주고, 분쟁이 발생하면 이를 해결해 주는 잣대의 역할을 해 주는 것이다. 국민 대다수가 법질서를 지키면서 살아가고 있지만, 법을 무시하고 법 위에서 군림하는 사람들을 우리 주변에서 볼 수가 있다.

살아가면서 각종 법이 있기에 법을 어긴 자는 지위 고하를 막론하고 법의 엄정한 심판을 받아야만 건전한 나라 기강이 서게 되는 것이다. 사회의 법이 잘 지켜지는 풍토를 만들기 위해서는 사회적으로 영향력이 있는 시도사가 누구보다 먼저 법을 잘 지키는 모범을 보여야 하며, 그 심판의 잣대는 누구에게도 공평무사해야 한다.

나라의 일꾼, 성년이 되면 책임감이 따른다

성년의 나이는 세계 국가마다 다르다. 유럽의 경우 독일과 프랑스는 성년연령을 21세, 네덜란드는 23세이다. 일본은 일반 국민은 만 20세, 천황·황태자·황태손은 성년 나이를 18세로 정해 놓았다. 한국은 청소년의 달인 5월 셋째 주 월요일에 맞추어 매년 만 19세가 된 젊은이에게 성인으로 한다.

성년의 날은 사회인으로서의 책무와 자각을 일깨워주고 국가와 사회가 바라는 유능한 인재 양성을 위한 바른 국가관과 가치관 정립을 위해 제정된 날이다. [출처, 성년의 날]

성년이 되면 장미의 꽃말과 향수를 선물한다

성년이 되면 장미의 꽃말과 향수를 선물한다. 그 이유는 장미꽃은 "열정과 사랑"으로 성인이 된 젊은이에게 무한한 열정이 계속되길 바란다는 의미이고, 향수는 자신과 다른 사람에게 향기를 풍기는 좋은 사람이 되라는 의미이고, 또한, 키스는 책임감 있는 사랑을 의미한다.

관혼상제의 첫째 관문인 관(冠)이 바로 성년을 알리는 것이다

관혼상제(冠婚喪祭, 인간이 태어나서 거치는 4가지 예식인 관례(성인식), 혼례(결혼식), 상례(장례식, 제례(제사)를 의미한다) 중 유일하게 날을 정해 기념하는 것이 "성년의 날"이다. 유교에서는 성인이 되었으니 자신의 책임을 다하라는 뜻과 사회의 구성원이 되었음을 뜻한다.

만 19세가 되는 성년의 날에 대한 관례의미의 설명을 시작으로 남자의 경우 관을 쓰는 것을 관례(冠禮)라 하고, 여자의 경우 비녀를 꽂는 것을 계례(笄禮)라 한다. 관혼상제의 첫째 관문인 관(冠)이 바로 성년을 알리는 것이다. [출처, 대구 향교]

성년이 되면 학교에서 선생님께서 성년식을 해 준다. 우리나라뿐만 아니라 세계 여러 나라에서도 성년식을 하는 이유도 사회적 책임을 일깨워 주는 것이다.

만 19세 성년이 되면 법적 책임을 진다

성년이 되면 사회적으로 정당한 권리를 가지며, 어른으로서의 책무를 일깨우는 것이다. 성년이 된 이후 "자신의 인생을 책임지고, 행동에 대한 책임을 지며, 사회와 가족, 돈 관리 등 책임"을 다져나가는 첫걸음이다. 공법상으로는 선거권을 비롯한 각종 자격을 취득하며 흡연과 음주 금지 등의 제한이 해제된다. 사법상으로는 친권자의 동의 없이 혼인할 수 있으며, 양자도 될 수 있다.

청소년 때는 법적인 잘못을 저질렀을 경우 부모가 대신해서 손해배상 책임을 지어 법적 처벌도 가볍지만, "성인이 된 후 법을 어기면 자기 자신이 책임을 져야 하므로 청소년 때 있었던 책임상 감경(減輕)은 없다."

성년이 된 청년의 독립이 어려운 이유는 경제 때문이다

대학 졸업 후 취직하지 않거나 취직하더라도 부모의 보호를 벗어나지 못하는 20~30대의 기혼자 중에도 캥거루족이라 답한 비율이 20.4%이다. 이들은 여전히 부모로부터 경제적인 지원을 받는 것으로 나타났

다. [출처, 2023년 잡코리아 설문자료]

졸업 후 취직, 결혼 후에도 가장 어려운 점은 집값 부담과 양육비와 생활비 부담으로 나타났다. 청년실업률이 높은 표면적 이유는 충분한 경제성장이 이뤄지지 않고 있기 때문이다.

경제가 확대되면 청년실업률은 전체 실업률보다 빠르게 하락하지만, 경제가 위축되면 전체 실업률보다 빠르게 상승한다. 이런 요인으로 인해 경제 위기나 금융위기 시기에 청년실업률은 급격하게 상승하게 된다.

청년들이 일자리의 불안정성과 낮은 대우를 감내하면서 직장은 능력을 갖추길 원하지만, 정작 현실은 청년들이 특화된 능력이 없이는 기회가 제대로 주어지지 않는다. [출처, 아주대 국제학부 김용기 교수·일자리위원회 부위원장]

맺음말

인간이 태어나서 거치는 관(冠)·혼(婚)·상(喪)·제(祭) 중에 첫 관문이 관례(冠禮)이다. 유교적인 전통사회에서 만 19세가 되면 청춘 남녀에게 예복을 갖추어 입혀 인격체로 대접함으로써 사회가 바라는 성인은 어른으로서 책무를 다하라는 뜻을 내포하고 있다.

옛날에는 같은 어른끼리도 상대방의 정식 이름을 함부로 부르는 것을 큰 실례로 여겼다 한다. "자네의 자는 해천(海天)이라 지었네. 넓은 바다와 푸른 하늘을 보며 슬기롭게 살라는 뜻이니, 어른은 성인이 된 사람에게 이름에 걸맞은 어른이 되게"라고 마음의 훈시를 하였다.

성년이 되면 어린 시절에 받았던 부모의 보호와 지원을 떠나 이제부터는 자신의 인생을 책임져야 한다. 사회인으로의 책무를 일깨워주는 동시에 납세·노동·국방·교육의 의무가 있다.

국가의 장래를 짊어질 젊은이에게는 인생 여정의 무거움의 시작이다. 자신도 책임져야 하고, 결혼해서 가정과 국가도 책임져야 할 일들이 너무나 많고, 막중한 책임의식도 몸속에 배어 있어야 한다.

청년들의 독립이 어려워짐에 따라 부모의 경제적 부담과 노후 준비 어려움이 생기는 문제점을 동시에 안고 있다. 독립이 어려운 이유는 경제성장과 취업난도 있겠지만, 자식들의 자립성을 길러주지 못한 부모의 책임도 일정 부분 있다.

너무 혼란스러운 "묻지마식" 무서운 세상

살인·강도·강간·절도·방화범죄는 이른바 "묻지마식" 5대 강력 범죄에 속하는 죄질이 중한 범죄이다. 5대 범죄가 54초마다 발생하고 있으며, 강간과 강제추행 등 성범죄는 25분에 1건꼴로 발생했다고 한다. [출처, 국감 5대 범죄 발생 현황]

묻지마식 5대 강력 범죄는 어떤 것인가

• 강도 살인죄

강도가 고의로 사람을 죽였을 때 성립하는 범죄다. 강도살인의 형량은 현행법상 가장 강력하게 처벌되는 범죄 중 하나로 죄질이 중해 사형 또는 무기징역으로 규정되어 있다. 이는 대통령 등을 암살할 때 적용되는 내란 목적의 살인죄와 형량이 같다.

"묻지마식" 살인범은 무작위, 무차별적으로 사람을 죽인다. 범행 동기도 없고 가해자와는 아무런 관계가 없는 다수에게 상해를 입히는 것이기 때문에 목격자가 없을 때 미궁에 빠지는 경우가 다수이다. [출처, 경찰청]

전문가들은 현대 사회에서 마음을 터놓고 대화할 수 있는 사람과 이웃, 친척의 숫자가 줄어들고, 개인이 받는 스트레스 와 빈부 격차가 심해져 발생 건수가 증가하는 추세라 한다.

- 절도·폭력

  절도죄는 재물을 훔치는 도둑질이다. 남의 물건을 훔치는 행위는 한 번 훔치게 되면 계속 훔치게 된다는 것이다. 폭력은 신체적인 공격 행위 등 불법한 방법으로 부스거나 때리는 등 가해행위를 말한다. 이는 사회질서를 어지럽히는 강력 범죄이다.

- 성폭력과 강간, 강제추행

  성을 매개로 하여 상대방의 의사와 상관없이 무작위 가해행위이다. 일상을 위협하는 몰래카메라·불법촬영·카톡방·성희롱·N번방 사건 등은 성범죄 관련 기사가 자주 등장한다. 성범죄는 줄어들지 않고 오히려 더욱 흉악하고 잔혹해지고 있다.

- **뺑소니 차**

  뺑소니는 사람을 사상하거나 차량의 손괴죄이다. 구호, 인적사항 제공, 경찰 또는 보험사 신고, 병원 이송 등의 적절한 조치를 하지 않고 사고를 내고 아무런 조치를 하지 않고 그냥 도주하는 범죄이다. "뺑소니 차"라는 단어가 생겨난 것만 보아도 사고를 내고 도망치는 차들이 얼마나 많은지를 짐작할 수 있다. [출처, 경찰청]

- **묻지마식 방화(放火)**

  방화범죄란 고의로 화재를 일으켜 생명이나 신체·재산 등 위험을 초래하는 범죄를 말한다. 주택 화재로 일가족이 숨진 사건, 숭례문 방화사건, 대구 지하철 방화사건, 보험금을 노린 방화사건, 강릉 옥계 산불방화, 기타 방화로 인해 인명사고와 시설물이 전소되었다. 대부분 계획적으로 방화를 했다는 것이기에 우리 사회에 더 큰 충격을 주고 있다.

  최근에는 경제적 어려움, 사회적 소외자, 가정불화 등 불만을 해소하기 위해 공공장소에 불을 지르는 "묻지마식" 방화가 자행되고 있어 가슴 아픈 일이다. [2012년, 이기환 소방방재청장]

- **뇌가 죽어가는 마약(麻藥)**

  마약류는 뇌 정신에 영향을 주는 물질로 사용이 금지된 약물이다. 한번 손대면 중독성이 강해 재차 사용하고 싶은 강한 충동과 내성(耐性)이 있어 횟수에 비례하여 사용량 증가하게 되고 사용중지 시 고통이 수반된다.

마약은 뇌, 간, 심장 등 신체 각 기관이 손상을 일으켜 정상적인 생활이 불가능해 환각 상태에서도 강도, 살인 등 반사회적 강력 범죄를 일으킨다. [출처, 신경정신과 전문의]

필자는 몇 년 전 벌건 대낮에 마약에 중독되어 길거리에 누워 있는 젊음 사람을 보았다. 정수장에도 마약류 성분이 검출된다는 시사 프로를 보면서 마약류가 이제는 사회 전반에 거쳐 확산 추세에 있다는 것이다.

맺음말

아무런 인과관계가 없음에도 이른바 "묻지마식" 살인, 강간, 방화, 뺑소니 사건 등이 사회질서를 어지럽게 하는 대표적인 사례이다. 한 가정을 송두리째 슬픔과 절망을 안긴다. 이런 유형 이외에도 각종 사건 사고를 접할 때 너무 혼란스러워 모두가 지켜야 할 법과 질서를 무색하게 한다.

대부분 국민은 법질서를 지키면서 생활하고 있지만, 나라에 모범을 보여야 어른들까지 살인·강간·방화·뺑소니 등을 저지르고 있어 가슴 아픈 일이다.

청소년의 비행과 일탈이 갈수록 심각해지고 있다

못된 짓만 일삼는 청소년과 어른들을 보면서 느낀 점이다. TV 뉴스에 같은 동네 고등학생이 노모와 장애인이 사는 집에 불을 질렀다고 한다. 그것도 모자라 오토바이를 무단으로 훔쳐 타고, 불이 타오르는 모습을 30분 동안 지켜보고 도망쳤다는 것이다.

금고털이, 절도, 성폭력, 경비원 폭행 등 아무런 인과관계가 없는데도 무자비하게 묻지마식 일탈 행동은 단순히 화풀이성이 아니다는 것이다. 세상 탓만 한 염세주의(인생을 추악하고 괴로운 것으로 보는 비관주의 방식) 독일의 철학자 쇼펜하우어(1788~1860년)는 인간은 태어날 때부터 고민이고, 불행이라 글귀가 있다.

전문가들은 마약류, 음란, 퇴폐, 성 개방 풍조에 따른 범죄는 기성세대들의 잘못이 더 크다고 한다. 10대들이 유해 매체 환경에 접근하지 못하도록 공동의 책임의식을 가져야 한다고 강조했다.

체벌이 금지된 오늘날 교권 상황

1960년대 초등학교 다닐 때는 선생님이 체벌을 가하는 경우가 종종 있었다. 그 당시 선생님의 체벌은 자신이 잘못했기에 벌을 받아야 한다는 것이 대다수의 생각이었다.

체벌이 금지된 요즘 여교사나 교사 초년생은 학생들을 다루기 어렵다고 한다. 학생이 교사에게 폭력을 휘둘렀다는 서글픈 기사는 어제, 오늘의 일이 아니다. 갓 졸업한 한 여교사가 오죽했으면 극단적인 자살을 했을까? 부모님의 책임도 분명히 있을 것이다. 오늘날 60~80세 어른들은 교권이 실종되었다고 한탄하는 소리도 들린다.

청소년 비행의 출발은 부모로부터 시작된다

청소년의 비행과 일탈의 씨앗은 어디에서부터 싹트는가. 이 같은 물음에 현직 부장검사가 청소년들의 비행은 거의 부모로부터 비롯된다고 한다. [출처, 서울보호관찰소장 강지원 부장검사]

경제적인 어려움, 가족 간의 갈등과 무관심, 가정폭력, 준법의식 부재 등의 요인과 친구로부터의 집단적 압력과 같은 요인도 비행의 원인으로 나타났다. [출처, 한국청소년 상담복지개발원]

반복적인 일탈 · 범행 청소년 "품행 장애" 원인

전문가들은 "청소년기의 일탈, 범행을 반복할 경우 품행 장애"일 가능성이 크다고 한다. 실제 범죄에 가담한 청소년들은 주의력 결핍으로 인한 과잉 행동, 우울증, 학습장애를 동반한다.

- 학업 문제

청소년의 우울증은 성인 우울증과 달라 무단결석, 게임중독, 가출 등의 문제로 나타났다. 청소년 행복 정도 설문조사에서 학업 스트레스는 34%로 제일 높다. [출처, 2021년 보건복지부, 인식조사]

전교 1등 한 고등학생도 부모님의 성적 성취 욕구 때문에 부모를 죽이고, 자신도 자살했다는 뉴스를 접해 공부만이 능사가 아니라는 교훈을 우리에게 일깨워 주고 있다.

- 어린 시절 학대 경험

  어린 시절 학대 경험이 있는 청소년의 경우 부모의 학대를 목격한 뒤 폭력성과 공격성을 띠거나 정서가 불안정해질 수 있어 부모에 대한 신뢰가 떨어져 의심하게 되고 공격적 행동으로 돌변한다.

- 가정불화

  충돌이 잦은 가정에서 성장할 경우 표출하는 모습만을 보고 자랐기 때문에 타인에게 폭행, 폭언 등 가해로 옮길 수가 있다. 부모의 이혼 과정에서 발생한 갈등과 다툼으로부터 영향을 받을 가능성이 커 우울증, 반사회적 성격장애, 정신질환 문제와 같은 원인이 될 수 있다.

- 환경적 요인

  부모의 무관심 속에 성장한 청소년은 자신 스스로 문제를 인식, 해결하는 과정에서 잘못된 방식으로 공격성을 표출한다. [출처, 헬스조선. 2021, 아동 · 청소년 5명 중 1명 '행복하지 않다']

청소년의 비행과 일탈 예방법 [출처, 서울보호관찰소장 강지원 부장검사]

- 칭찬을 아끼지 말 것

  부모와 자식 간의 칭찬은 아낌없이 하는 것이 좋다. 칭찬을 많이 듣고 자란 자녀는 밝고 자신감이 넘쳐 비뚤어질 소지가 작다. 율곡 어머니이신 신사임당은 자식들 교육에 있어서 잘한 일은 칭찬을 해 주었고, 잘못한 일들은 한번 꾸짖어 안되었을 때는 채찍을 가했다고 한다.

- 진지한 대화를 나눌 것

  자녀의 대화상대가 되려면 부모가 먼저 자연스럽게 접근하는 훈계 대신 토론을 통해 문제 해결에 노력해야 한다.

  말 한마디로 "천냥(千兩, 매우 많은 돈을 뜻함) 빚을 갚는다는 속담이 있다." 부모의 진심이 담긴 말 한마디가 자식들과 꼬인 매듭을 풀고 관계를 회복하며, 어려운 상황을 해결하는 데 결정적인 역할을 한다는 것이다.

  말에는 행동을 유발하는 힘이 있어 한마디로 운명을 바꾸기도 한다. 인간 뇌세포의 98%가 말의 지배를 받는다. [출처, 운명조차도 바꾸는 말에도 법칙과 윤리가 있다, 한창희 칼럼니스트]

  평강공주(삼국시대 고구려 공주)는 바보온달(?~590년)과 결혼했다. 바보온달은 성품이 착해 먹을 것이 없을 때는 구걸을 하기도 하고, 떨어진 옷과 신발을 걸치고 그저 빙그레 웃고 길거리를 돌아다녀 사람들은 그를 "바보온달"이라 불렀다.

  그러나 평강공주는 남편 바보온달을 장군님이라 불렀다. 비록 전해오는 전래동화 소설이지만, "남편은 진짜 장군이 되었다. 이처럼 훌륭한 부모는 자식이 말썽을 부려도 훈화과정을 통해 부모는 너를 믿는다는 훌륭한 표현을 하게 되면 진짜 훌륭한 자식이 나온다는 것이다."

- "극단적인 말을 하지 말 것"

  "공부해.", "빨리 자."하는 식의 강압적인 지시는 반발을 불러일으키게 된다. 이런 환경에서 자란 아이들은 매사에 반항적인 성격이 되기 쉽다. 말이 씨가 된다. 극단적인 말은 자녀들의 심성을 극도로 악화시킨다. 실제로 비행을 저지른 청소년은 대부분은 부모로부터 극단적인 말을 들었다고 한다.

맺음말

한 나라의 미래는 그 나라의 청소년들에 의해 결정된다. 우리가 청소년들을 어떻게 성장시키느냐 하는 것은 국가 장래와 직결되는 문제이다. 청소년들에게 거는 기대는 세계 어느 나라에서나 클 수밖에 없어 청소년들이 건전하게 성장하지 못할 때 그 나라의 장래는 우려스러울 수밖에 없다.

요즘 젊은 세대의 부모는 과거 부모님 세대와 많이 다르게 자랐다. 미래를 짊어질 청소년에게 부모의 지나친 과잉보호와 자립성이 없게끔 키운 점도 문제지만, 오늘날 청소년의 비행과 일탈은 첫째도, 둘째도 "모두 부모님의 책임"이 크다.

나이 들면서 추한 행동은 하지 말아야 한다

나이 들면서 추한 행동이 무엇일까? 대부분 올바르게 살고 있지만, 일부는 나이 들면서 추한 행동을 하는 사람들을 주변에서 간혹 볼 수가 있다. 혹시 나도, 이런 유형의 사람이 아닌지 조심스럽게 생각해 보지 않을 수 없다.

인간은 늙는 것은 자연스러운 일이다. 흐르는 세월과 함께 가끔 본받고 싶은 인격을 가진 어른들을 보곤 하지만, 반대로 눈살이 찌푸려지는 인격을 가진 분들도 있다. 세월의 풍파 속에서도 모두가 성숙해지는 것은 결코 쉬운 일이 아니다.

나이 드신 분의 배울 점을 찾고 신중하게 행동하려는 노력은 사람을 성장시키고 이정표를 제시해 준다. 그러나 나이가 많다고 해서 마음대로 행동하고 젊은 사람에게 반말하며 무시하는 행동은 "꼰대"소리를 들어도 할 말이 없다. [출처, 노후의 지혜와 삶, 이준태]

한국은 초고령화 사회에 진입했다

2025년 12월 기준 주민등록상 한국 총인구수는 51,117,378명이다. 이 중 남자 인구는 25,436,665명이고, 여자 인구는 25,630,713명으로, 한 가구(세대) 수 인구는 2.11명, 남, 여 성비는 0.99이다. 여자가 조금 많다. [출처, 통계청 자료]

한국의 총인구는 2026년까지 증가한 후, 2045년부터 급격히 감소하기 시작해 5,000만 명 시대가 끝날 것으로 예측됐다. 2030년 65세 이상 노령인구는 1,298만 명으로 전체 인구의 25%이다. 노령인구는 매년 기하급수적으로 증가해 2040년에는 약 34%, 2050년에는 40%로 늘어나 1,900만 명에 달한다. 연령대를 통틀어 65세 인구가 가장 많아 고령화기 가속화되고 있다. [출처, 2025년 1월 기준 인구 현황. 통계청 자료]

나이 들어 성숙한 내면을 다지기 위해 피해야 할 행동

- 눈치 없이 떠드는 행동

  나이는 숫자에 불과해 노인이 큰 소리를 내면 대우받지 못하는 시대
  이다. 식당에서 밥을 먹거나 지하철을 타면 시끄럽게 통화하거나 목
  소리가 큰 노인들을 보게 된다.

  늙으면 청력이 떨어져 자신도 모르게 목소리가 커질 수 있어 주의해
  야 한다. 나이나 지위가 높다고 해서 아랫사람을 함부로 대하는 사
  람이 많다. 자기 생각만 옳다고 착각하는 것을 보면 그만큼 "꼰대"
  같은 행동은 없다. 성숙함과 나이는 비례하지 않는다.

- 허세나 허풍을 심하게 떠는 행동

  채워지지 않는 것을 허세나 허풍으로 채우려는 것은 심리 때문이다.
  자신이 부족한 사람인 것을 인정하지 않고 감추기 급급한 데서 나오
  는 허세일 뿐이다.

  많은 것을 이룬 사람은 자랑하지 않더라도, 또는 허세를 부리지 않
  더라도 주위에서 이미 알고 있다. 자신을 낮추고 남을 높이는 행동
  을 하게 되면 사람을 멋지게 만들어 준다.

- 편견을 가지고 사람을 판단하지 말자

  필자는 어느 모임에서 후배를 보고 기술을 배우라고 얘기했더니 그
  나이에 무슨 기술을 배우냐며 비꼬는 선배가 있었다. 후배는 포기하
  지 않고 공부하여 자격증도 취득해 인정받는 전문가 수준의 모습을

보면서 편견으로 사람을 판단하지 말아야 한다.

• 괜한 욕심을 부린다

사람은 나이를 먹으면서 지혜와 성숙함을 기대하게 된다. 그러나 일부 어른들이 나이가 들면 괜한 욕심 때문에 남을 배려하지 않고 오직 자신의 이익만을 위해 행동하는 사람은 주변 사람들에게 미움을 받게 된다. 너무 과도하게 집착하는 모습은 결코 성숙하지 못한 행동이다.

• 나이 들수록 자신의 외모에 신경 쓰자

확 늙어버린 안타까운 처지가 되는 사람은 어느 정도의 외모 관리는 자신의 외적 자존감을 위해서도 꼭 필요하다. 비록 나이는 먹지만, 외적 매력을 키우면 내적 매력까지 더해진다.

• 질서를 무시한다

연륜이 묻어나는 노인이 질서를 지키는 것은 존경의 대상이다. 아프거나 거동이 불편한 사람은 예외를 둘 수 있지만, 나이가 들수록 질서를 무시하는 모습은 더 추하게 보인다.

• 아랫사람에 존경받아야 한다는 생각을 가져라

멋진 노년이 되기 위해서는 어른스럽게 행동하면 어른이 되고, 꼰대 노릇하면 꼰대 노인이 된다. 잘못하면 나이 어린 사람인데 맞을 수도 있다. 긍정적인 생각을 가지고 이를 꾸준히 실천해 나갈 때 아랫사람으로부터 존경받을 수 있다.

- 말 많은 사람

  가장 피하고 싶은 사람은 어떤 사람일까? "말 많은 사람"이다. 말이 많다는 것은 다른 사람을 배려하는 마음이 없다는 얘기다. 아랑곳하지 않고 계속 떠들어 대어 남들에게 추하게 보인다. 나이가 들수록 함께 있는 자리에서 말을 독점하기보다는 배려심과 겸손한 태도가 중요하다. [출처, 서울아산병원 정신건강 의학과 김창윤 교수]

  심리학자들은 말이 많은 사람은 불안감과 스트레스를 느끼기 때문에 말을 많이 하게 되고, 특히 상대방이 자신을 평가하고 있다는 느낌이 들면 말을 늘리는 경향이 있다. 이들은 내면에 부족함이 있어 경청보다는 다른 사람으로부터 인정받고자 하는 욕구가 강한 사람들이기 때문이라고 한다.

- 책임을 회피하고 남 탓만 한다

  우리가 어른에게 기대하는 것 중 하나는 성숙한 태도와 책임감이다. 자신의 잘못을 인정하고 결과를 받아들이는 것이 성숙한 어른의 모습이다. 그러나, 자신의 책임을 회피하고 남 탓만 하는 사람은 존경의 대상에서 멀어지게 되어 배울 점이 없기 때문이다.

맺음말

나이 70세부터는 세월은 마치 KTX 고속열차이다. 인간으로 태어난 이상 언젠가는 생물학적 한계에 이르면 죽게 마련이다. 나이 들어 추한 행동을 하지 않으려면 자신부터 행동 가짐을 올바르게 해야 한다. 이는 전적으로 자신에게 달려 있다.

노인이 된다는 것은 오랜 세월 동안 고생 많이 한 만고풍상(萬古風霜)의 인생의 반환점을 한참 지난 어른들이다. 사회의 어른으로 욕먹지 말고 자식들인데 대우받으려면 겸손하고 배려하는 등 아름답게 늙어야 한다.

나이가 들수록 통찰력이 옳다고 자기 잣대로 하는 행동은 금물이다. 편견에 사로잡혀 타인에게 강요하거나 강하게 드러낼수록 사람은 추해 보인다. 나이 들어 외형의 늙음은 어찌할 수 없지만, 추하게 늙지 않으려면 나쁜 소리를 듣지 말아야 한다.

"꼰대"라는 소리를 들으면서 여기저기서 욕을 먹을 것인가 아니면 항상 귀를 열고 온화한 노인으로 나이를 들 것인가는 전적으로 자신에게 달린 것이다.

화(禍)는 내야 하나, 참아야 하나, 누구나 인내심이 요구된다

忍(참을 인)은 刃(칼날 도)+心(마음 심)으로 이루어진 한자이다. 심리학자와 의학자는 화는 지나쳐도 안 되지만 무조건 참아도 병이 된다고 한다. 화는 참되 적절하게 화낼 줄 알아야 건강한 사람이다. 어떤 이는 남 얘기를 듣지도 않고 화부터 내는 사람을 주변에서 간혹 볼 수가 있다.

우리는 직장동료, 상사, 친구 등 가끔 감정의 기복이 심한 사람을 보게 된다. 거친 말과 폭력, 물건을 집어 던지는 등 공격적인 행동은 상대방에게 아물지 않은 마음의 상처를 안겨 준다.

화(禍)는 왜 날까? 인내심이 요구된다

화는 무언가 마음대로 되지 않을 때나 이를 받아들이기 어려울 때 나타나는 감정 반응이다. 그리스 철학자 아리스토텔레스의 명언처럼 "인내는 쓰다. 그러나 열매는 달다."라는 중요한 인내 교훈을 일깨워주고 있다.

인내심을 기르는 것은 오직 자신의 노력이다. 쉽지는 않지만 불가능한 것도 아니다. 살다 보면 유독 화를 잘 내는 사람이 있는가 하면, 화를 낼 줄도 모르는 사람이 있다. 그렇다면 왜 화를 낼까?

- 내 마음대로 내 뜻대로 상대가 움직여 주지 않기에
- 내가 옳다는 자부심 아닌 자만심이 용솟음쳐서
- 내 마음에 안 들기 등 많이 있을 것이다.

정상적인 사고를 지닌 사람들이라면 화내고 난 다음에는 후회한다. 화는 자기중심적인 관점에서 객관적이고 공정하다고 우기지만, 사실은 자기 기준이고 이상한 취향이며 편협한 생각이다. "나는 옳고 너는 틀렸다는 분별심"이 화를 부르고 나아가 상대와의 관계를 파탄 내는 기폭제가 된다.

스님이신 광법 거사는 사사건건 분별하는 마음이 대인관계 파탄의 원인임을 깨닫고 스스로 화를 부르는 어리석은 짓을 삼가며 마음 다스리기를 늘 노력해야 한다고 말했다. [출처, 생활수양, 2024년, 광법거사]

화(禍)가 날 때 마음을 다스려야 한다

화는 제일 먼저 자신이 화가 났다는 사실이다. 그러나 말처럼 쉽지 않아 언성을 높이고 흥분해 있으면서 본인은 정작 화가 난 게 아니라면서 자신이 언제 화를 냈느냐고 말하는 경우가 적지 않다.

인격 수양이 깊어지면 화낼 일, 화가 올라오는 일 자체가 줄어들 것이다. 분노조절 장애는 분노를 통제하지 못하거나 조절하지 못해 다른 사람에게 공격적인 행동이나 언행을 보이는 질환이다. [출처, 마음 건강의 길]

진우 스님이 지은 《마음을 다스리는 책》에 이런 글귀가 있다. 우리는 왜 단박(욕심이 없고 순수하게 느껴질 때 사용하는 표현)에 깨닫지 못하였는가? 모든 것이 마음에서 결국 비롯된다는 것이다. "선명상(禪冥想) 마음의 평화"는 삶이 수행이고, 생활이 참선이라고 한다. [출처, 2024년, 조계종출판사, 진우 스님 외 7인]

마음의 평온함이 있어야 화가 제어된다

통제할 수 있는 스트레스는 활력을 높이고 성과를 높이지만, 지속적인 스트레스는 피폐하게 만든다. 중심을 잡고 극복하는 첫 번째가 평온함을 유지하는 것이다. "놀랍게도 성공한 사람의 공통점은 어떤 경우든 마음의 평온함을 유지"한다는 것이다. [출처, 누리고 음미하는 삶에 대하여, 김권수]

- 통제할 수 없는 행동으로 남에게 실랑이를 버리지 말자.

- 가진 것에 감사하고, 다행인 이유를 찾자.

- 부정적인 대화를 끊어라. 생각은 생각일 뿐이다.

- 생각과 자신을 분리했을 때 마음의 평화가 생긴다.

- 명상은 마음이 진정되고 긍정적인 정서를 찾을 수가 있다.

- 혼자 있는 시간과 자연으로 돌아가라.

  자연은 자연스럽게 스며들어 외부의 자극, 근심 걱정, 두려움, 스트레스를 덜 수 있다. TV에 나오는 자연인은 모든 것을 내려놓아 마음 편히 산다.

- 혼란스러운 마음과 화를 비워라.

  화를 비우면 가벼워진 공간에 바람이 불고 평온함이 흐른다.

감정의 기복이 심한 사람의 분노조절 치료

조직 생활에서 참지 못하고, 동료나 상사와 부딪히고, 듣기 어려운 언행, 난폭운전 등은 인간관계에서 문제를 일으키는 사람을 종종 보게 된다. 이는 곧 자신의 혈압 상승과 신체 건강에도 악영향을 끼칠 수 있어 약물치료 및 분노 표현을 제어할 수 훈련치료가 필요하다. [출처, 순천향대 정신건강 의학과 이지원 교수]

맺음말

화(禍)는 불교에서 3가지 독이라고 말하는 탐진치(貪瞋痴, 욕심과 화, 어리석음)중 하나로 깨달음을 얻기 위해 누구나 해결해야 할 과제이다. 이처럼 마음을 다스리지 못하면 욱하는 성질의 화는 결국 자신을 좌초하게 만든다.

화(禍)를 입으로 표현해 버리면 업(業)이 되어 자신에게 돌아오고 억누르면 병이 된다. 이처럼 선한 마음을 가지고 선한 행동을 하게 되면 화는 고요할수록 마음도 맑아진다.

성공은 자신의 내면에서 시작되고 마음의 평화는 인생 여정에서 빼놓을 수 없는 중요한 요소이다. 화는 상대방이 아니라 나 자신에게 있다. "화를 내면서 살기에는 인생은 너무 짧다."

긍정적인 사람, 부정적인 사람, 선한 사람의 특징이 있다

누구나 긍정적으로 살려고 한다. 긍정주의자는 세상을 보는 방향을 긍정적인 것으로 정하고 도전을 받아드려 성장하고 발전해 나가 자신의 삶에 행복을 스스로 만들어 낸다. 그러나 인간의 삶에는 다양한 감정이 서로 충돌하고 부딪히게 마련이다.

긍정적인 사람들의 특징 [출처, 긍정적인 사람들의 특징 요약]

- 자신이 원하는 목표를 위해 주어진 일에 적극적이다

  자신의 목표나 소망을 위해 적극적으로 헌신한다. 반면에 자신의 목

표나 소망을 이뤄내지 못한 사람은 항상 부정적으로 시각을 바라보
게 된다.

• 실패는 배움의 기회로 본다

인간은 오류나 실패를 한 번도 겪지 않고 성공한 사람은 없다. 에디
슨은 실패는 위대한 성공의 밑거름이 되어준다 했다.

• 스스로 정직하라

정직한 사람은 스스로 합리화나 변명 같은 것을 늘어놓지 않고, 자
신이 잘못되었다고 말하는 것을 두려워하지 않는다.

• 자신을 남들과 비교하지 않는다

자립성이 부족한 사람은 스스로 판단하기가 힘들다.

• 스스로 동기를 찾고, 스스로 개척한다

동기 부여는 위기를 스스로 개척할 힘을 길러주어 긍정적으로 생각
할 수 있게 만든다.

부정적인 사람의 특징

• 불가능하다고 생각한다

인생길은 불가능한 것들이 있어 늘 원하는 것을 얻을 수가 없다. 불가
능하다고 생각하는 것은 좌절, 불만, 고통만 가져올 뿐이다. 선대 창

업가는 불가능한 일들을 피나는 노력으로 가능하게 만들었다는 것과
는 반대되는 사람들이다. 작고하신 한라그룹 창업자 정인영 회장은
업무에 있어서 무엇 때문에 안 되는 부정적인 말을 금기(禁忌)시했다.
유능하고 긍정적인 사람은 무슨 이유를 달지 않고, 남들과 비교하지
않으며 자립성이 강해 끝까지 한다. 개선과 노력을 가지고 끝까지
해보고 안 된다고 말해야 한다. 부정적인 사람과 긍정적인 사람의
생각과 혜안, 아이디어의 대, 소의 차이가 있기 때문이다.

- 불평불만이 많다

불평불만이 많게 되면 시야는 흐려져 세상 모든 것을 부정적으로 받
아들이게 된다. 이는 자신의 부족함을 정당화하기 위해서 사용하는
전략이고 간사함이다. 불평불만은 매사에 악순환의 연속이다.

- 남과 비교하여 살다가는 자신도 실패한다

오늘날 비교를 요구하는 사회가 되어 버렸다. 출신학교, 직업, 연봉
등으로 끊임없이 비교당하며 살아오고 있다. "자신을 다른 사람들과
비교하는 것은 좋지 않은 태도다." 그러다간 실패하고 추락으로 떨
어진다. 빌 게이츠는 "비교하는 순간 자존감은 무너진다는" 명언을
남겼다. [출처, 자존감을 지키고 싶다면 남과 비교하지 말라]

- 장애물 앞에서 포기한다

우리가 무언가를 성취하기 위해 장애물에 부딪힐 때 중도 포기하는
것은 말이 되지 않는다. 성취하기 위해서는 노력과 인내심이 필요하

다. 아무리 어려운 일이더라도 쉽게 포기하는 것은 목표를 이룰 수가 없고 포기하면 오히려 좌절된다. 결과가 어떻든 어려운 상황을 해결하려는 노력만으로도 자신감이 증가하게 된다. [출처, 심리학자 힐러리 화이트]

- 모든 일을 심각하게 부정적으로 받아들인다

  나 자신이 심각하게 받아들이게 되면 부정적인 태도만 증가시킬 뿐이다. 하는 일이 즐겁지 않으면 흥미가 없다. 당신과 나는 100% 부정적, 100% 긍정적이지 않다. 그러나 2가지 중에 부정적인 사람은 양면성이 한 사람 안에 다 들어있다.

본성이 못된 사람 특징 4가지 〈성격과 삶의 책에서 요약〉

- 첫 번째, 호의적이지만 생각대로 되지 않으면 안면을 바꾼다

  겉으로는 착하고 배려하는 척하지만, 자신의 목적을 달성하기 위해 다른 사람을 도구로 생각해 필요할 때만 호의적인 추한 모습을 보인다.

- 두 번째, 교활하고 음흉하다

  자신을 특별하고 유능한 인물로 포장하는 데 능숙하다. 실제로 능력이나 성과는 대단하지 않음에도 자신의 잘못이나 부족한 점에 대해서는 변명하는 기술도 뛰어나 목적을 달성하기 위해서는 어떤 "수단과 방법도 가리지 않는다". 자신과 의견을 달리하는 사람에게 내색

하지 않지만, 속으로 뒤통수를 치거나 앙갚음을 한다.

- 세 번째, 적반하장에 공격적이다

  자신의 욕구가 충족되지 않을 때 분노나 적개심을 드러내며 주변 사람들을 위협하고 조종하려 한다. 자신의 자존심이 건드리면 보복을 서슴지 않고, 다른 사람에게 책임을 전가한다.

- 네 번째, 목표 달성을 위해 딴소리한다

  중요한 일에 처음에는 참여하겠다고 약속했던 사람이 막상 일을 시작해야 할 때가 되면 여러 변명을 대며 처음의 약속과는 다른 말을 하기 시작한다. 본성이 나쁜 사람들은 자신의 잘못된 행동을 정당화하여 오로지 자신을 위해 목표를 달성하는 것이다. [출처, 아산병원 정신건강 의학과 김창윤 교수]

선한 행동이란 [출처, 성격과 인생 요약, 김창윤 교수]

"선한 사람이란 덕을 갖춘 사람"을 말한다. 선한 행동은 자기중심적인 데서 벗어나 보상을 바라지 않고 선한 마음을 가진다. "행복한 인생은 놀랄 정도로 선한 인생과 닮았다고 했다." [출처, 버트런드 러셀은 행복의 정복에서]

내가 싫어하는 것을 남에게 요구하는 것은 옳지 않다. 선한 사람은 선한 능력과 행동을 갖추고 있어 남을 비난하지 않고, 악을 초월한 행동은 하지 않는다. 무엇보다 신뢰할 만한 사람의 도움도 잘 받는다.

법정 스님의 명언에 이런 말이 있다

무소유 정신을 강조한 법정 스님(박재철, 1932~2010년)은 전남 해남에서 태어나 목포 공립상업 중학교를 졸업하고, 전남대에 입학하였으나, 6·25 전쟁을 계기로 삶과 죽음에 대해 고뇌하게 되었다고 한다. 1955년 통영 미래사 입산을 시작으로 쌍계사, 해인사, 송광사 등지에서 수행했으며, 그 이후 대부분을 암자나 산골에서 살았다. 스님은 "무소유(無所有) 정신"으로 자신의 철학을 전파했다.

- 나는 누구인가? 스스로 물으라. 자신 속 얼굴이 드러나 보일 때까지 묻고, 또 물어야 한다. 그 물음 속에 해답이 있다.
- "무소유"란 아무것도 갖지 않는다는 것이 아니라, 불필요한 것을 갖지 않는 것이다. 맑은 가난은 부(富)보다 훨씬 값진 것이다.
- 누군가를 사랑하고 있다면 많은 이웃을 사랑할 수 있다.
- 버리고 비우지 않고는 새것이 들어설 수 없다.
- 나 자신의 인간 가치를 결정짓는 것에는 사회적 지위나 명예, 재산보다 자신의 영혼과 얼마나 일치되어 있는가이다.
- 삶은 소유물이 아니라 순간이다. 모두 한때일 뿐 영원한 것은 어디에도 없다.

선한 사람은 분명 내 몫이 줄어드는 일인데 기부를 왜 할까?

도움을 받지 않고 성장한 사람은 그리 많지 않다. 기부는 자신의 몫을 우리 사회와 공유하는 일이다. 액수가 크든 작든 간에 우리 모두의 삶이 나아진다면 기부는 그만한 순간이 없을 것 같다.

기부문화는 우리가 겪는 사회적 책임감의 문제를 다 같이 해결하고자 하는 "공생공존"에 있다. 기부는 다른 사람과 나누는 일은 분명 내 몫이 줄어드는 일인데 상대의 기뻐하는 얼굴을 상상하면 자신의 마음도 따뜻해 행복감을 찾을 수 있다.

기부하는 사람들의 여러 가지 특징은 고학으로 학교를 겨우 졸업했거나, 그 흔한 해외여행도 다녀오지 않은 사람이 많다고 한다. 한결같이 검소하고 알뜰한 사람들이 고액 기부를 한다는 사실이다.

기부와 자원봉사(노동 또는 재능기부)는 스트레스와 관련된 호르몬 분비를 억제하고, 면역체계를 강화해 기대수명을 증가시킨다. 심리학에서는 기부를 통해 남이 기뻐하면, 자신의 기분도 좋아지는 현상을 따뜻한 빛(warm glow) 효과라 부른다. [출처, 기부하는 이유, 사람들은 왜 기부할까]

한 해가 저물어 갈 즈음이면 자신의 가난한 어린 시절이 생각나 무료봉사를 한다거나, 기부 활동을 꾸준히 하는 사람을 주변에서 보게 된다. 이름 모를 기부자들이 등장하는 것은 따뜻한 빛을 간직하게 된 분들이기에 사회적 지위나 명예를 바라지 않는다.

상위층에 있는 노블레스 오블리주(귀족의 의무라는 뜻) 사람들은 계속 부를 쌓기보다는 법정 스님의 명언처럼 버리고 비우지 않고는 새것이 들어설 수 없다는 교훈을 되새겨 봄직도 하다.

우리 인간은 신이 아니기에 농사를 짓던, 기업에서 일하던, 장사하던 매사에 스트레스 없이 긍정적으로 살 수는 없다. 그런데 놀랍게도 농부가 긍정적인 힘과 풍족 지수가 높다는 것이다. 농사짓는 사람치고 인상이 험한 사람이 별로 없다. 그 원인은 돈에 얽매인 것이 덜해서이다.

선한 마음에 반대되는 것은 위선(僞善)이다. "겉으로만 착한 척하지만, 마음속의 내면은 착하지 않은 거짓된 위장술"이다. 선하고 착한 사람은 남에게 피해를 주지 않고 상대방을 배려하는 것이다.

부모님 뱃속에서 태어나 올바른 인생길 살아가려면 부정적인 사고보다는 긍정적인 마음과 선한 행동 마음으로 살아가면 되는 것이다. 인생 살아가는 소풍(逍風) 길. 백 년도 못사는데 남인데 손가락질을 받지 않기 위해서는 참된 정도(正道)의 길을 걸으면 세상이 밝아지지 않을까 독자분들과 같이 생각해 본다.

거짓말은 신뢰를 깨트린다, 순수해야 한다

이 세상 거짓말을 하지 않은 사람은 누구도 없다. 거짓말은 자신을 보호하려는 욕구와 체면을 지키기 위해서 거짓말을 하게 된다. 부모도 자식에게, 자식도 부모에게, 조직 문화에서도 고민이 있을 시 거짓말을 하기 마련이다.

신뢰는 돈보다 더 귀한 가치를 가지고 있어 누구나 신뢰하는 사람과 일을 하고 싶어 한다. 신뢰는 인간관계의 기본이기에 마치 유리와 같아서 한 번 깨지면 다시 회복하기가 어렵다.

우리는 왜 거짓말을 할까?

조선 시대 영조의 아들 사도세자는 나이가 차츰 들어가자 부친 몰래 악행과 거짓말을 밥 먹듯이 했다. 이 사실을 안 영조는 이러다간 종묘 사직(왕실과 나라를 통틀어 이르는 말)이 염려되어 사도세자를 뒤주에 갇혀 굶어 죽게 했다.

이처럼 "습관적으로 거짓말 버릇을 고치지 못하게 되면 계속해서 거짓말을 하게 된다". 거짓말이 만든 균열을 봉합하지 못하고 관계를 망가트리는 데도 왜 사람들은 반복적으로 거짓말을 할까? 그 이유를 살펴보자.

대표적인 거짓말을 하는 이유 3가지를 요약해 본다
[출처, 마음 숲길 정신건강 의학과 권순모 전문의]

• 거짓말을 계속하게 되면 그 자체가 중독성이다
  몰래카메라를 보며 즐거워하거나, 자신이 정당하지 못한 나쁜 짓을 알면서도 계속 거짓말을 하게 되면 그 자체가 중독성이다.

• 거짓말을 하는 근원은 지나친 과욕과 낮은 자존감이다
  거짓말을 하는 이유는 지나친 과욕과 망상, 낮은 의욕 등 두려움과

불안감이 있기에 부모나 스승, 상사, 부하, 비즈니스까지 뭔가 어처구니없는 일을 하는 것과 또는 자신이 꿈을 이룰 수 없다고 생각하는 등의 과욕과 낮은 자존감 때문에 거짓말을 반복하게 된다. 자신의 부족한 부분을 숨기고 타인으로부터 관심을 받으려는 욕구와 거짓말을 통해 불리한 상황을 벗어나기 위해 끊임없이 거짓말을 한다. 심리학자들은 해결책으로 고통이 따른다 해도 진실을 통해 완전한 자유, 존중, 좋은 의사소통이 유지되는 환경에서 상황을 논하는 것이 좋다고 한다. [출처, 정신질환의 진단 및 통계 매뉴얼. 책 발췌]

- 병적 거짓말은 반사회적 인격장애의 모습을 보인다

현실 세계를 부정하고 자신이 상상하는 허구의 세계를 진실이라고 믿어 거짓된 말과 행동을 하는 것이다. 거짓말은 공감 능력이 부족하고 우월감을 지나치게 받고 싶다는 정신질환으로 계속 반복하는 것은 인격장애이다.

거짓말을 하면 안 되는 이유

신뢰는 인간관계의 기본이다. 다른 사람들로부터 신뢰를 잃게 만들고, "한 번 깨진 신뢰는 회복하기 어려워 인간관계의 파탄을 초래한다". 또한, 진실을 용인하지 못하고 거짓으로 현실을 회피하면 수정할 기회를 놓칠 수 있다. 무엇보다 거짓은 상상과 현실 혼동, 비난을 피하기 위한 동기가 될 수 없다는 것이다.

거짓말과 속임수의 피해

거짓말과 속임수는 진실로 후회할 만한 행동이어서 자신의 꿈은 물론 주변의 모든 것을 파괴하고 만다. 몇 년 전 서울, 인천 신규 분양 아파트 입주하게 될 주민의 돈을 수백억~수천억을 빼돌려 도망쳐 갔다는 뉴스를 보았다. 이처럼 "속임수와 거짓 행동은 상대방의 파탄과 인간관계를 붕괴시킬 수 있다."

"위선과 속임수의 가장 슬픈 사실은 멀리 있는 사람이 아니고 가까운 사람에게 있다는 것이다." 자신의 이익을 위해 남에게 상처를 주게 되면 정말 깊은 상처가 된다. 자신이 믿었던 사람인데 속임수를 당했을 때 그 배신감과 분노는 인간관계를 엉망진창으로 만들고 우리 사회를 병들게 만든다.

거짓말하는 사람의 특징 [출처, 심리학자 분석 내용 요약]

• 코를 자주 만지는지 확인한다

코가 간지러워 자신도 모르게 자꾸 손이 코로 가는 경향이 있다.

• 눈동자의 방향을 점검하라

눈동자의 방향이 왼쪽 위를 향하는 경우와 오른쪽 아래로 향하는 경우 그 사람은 거짓말을 하고 있을 가능성이 있다. 상대방에게 질문을 던진 후 그 사람의 눈동자 방향을 살펴보면 알 수가 있다.

- 허풍과 허세가 심한 사람인가 관찰하라

  허풍과 허세가 심한 사람은 명확하게 말하지 못하고 과장해서 말한다. 이럴 경우는 거리를 유지하고 날을 세울 필요가 있다.

- 똑같은 말을 계속 반복하는지 살펴라

  잠시 말이 끊겼을 때 미묘한 기류를 감지하라. 의식적으로 말하는데 우리는 감으로 알 수 있다. 똑같은 말을 계속 반복하고 있고, 뭔가 긴장하고 있는 듯한 느낌을 받았다면 거짓말을 하는지 알 수 있다.

관계를 병들게 만드는 거짓말을 멈추는 방법은 없을까?

거짓말은 우리의 인격과 사회관계에도 큰 영향을 미친다. 본인의 올바르지 못한 행동에 대한 원인을 찾아내고 주변 사람들의 도움만으로 어려움이 있다면 전문가와 상의해야 한다.

신뢰를 떨어뜨리는 거짓말을 하지 않기 위해서는 자신부터 마음과 가슴에 담아 없도록 노력도 필요하다. 신뢰를 다시 얻기 위해서는 상대방의 감정들을 공감하려고 노력해야 한다.

거짓의 명언 모음 [출처, 거짓의 명언]

- 진실은 언제나 발견되고, 거짓은 결국 황폐로 이어진다.
- 참된 인간은 남을 속이지 않는 진실한 사람이다.
- 거짓으로 가득 찬 세상에서 참된 것을 추구해야 한다.

- 남을 속이는 것은 단기적으로는 이익이 될 수 있지만, 시간이 지나
  면 자신도 망치고 피폐하게 된다.
- 진실은 대가는 없이도 가치가 있다.
- 남을 속이지 않는 것은 자신의 신뢰성을 높인다.

누구나 거짓말을 하지만, 거짓말은 자체가 순수해야 한다

인간은 신의 영역이 아니기에 누구나 거짓말을 한다. 타계한 현대그룹 창업자 정주영 회장은 중앙대학교 학생들 강연에서 울산 조선소를 짓는데 자금이 없어 차관이 필요했다.

정 회장은 조선 컨설턴트 회장에게 우리나라 500원 지폐 이순신 장군의 왜적선 그림을 보이면서 "한국은 일찍이 500년 전부터 배를 만들었다고 진실하게 말했다". 이것은 거짓이 아니고 조선소를 짓기 위한 절박한 마음일 것이다.

돈이 없어 조선소를 만들지 않은 상태에서 조선소를 지어 배를 만들어서 당신 나라에 제공하겠다고 얼마나 절박했으면 그랬을까? 정 회장의 기발한 아이디어이다.

우리가 믿었던 사람인데 속임수를 당했을 때 그 배신감과 분노는 인간관계를 병들게 만든다. 중국 순자의 명언에는 인간은 본래 악하다. 남은 속이는 것은 자신에게 이익이 당장 돌아갈지는 모르지만, 상대방에게는 크나큰 상처를 입힌다. 이처럼 거짓말은 한번 깨지면 원상회복이 어렵다.

맺음말

정직과 진실은 인간관계에서 매우 중요한 신뢰의 명제이다. 부모가 자식에게 가르치는 핵심 미덕 중 하나가 바로 정직이다. 특히, 가부장적 가정에서 정직함은 미덕이고 지키는 것이기에 심한 거짓말은 용인되지 않는다.

거짓말을 하게 될 때 자신의 행동에 대해서 분명히 자각하고 있을 것이지만, 남에게는 크나큰 상처를 준다는 것이다. 거짓말은 각기 다른 상황 속에서 나타나지만, 거짓말은 어떤 식으로건 피해자이자 동시에 가해자가 된다.

거짓의 명언처럼 "진실은 언제나 발견되고, 거짓은 결국 황폐로 이어진다". 남을 속이는 것은 단기적으로는 이익이 될 수 있지만, 남에게 큰 피해를 안겨주게 되어 장기적으로는 자신에게도 해치게 된다.

동서고금을 막론하고 "정직"함은 미덕이다. 거짓말을 제어하지 못하면, 더욱 위험한 악순환에 빠지게 되어 신체적, 정신적 피해와 도덕성 상실로 이어져 서로 간에 신뢰가 깨지는 것을 우리 주변에서 흔히 볼 수가 있다.

윗사람은 아랫사람의 모든 현안 내용을 속속들이 다 알 수가 없다. 또한, 부하도 상사의 현안들을 모른다. 가정도 똑같다. 남을 골탕 먹이는 행동과 거짓말은 상대방에게 피해를 안겨 준다. 이처럼 거짓말은 서로가 하지 말아야 하며, 거짓말은 그 자체가 순수해야 한다. 이렇게 하려면 어떻게 해야 할지는 나 자신에게 전적으로 달려 있다는 것이다.

경청과 소통은 인간관계를 아름답게 해 준다

경청(傾聽)이란

경청은 귀를 기울러 경(傾)과 상대방의 말을 듣는 청(聽)자로 한자이다. 필자는 어느 회사 식당에 귀 그림과 함께 '경청'이란 글이 있는 것을 보았다. 이처럼 경청은 상대방의 이야기를 서로 들어 주고 존중하고 이해하는 실타래와 같은 접착제 역할을 하는 것이다. 경청하면 당신에게 성장을 이끌어줄 열쇠가 숨어 있다.

경청은 마음을 얻는 "이청득심(以聽得心)"이다. 귀 기울여 경청하는 일은 사람의 마음을 얻는 최고의 지혜이다. 또한, 경청을 발견하고, 너와 나를 위한 경청을 공감하고, 모두를 위한 경청을 상생(相生)하자는 것이다.

경청이 왜 필요할까?

우리는 어릴 적부터 읽기와 쓰기, 말하기를 배워 왔으나 듣기에는 누구나 관심이 덜했다고 볼 수 있다. 조직사회에서는 많은 사람이 모여 사는 집단이기에 경청은 말을 듣는 것을 넘어 상대방의 감정과 생각까지도 이해하려는 태도가 필요하다.

예를 들면 상대방이 무엇을 말하려고 하는지, 그 말 뒤에 숨겨진 감정은 무엇인지 등 공감할 때만이 진정한 경청과 함께 소통이 이루어진다. 사람은 제각기 살아온 환경과 성향이 다르기에 남의 말을 그냥 듣기만 하는 건 경청이 아니라 들어준다는 것에 가까운 것이다.

왜 경청이 이토록 어려울까? '인간관계에서 경청이 중요한 이유 2가지'가 있다. [출처, 인간관계, 경청이 중요한 이유 2가지]

- **첫 번째, 서로가 마음을 열고 들어라**

  "너는 정말 내 말을 잘 들어주는 것 같아. 고마워." 나는 왠지 너한테는 모든 걸 이야기하고 싶어, 이야기 잘 들어줘서 고마워, 사실 내가 하고 싶은 말이 있을지라도 일단 들어주고 마음을 열어야 내 말도 상대방에게 들리는 것이다.

- **두 번째, 경청은 인정받고 싶은 갈망에서 출발한다.**

  대부분 사람은 인정받고자 하는 갈망이 있어 마음을 여는 것도 이 때문이다. 상대방이 좋아하는 주제로 이야기를 트고, 들어주고, 청해 주고, 인정(칭찬)해 준다면 그 사람의 마음은 이미 열렸고 들을 준비까지 되어 있다. 경청은 상대방이 나에게 어떤 메시지를 전하려는 많은 역할을 하기 때문이다.

상사의 말을 경청해야 하는 이유 [출처, 슬기로운 회사 생활]

우리 회사 부장님은 "이야기가 너무 길고 지루해. 결론만 간단히 말해 주면 되는데 시간이 아까워." 이처럼 비꼬게 말하는 부하가 어는 직장에나 있을 것이다. 하지만 부장의 말을 끝까지 듣는 것은 예의 문제를 넘어 '당신의 성장을 도와주고 선물이 숨어있다는 것을 부하는 모르는 것이다.'

- 업무의 큰 그림을 보는 시야 확보를 얻을 수 있다

  경력이 짧은 사원은 보통 자신의 눈앞에 놓인 작은 업무에만 몰두하지만, 상사는 해당 업무에 훤히 밝다. 부하는 큰 그림을 이해하면 일에 대한 동기 부여가 달라지고 더 넓은 시야를 갖게 된다.

- 나만의 경쟁력이 되는 업무 노하우를 흡수하라

  상사는 부하보다 훨씬 더 많은 성공과 실패를 경험한 사람이기에 부하에게 실수를 반복하지 않도록 도와주는 자리이다. 수년간의 실무 경험과 지식을 쌓은 상사의 말을 경청하는 것은 이는 곧 당신만의 강력한 경쟁력이 된다.

- 부하는 아이디어를 발견하는 영감(靈感)을 얻게 된다

  상사가 설명하는 문제 상황을 끝까지 듣다 보면, 당신이 알고 있는 새로운 기술이나 다른 분야와 연결된 번뜩이는 아이디어가 떠오를 수 있다. 부장님, 그 문제라면 혹시 이런 방법을 써보는 것은 어떨까요? 라는 당신의 제안 하나가 팀의 문제를 해결하고, 당신의 가치를 증명받는 결정적인 순간이 될 수도 있다.

  비록 회사 생활이 아니더라도 부모님, 어르신, 사회 선배 말을 끝까지 경청하는 것은 결코 시간 낭비가 아니다. 경청은 성공으로 가는 길이다.

故 이병철 회장은 목숨보다 더 중요한 것이 운둔근이다 했다

이병철 회장은 기업경영에 있어 인재 제일 이면에는 목숨보다 더 중

요한 것이 사람에게는 운둔근(運鈍根)이 있어야 한다고 했다. 이 회장이 말한 운둔근이란 사람은 "운"을 잘 타야 하며, "때"를 잘 만나야 하고, "사람"을 잘 만나야 한다.

운을 잘 타려면 행운이 다가오기를 기다리는 "둔"한 맛이 있어야 하고, 운이 트일 때까지 버텨내는 끈기와 "근"성이 필요하다고 했다.

기업 경영자는 모든 것을 혼자 할 수 없다. 조직의 여러 사람과 같이 운영한다. 모든 회의는 상대방의 의도를 깊이 이해하려면 경청이 필요하고, 그 과정에서 경청이 부족하면 운둔근 역시 부족하기 마련이다. 진정한 경청을 위해서는 운둔근과 소통이 필요하다. 경청은 방향을 잡아주는 나침반 역할을 한다.

경청을 망치는 5가지 습관

공자의 명언에는 이런 말이 있다. 길이 다르면 함께 계획을 세울 수 없다. 이처럼 경청은 나와 너의 길이자 함께 하는 공감을 형성하는 것이기에 경청을 망치는 습관을 버려야 한다.

- 핸드폰을 보면서 듣는 것은 상대방을 무시하는 것이다.
- 상대방의 말을 끊고 내 이야기만 한다면 대화가 단절된다.
- 문제 해결하려고 조언부터 하는 것은 해결책보다 공감을 잃을 수도 있다.
- 공감적 감정을 무시하고 듣는 것은 올바른 태도가 아니다.
- 듣는 척하지만 속으로 다른 생각을 한다면 대화가 단절된다.

중국의 공자와 삼성 창업자 경청에 관한 도움의 이야기

인간의 입은 하나인데, 귀가 두 개인 이유는 말하는 것만큼 두 배를 들을 수 있기 때문이다. 공자는 60세에 이르러서야 경청의 경지를 알면서부터 경청의 자세가 근본이라 했다.

삼성그룹 창업자 故 이병철 회장은 처음 출근하는 아들에게 경청(傾聽)을 앞으로 마음의 지표로 삼길 바라며 휘호를 써주었다고 한다.

맺음말

오늘날 우리 사회는 인간관계를 하면서 경청을 무시하는 경향이 있다. 조금의 미흡한 점이 있으면, 부하는 상사를 무시하고, 상사는 부하를 무시하는 태도는 서로가 좋지 않다.

상사나 부하가 제대로 된 경청을 하려면 자기 스스로 판단하지 말고 열린 마음으로 들어야 한다. 경청은 상대방의 감정을 이해하고 존중하는 태도를 보여야 더 많은 신뢰를 얻고, 더 깊은 인간관계를 형성할 수 있다.

그런데 보통 우리는 상대방에게 나의 주장을 이해시키려고 말을 많이 하는 경우가 많다. 그러다 보니 들을 기회가 줄어드는 것이다. 특히 직장 상사이거나 직장 경륜이 많을수록 이런 경향이 있음을 종종 볼 수 있다.

우리 속담에 '말 한마디로 천냥 빚을 갚는다'라는 말이 있다. 말을 이쁘게 하여 앞날이 잘 풀리는 사람이 있는가 하면, 말 한마디를 잘못하여 상대에게 평생에 지울 수 없는 상처를 주거나 원수지간이 되는 경우가 있다. 말 한마디를 잘하면 공든 탑이 무너지지 않는다.

이처럼 상사나 부하 관계를 떠나 제대로 된 경청을 하려면 상대방에게 온전히 공감적으로 배려하고 집중해야 진정한 소통과 경청이 되는 것이다.

바람 불어 낙엽 휘날리는 스산한 가을날, 무성했던 이름 모를 풀잎과 나뭇가지도 양분이 떨어져 앙상한 모습을 보니 동면에 들어가 초라한 모습이다. 세월 따라 변해가는 춘하추동 삼라만상 이치와 인생 여정 소풍(逍風) 길도 비슷하지 않을까 생각해 본다.

필자의 직업 특성상 집에 갈 수 없는 날이 많아 저녁이면 공허한 시간을 달래기 위해 숙소에서 조선 역사와 다방면의 인문학책을 읽으면서 국가와 사회, 직장과 가정 더 나아가 후손에게 전할 유산이 무엇인지 고민하던 차에 《어른과 후손에게 전하는 글》이라는 것에 초점을 맞춰 정리한 것들을 이 책에 담아 보았다.

이 책을 쓴 이유는 조선 시대 임금과 관료(신하)들의 글을 읽고 나라가 발전하려면 많은 것을 깨닫게 되었다. 해방 이후 선대가 이루어 놓은 업적의 바탕 위에 기성세대와 후손이 모두가 더 잘살아 가려면 첫째도 둘째도 맡은 일에 기본에 충실해야 한다는 것이다.

필자는 강원도 삼척의 농촌에서 태어나 가정 형편상 대학교를 겨우 졸업 후 한평생 기술 외길만 걸어오면서 나라가 부강하려면 느낀 점들이 이 책에 있다. 글 쓰는 재주가 뛰어나지 않아 독자분들의 이해와 기탄없는 성원을 바란다.

어른과 후손에게
전하는 글

ⓒ 정의봉, 2026

초판 1쇄 발행 2026년 3월 31일

지은이   정의봉
펴낸이   이기봉
편집   좋은땅 편집팀
펴낸곳   도서출판 좋은땅
주소   서울특별시 마포구 양화로12길 26 지월드빌딩 (서교동 395-7)
전화   02)374-8616~7
팩스   02)374-8614
이메일   gworldbook@naver.com
홈페이지 www.g-world.co.kr

ISBN   979-11-388-5654-6 (03910)